普通高等职业教育规划教材
21世纪卓越汽车应用型人才培养专用教材

汽车销售顾问实战

组　编　中锐教育研究院
主　编　张伟国

内 容 提 要

本书根据德国工商大会(IHK)教学模式和教学标准,结合中国汽车企业人才需求标准,将引进的德国汽车商务类课程经过本地化改编而成。内容组织上以工作过程系统化为导向,以学习情境为教学单元,将工作过程系统地映射到教学过程中。通过完成学习情境中设定的任务,采用知识准备、小组讨论与小组演练、学习评估等教学环节达到培养学生专业能力、个人能力、社会能力的教学目标。

本书是中锐华汽教育推出的汽车技术服务类课程系列教材的第11个学习领域"汽车销售顾问实战"。全书共分为11个学习情境,包括24个任务,共58课时。内容包括销售顾问岗位认知,潜客开发与管理,接待准备,顾客接待,需求分析,产品介绍,试乘试驾,异议处理,报价成交,完美交车,售后跟踪等11个情境。

本书用于高等职业院校汽车商务类专业学生课堂使用,随本书配套有相应的电子版教学资源文件包供广大师生教学和学习使用。

图书在版编目(CIP)数据

汽车销售顾问实战/张伟国主编.——上海:同济大学出版社,2013.8(2020.4重印)
ISBN 978-7-5608-5210-2

Ⅰ.①汽… Ⅱ.①张… Ⅲ.①汽车-销售-高等职业教育-教材 Ⅳ.①F766

中国版本图书馆 CIP 数据核字(2013)第 189065 号

普通高等职业教育规划教材
21世纪卓越汽车应用型人才培养专用教材

汽车销售顾问实战

组编　中锐教育研究院　　主编　张伟国

责任编辑　陈佳蔚　　责任校对　徐春莲　　封面设计　王　璐　　项目执行　陈佳蔚　王　璐

出版发行	同济大学出版社(www.tongjipress.com.cn 地址:上海市四平路1239号　邮编 200092　电话 021-65985622)
经　销	全国各地新华书店
印　刷	常熟市大宏印刷有限公司
开　本	889 mm×1194 mm　1/16
印　张	20.75
印　数	6701—7800
字　数	664 000
版　次	2013年8月第1版　2020年4月第5次印刷
书　号	ISBN 978-7-5608-5210-2
定　价	39.00元

本书若有印装质量问题,请向本社发行部调换　　版权所有　　侵权必究
封面图片如涉及版权,请与中锐教育集团联系,必付薄酬

普通高等职业教育规划教材
21世纪卓越汽车应用型人才培养专用教材
编审委员会

顾 问
　　陈晓明（中国机械工业教育发展中心 主任）
　　　　　（教育部全国机械职业教育教学指导委员会 副主任兼秘书长）
　　姜大源（教育部职业技术教育中心研究所 研究员）

专家委员会主任
　　李理光（同济大学 机械与能源工程学院副院长、教授、博士生导师）

专家委员会委员（按姓氏笔画排序）
　　王登峰（吉林大学 汽车学院教授、博士生导师）
　　马　钧（同济大学 汽车学院副院长、教授、博士）
　　左曙光（同济大学 汽车学院教授、博士生导师）
　　朱西产（同济大学 汽车安全技术研究所所长、教授、博士生导师）
　　刘　洋（广汇汽车服务股份公司 人力资源总经理）
　　孙泽昌（同济大学 汽车学院副院长、教授、博士生导师）
　　李春明（长春汽车工业高等专科学校 副校长、教授）
　　李春祥（庞大汽贸集团股份有限公司 人力资源总经理）
　　陈　泽（中锐教育集团 总经理助理）
　　陈荣均（利星行汽车 网络发展与培训部总经理）
　　张执玉（清华大学 汽车工程系教授、博士生导师）
　　葛迎峰（广汽本田汽车有限公司 培训负责人）
　　楼建伟（中锐教育集团 总经理助理）
　　　　　（教育部全国机械职业教育教学指导委员会 产教合作促进与指导委员会秘书长）
　　Britta Buschfeld（德国工商大会 职业培训与教育总监）

编审委员会主任
　　邹晓东（中锐教育集团 董事总经理、博士）
　　　　　（教育部全国机械职业教育教学指导委员会 产教合作促进与指导委员会主任委员）

编审委员会副主任
　　支文军（同济大学出版社 社长、教授、博士生导师）
　　夏令伟（中锐教育集团 研究院副院长）
　　　　　（中锐教育集团无锡南洋职业技术学院 汽车工程与管理学院院长、教授）
　　翟建强（中锐教育集团 研究院副院长）
　　吴荣辉（中锐教育集团 研究院副院长）
　　田久民（中锐教育集团敏捷科技有限公司 总经理）

编 委（按姓氏笔画排序）
　　王和平　　朱玉合　　朱兴隆　　刘韵　　孙会永　　杨志　　李海燕
　　吴建刚　　邹文龙　　张伟国　　罗鹏程　　岳海斌　　姚建中　　赵玉果
　　宫斌　　徐涛　　曹建　　韩加虎　　褚杰　　廖梁祥

序(一)

职业教育与普通教育的显著差别,在于职业教育是一种跨界的教育。职业教育所具有的这一跨界特征,集中表现在如下三个方面:

其一,校企合作的办学模式,跨越了传统的只有学校一个学习地点的围城,由此,职业教育既要关注学校教育的规律,还要关注企业教育的规律;

其二,工学结合的人才培养,跨越了传统的只有课堂一种学习方式的视域,由此,职业教育既要关注基于认知的学习方式,又要关注基于工作的学习方式;

其三,职业教育的培养目标,跨越了传统的只有教育一种社会功能的范畴,由此,职业教育既要关注教书育人张扬个性的教育目标,又要关注服务经济社会发展的目标。

纵观世界,凡是职业教育比较发达的国家,例如,德国、瑞士的"双元制"职业教育、澳大利亚的"技术与继续教育"等,正是由于其遵循了这一跨界的基本规律,都为各自国家经济、社会的发展,提供了大批高质量、高素质的技能人才,使得职业教育成为国家核心竞争力的要素。

任何类型的教育,课程始终是人才培养的核心。跨界的职业教育,其课程也必然要遵循跨界的基本规律。20世纪末,德国"双元制"职业教育对课程进行了全方位的改革,提出了被称为"学习领域"的课程方案。这是在对传统的、基于知识存储的学科系统指向的课程的革命性突破的基础之上,所提出的一种现代的、基于知识应用的工作过程导向的课程。

德国职业教育发展的这一宝贵经验,为中国职业教育的改革提供了学习和借鉴的参照。伴随着中国改革开放30多年的进程,中国职业教育如何才能为国家现代化建设培养大批既能满足经济发展需要,又能满足个性发展需要的高素质技能人才呢?为此,我国职业教育战线的有识之士,紧密结合国情,对此进行了卓有成效的探索。近十多年来,随着德国基于工作过程的学习领域课程的引入,也引发了我们对职业教育课程本质的思考:要实现企业需求与个性发展的集成,进而实现职业性与教育性的结合,一方面要求课程改革必须从知识的存储为主转向知识的应用为主;另一方面,还要求学习国外的经验必须从简单照搬转向借鉴创新。近年来,在课程改革的过程中,我们通过融入中国哲学思想的本土化尝试,在德国工作过程导向的课程方案的基础上,提出了工作过程系统化的课程方案,从而在理论创新和实践探索方面,都取得了较大的成效。

所谓工作过程系统化课程,其本质在于:第一,课程体系的构建必须遵循职业成长的规律和认知学习的规律,要把功利性的需求与人本性的发展结合起来;课程体系中的每一门课程,都是一个经过教育学的"模式化处理"的、源于实践而高于实践的完整的工作过程,课程名称采用动宾结构的词组而非纯名词的词组,以突显职业教育的特征;第二,每门课程的设计必须由三个以上的学习情境构成,旨在通过基于同一范畴的三个以上工作过程的比较学习,使学生通过"比较—迁移—内化"的学习过程,获得思维方式的训练,以获得可持续发展的能力。在这里,学习情境的设计还要遵循两个重要原则：一是学习情境的设计必须具备典型的工作过程特征，即要突显不同职业在工作的对象、内容、手段、组织、产品和环境等六个要素的特征，这是对已经存在的、与职业相关的具体工作过程的映射与把握，旨在使学生获得从业的职业能力；二是学习情境的设计还必须实现完整的思维过程训练，即要完成逐步增强的所谓资讯、决策、计划、实施、检查、评价的"六阶段"训练，这是对指导一切具体工作过程的"工作过程"——思维工作过程的概括与抽象，以应对未知的职业具体工作过程，旨在使学生获得致力于自身发展的方法论能力。

令人欣慰的是，近年来，工作过程系统化课程已逐渐为广大职业院校所认同。职业教育的课程，已逐渐摆脱传统的学科结构系统化课程的束缚，向着更加符合职业教育规律的工作过程系统化课程的改革方向前行。而更加令人高兴的是，除了教育部门的职业院校和经济部门的行业企业，在职业教育受到越来越多的社会各界重视和关注的同时，国内的一些教育集团或公司，更是对职业教育注入了极大的热情，并身体力行，在职业教育的课程开发和教学软件等方面，做出了很大贡献。

其中，致力于职业教育投资、管理和服务的中锐集团公司，就是众多成绩和效果都比较突出的公司中的一个。中锐集团公司顺应市场需求，以汽车职业教育为龙头，与国内40多所高校共建汽车职业教育汽车学院与实训基地，并结合国内汽车企业相关岗位的用人标准及国内高职院校的实际情况，在参照德国"工作过程导向"的学习领域课程方案的基础上，根据我国自行开发的工作过程系统化课程的理论创新和设计思路，编写了一套相关教材。

例如，"汽车检测与维修专业"，首先，在课程体系的开发方面，设置了17个学习领域。这17个学习领域课程被分为三个学习阶段：第一阶段以学习汽车维护保养和机械结构检修为主，第二阶段以学习汽车电控系统检修为主，第三阶段以学习汽车综合故障诊断和整车性能检测为主。这样的递进安排遵循了由浅入深、由简单到复杂、由经验到策略的技能成长规律；其次，在每门课程的开发方面，又为每一学习领域设置了三个以上的学习情境，每一学习情境又都是一个完整的工作过程，遵循比较—迁移—内化的学习规律。

在逻辑上，这些学习情境之间具有平行、递进和包容等关系。比如，"汽油发动机管理系统故障诊断与维修"学习领域，设置了"空气供给系统检修"、"燃油供给系统检修"、"点火系统检修"、"排放系统检修"、"综合故障检修"等5个学习情境，前4个学习情境之间为并列关系，第5个情境与前4个情境为包容关系。每一学习情境的内部结构，也是按照完整的工作过程序化的，如在"空气供给系统检修"这个学习情境中，根据故障检修的实际工作顺序，又分为"空气流量计的检修"、"进气压力传感器的检修"、"节气门体的检修"三个阶段性的任务。

由于课程设计始终遵循"操作步骤重复而内容不重复"的工作过程系统化原则，通过对5个学习情境所体现的检修工作过程的比较，不仅能使学生把握"空气供给系统检修"的具体工作过程，而且能逐渐把握"资讯、决策、计划、实施、检查、评价"的思维工作过程。其中，在"资讯"环节给出汽修行业操作规范的共性的操作步骤；在"计划"和"实施"环节，要求学生结合在教学中使用的多种不同实训车型，制定出差异化的工作计划并实施；然后通过对不同实训车型的重复多次的操作，不仅可使学生达到职业要求的熟练操作程度，而且又通过对不同实训车型制定不同实施方案的比较学习，有利于培养学生应对同一工作过程中出现的不同情况而采用不同处理方法的能力，最终实现由经验型技能向策略型技能的跃迁。

中锐教育集团在研发这套教材的同时,还开发出了配套的教学设备和教学软件,实现了课程教材、教学设备、教学软件三个教学元素的一体化。这就使得职业教育的课程开发、教学实施,获得了相关教学资源的支撑。

总之,这套教材不仅引入了德国的"双元制"职业教育理念,而且结合了中国汽车行业对人才的需求和岗位要求,体现和反映了中国汽车行业的一些特点。

真诚希望中锐教育集团公司这套教材的出版,能对我国汽车职业教育的教学改革和创新有所裨益,也期待有更多的教育公司等社会机构,参加和参与职业教育。

同样,祈望各位读者朋友们,也能对这套教材提出宝贵的意见和建议。

升级版的中国经济发展,呼唤着升级版的职业教育,让我们为之奋斗吧!

(教育部职业技术教育中心研究所研究员)

2013年7月20日

Vorwort

Gerne komme ich der herzlichen Einladung der Chiway Education Group Shanghai nach, dieses Vorwort zu verfassen.

Bereit seit Jahren verfolge ich äußerst interessiert die Entwicklung der Chiway Education Group Shanghai im Bereich der beruflichen Bildung. Dabei beindruckt mich insbesondere ein derzeit laufendes, innovatives Berufsbildungsmodell, das sich durch die Kooperation zwischen Industrie und Schule auszeichnet.

Der Austausch und die Kooperation zwischen China und Deutschland im Bereich der beruflichen Bildung entwickeln in einer sehr positiven Art in schnellen Schritten immer weiter. Die AHK widmet sich dabei intensiv dem Transfer dualer Prinzipien des bewährten deutschen Systems der dualen Berufsausbildung nach China.

Nach mehrjährigen Erfahrungen bei der Übertragung und Durchführen wurde immer klarer, dass wir in China andere Voraussetzungen als in Deutschland vorfinden. Daher kann und darf das deutsche System der dualen Berufsausbildung nicht einfach kopiert werden.

Jedoch hat die Idee der dualen Berufsausbildung in China bereits fruchtbaren Boden gefunden um sich weiter zu entwickeln und alle beteiligten Parteien wie berufliche Schulen, Berufsbildungsgruppen und Unternehmenkönnen davon profitieren.

Chiway, als eine markführende Berufsbildungsgruppe hat bereits viele interessante Erfahrungen mit dem Berufsbildungsmodell gesammelt und konnte dadurch große Erfolge erzielen. Bildungsaktivitäten wie Curriculum Entwicklung, Unterricht, Zusammenstellung der Lehrbücher, Einführen der praktischen bzw. betrieblichen Ausbildung seien hier beispielhaft angeführt.

Durch den Aufbau einer strategischen Kooperationspartnerschaft mit der AHK stärkt Chiway zugleich die Kooperation und den Austausch mit Deutschland im Bereich der beruflichen Bildung.

In Deutschland benutzt man eine Vielzahl von Lernmaterialien, unter anderem sollen die Schüler Arbeitsaufträge erledigen und Arbeitsblätter bearbeiten. Bereits in die Unterrichtsvorbereitung muss der Lehrer viel Arbeit und pädagogisches Geschick legen. Im Unterricht werden die Schüler arbeitsprozes-sorientiertherangeführt Arbeitsblätter zu bearbeiten, Arbeitsaufträge zu erledigen, und Projekte selbstständig durchzuführen. Hierdurch stehen die Schüler im Unterricht im Mittelpunkt und werden zum aktiven Lernen motiviert.

Die Situationen in Deutschland sind anders als in China, auch der Markt in Deutschland ist anders, d.h. der Markt in Deutschland dafür reifer als in China. Die deutschen Arbeitsaufträge oder Arbeitsblätter einfach unverändert in chinesische Lehrbücher zu übernehmen kann sicherlich nicht erfolgreich sein. Daher hat Chiway die deutschen Ideen zur dualen Berufsbildung, die vom Ausbildungsumfeld und den betrieblichen Bedürfnissen ausgehen aufgegriffen und innovativ auf die chinesischen Verhältnisse angepasst.

Die praxisorientierte Durchführung der Berufsausbildung durch Chiway bringt uns viele wertvolle Erfahrungen beim Transfer der deutschen Berufsbildung nach China. Die innovative Entwicklung der chinesischen Berufsbildung wird davon profitieren und sich auszahlen.

Ich wünsche Chiway weiterhin viel Erfolg im Bereich der beruflichen Bildung.

Britta Buschfeld
2013.7

序(二)

应上海中锐教育集团盛情之邀,为这套教材作序。实际上近些年个人一直在关注中锐的职业教育工作,吸引我的是其正在实践和创新的产教合作职教模式。

中德之间在职业教育领域的交流和合作一直在蓬勃进行当中,德国工商会也一直致力于把德国的职业教育体系双元制原则引入到中国。经过不断地尝试和实践,我们发现,中国与德国国情不同,无法照搬照抄德国双元制职业教育体系,但双元制的职业教育理念在中国获得了丰富的土壤,职业院校、职教集团、用人企业都获益匪浅。中锐作为一家领先的职业教育集团,在职业教育模式上做了很多有趣的尝试并获得了很大的成果,其中就包括在课程开发、教学、教材编写、学生实习实训等教育活动中引入德国的双元制职业教育理念。同时,中锐也通过与德国工商大会上海代表处建立战略合作关系加强了与德国职业教育领域的合作和交流。

实际上,原汁原味的德国职教模式在教学中使用多种素材,其中包括项目单或工作页,教师在课堂下做足功夫,课堂上按照项目教学法及面向工作过程教学法引导学生完成项目单或工作页内容的填写,充分发挥学生在教学中的主体作用,调动学生学习的主动性和积极性。中国与德国国情不同,汽车市场的发育成熟度也不一样,在教材内容的选择上,简单照搬德国项目单或工作页上的内容显然是行不通的。对此,中锐在引进和吸收德国职业教育的思想和理念基础上,根据教学环境、企业需求等实际情况进行了本土化的创新。

中锐的职教实践为我们总结出了很多值得借鉴的德国职教模式中国本土化的宝贵经验。中国职业教育的创新发展必能从中获益。

祝愿中锐教育集团在职业教育领域再创辉煌!

Britta Buschfeld
(德国工商大会 职业培训与教育总监)
2013 年 7 月

前　言

近年来，在国家宏观政策的支持下，中国汽车产业进入了一个蓬勃发展的阶段，汽车产业作为我国最重要的支柱产业之一，在促进我国国民经济发展中起到了重要的作用。在过去的十年中，中国汽车产销量呈现逐年增长的态势，2012年中国汽车销量更是创下历史新高，达到了1 931万辆，中国汽车产销量自2009年起已经跃居世界第一的水平，中国也成为了世界第一汽车消费国，汽车商品作为一种生活必需品正在走进千家万户。

在汽车需求日益旺盛的今天，汽车消费者的消费心理日益成熟，购买行为日趋理性。在这样的市场环境下，汽车厂商逐渐认识到，企业的竞争也正是人才的竞争。因此企业销售团队的建设、销售人员综合素质的提高已经成为企业提高竞争力的核心要素。汽车企业能否拥有既懂汽车技术知识和技能，又懂市场营销和企业管理知识，同时又具有较高的综合素质的职业人才，是企业生存和发展的关键。在这种情况下，我国急需营销知识扎实，同时操作技能熟练的专业汽车销售人才。目前汽车销售人才已被人力资源和社会保障部门定为我国劳动就业市场最紧缺人才之一。

本学习领域是中锐华汽教育推出的高等职业院校汽车技术服务与营销专业12个学习领域中的第11个学习领域。根据高等教育改革的方向，结合汽车销售企业对汽车销售业务人员的岗位能力要求，按照情境式和任务式教学方法编著了本书。通过该领域的学习，能够让在校大学生在校园里就能亲身体会到汽车销售顾问的工作任务、工作方向和工作方法，让学生们走上工作岗位就能运用一定的销售技能开展汽车销售顾问的工作，实现一定的销售业绩。

本学习领域以客户需求为导向，系统地讲解了顾问式汽车销售流程，并以情境式教学法和任务式教学法对各个流程做了详尽的介绍。通过学习目标、情境导入、岗前资讯来引导学生思考，再通过学习情境下分配的任务共同完成整个情境的学习。在每个学习任务里，通过"知识准备"环节的学习掌握一定的理论基础，通过完成"小组讨论"和"小组演练"环节增加实战体验和经历。将销售技能和标准流程运用到每一项销售流程中，以此来培养和锻炼学生们成为一名优秀的汽车销售顾问。

本学习领域共有58课时，其中理论24课时，实训34课时。内容包括汽车销售顾问岗位认知，潜在客户开发与管理，接待准备，顾客接待，需求分析，产品介绍，试乘试驾，异议处理，报价成交，完美交车，售后跟踪等11个学习情境。

本书由张伟国担任主编，李海燕参与编写，孙洁参与审稿。在本书的编写过程中，机械工业教育发展中心主任陈晓明、教育部职业技术教育中心研究所研究员姜大源、德国工商大会（IHK）上海代表处职业培训与教育总监白丽塔（Britta Buschfeld）等给予了指导并提出了许多宝贵意见，在此深表感谢。

由于编者水平和能力有限，书中难免会出现一些不足与错误，敬请广大师生谅解和批评！

编　者

2013年7月

目　录

序（一）
Vorwort
序（二）
前言

学习情境1　汽车销售顾问岗位认知 · 1

　任务1　认识汽车销售职业 · 3
　　知识准备 · 3
　　小组讨论 · 16
　　复习思考题 · 18
　任务2　认识汽车4S店 · 19
　　知识准备 · 19
　　小组讨论 · 25
　　复习思考题 · 27

学习情境2　潜在客户开发与管理 · 29

　任务1　潜在客户开发 · 31
　　知识准备 · 31
　　小组讨论 · 38
　　复习思考题 · 39
　任务2　潜在客户管理 · 40
　　知识准备 · 40
　　小组演练 · 51
　　复习思考题 · 53

学习情境3　接待准备 · 55

　任务1　展厅销售环境的准备 · 58
　　知识准备 · 58
　　小组演练 · 67
　　复习思考题 · 68
　任务2　销售顾问自我准备 · 69
　　知识准备 · 69
　　小组讨论 · 79

| 小组演练 | 81 |
| 复习思考题 | 82 |

学习情境 4　顾客接待 83

任务 1　接待来电客户 85
知识准备 85
小组演练 87
复习思考题 94

任务 2　接待到店客户 95
知识准备 95
小组演练 103
复习思考题 108

学习情境 5　需求分析 109

任务 1　分析客户的购车需求 111
知识准备 111
小组讨论 117
小组演练 118
复习思考题 121

任务 2　运用相关技巧对客户需求进行分析 122
知识准备 122
小组讨论 127
小组演练 128
复习思考题 130

学习情境 6　产品介绍 131

任务 1　识别车辆的相关性能 133
知识准备 133
小组讨论 141
复习思考题 144

任务 2　运用相关方法和技巧进行产品介绍 145
知识准备 145
小组演练 152
复习思考题 157

学习情境 7　试乘试驾 159

任务 1　完成试乘试驾前准备 162
知识准备 162
小组演练 168
复习思考题 170

任务 2 完成试乘试驾全过程	171
知识准备	171
小组讨论	176
小组演练	179
复习思考题	183

学习情境 8　异议处理　　　　　　　　　　　　　　　　　　　　　　185

任务 1 识别客户的异议	187
知识准备	187
小组讨论	191
复习思考题	192
任务 2 分析客户的异议	193
知识准备	193
小组讨论	199
复习思考题	200
任务 3 处理客户异议	201
知识准备	201
小组讨论	208
小组演练	209
复习思考题	212

学习情境 9　报价成交　　　　　　　　　　　　　　　　　　　　　　213

任务 1 价格商谈	215
知识准备	215
小组演练	229
复习思考题	232
任务 2 促成成交	233
知识准备	233
小组演练	238
复习思考题	242

学习情境 10　完美交车　　　　　　　　　　　　　　　　　　　　　243

任务 1 完成交车前的准备工作	248
知识准备	248
小组演练	257
复习思考题	260
任务 2 完成交车流程全过程	261
知识准备	261
小组演练	271
复习思考题	275

学习情境 11　售后跟踪 ··· 277

任务 1　制定客户跟踪计划 ··· 279
知识准备 ··· 279
小组演练 ··· 286
复习思考题 ·· 288

任务 2　客户满意度管理 ·· 289
知识准备 ··· 289
小组讨论 ··· 295
复习思考题 ·· 296

任务 3　处理客户抱怨与投诉 ··· 297
知识准备 ··· 297
小组讨论 ··· 306
小组演练 ··· 307
复习思考题 ·· 310

代跋 ··· 311

学习情境 1　汽车销售顾问岗位认知

学习目标

1. 能够认识职业汽车销售的相关特点；
2. 能够认识汽车 4S 店的相关特点。

情境导入

2012年1月5日，某汽车学院学生俞佳佳到当地某汽车集团旗下一家上海大众4S店开始了自己的汽车销售生涯，但初次工作的她，对汽车销售顾问所从事的工作还不是很了解，面对刚刚踏上社会的自己，满怀信心的小俞突然觉得自己对汽车销售还停留在书本阶段。真实的工作场景与她在学校时学习的完全不同。幸运的是，公司组织了一场新员工培训。于是，小俞紧紧抓住这个学习的好机会……

岗前资讯

汽车销售顾问以形象好、收入高、发展潜力大而倍受关注。有的人认为，销售顾问一个月只拿一千元甚至几百元的底薪，卖一台车才提成一两百元，觉得销售顾问职业没什么"钱途"；也有的人认为，销售汽车根本不需要什么专业知识和技能，长相好会说话就能卖车。这样的观念是对汽车销售工作的极度误解！

首先，关于从事汽车销售工作的收入，我们不能停留在一个月拿多少底薪，卖一台车提成几百元的层面上。汽车消费是连带式的、终身的消费。客户买车不可能仅仅只要买一台裸车，购车客户买车时都要涉及金融、保险、装潢、精品附件、保养等领域，在使用汽车的过程中还将产生其他需求，而这些由销售汽车而衍生的业务，在4S店都是可以单独获得提成的，但获得这些提成的前提就是要将车销售出去才可以。如果单车销售提成只有100元，加上其他销售提成，卖一台车的提成总数做到500元甚至更高，并不太成问题。很多月收入过万元的销售顾问，并不仅仅是一个月能销售超过100台车，而是这些衍生服务做得优于常人。

另外，从事汽车销售工作，不仅需要专业知识，还需要较高的综合素质。一般4S店招聘汽车销售顾问，都会要求应聘者应具备从业经验，或者要有专业背景。因为汽车销售顾问销售的是汽车和汽车相关产品、服务，汽车产品和服务具备很强的专业性，汽车销售的流程、方法和技巧，与传统行业的销售方法存在本质上的差异，没有经历过专业的培训和考核，4S店为保证服务品质，一般不会给新人提供汽车销售的机会。

接下来，我们就将带你进入汽车销售顾问实战的学习中，希望通过以下内容的学习，同学们能够对汽车销售顾问岗位有个全新的认识。

任务 1　认识汽车销售职业

学习目标

1. 能够了解我国汽车行业概况；
2. 能够熟悉汽车产品的特点；
3. 能够理解汽车销售的含义；
4. 能够掌握顾问式销售的基本概念；
5. 能够认识汽车销售顾问的岗位要求。

学习内容

1. 中国汽车行业概况；
2. 汽车产品的特点；
3. 汽车销售的概念；
4. 顾问式销售的基本概念；
5. 销售顾问岗位介绍；
6. 销售顾问专业能力及职业素养要求。

知识准备

1. 中国汽车行业概况

中国汽车行业发展至今，汽车工业作为中国支柱产业的地位逐步确立。可以说，汽车工业的发展已在国民经济中占据了重要地位，中国已经进入汽车社会，国内消费者对汽车的需求越来越旺盛。据相关统计，截至 2012 年，中国持有汽车驾照的人数是 2 亿人，而全国汽车保有量只有 1.2 亿辆，还有 8 000 万以上的驾驶员还没有拥有属于自己的汽车，而且每年仍将增加以千万计数的驾照持有者。可以说，中国汽车市场在未来 30 年内均将保持持续增长态势。美国每千人拥有汽车 775 辆，日本是 600 辆，欧盟是 550 辆，欧盟最少的国家罗马尼亚是 180 辆，而中国目前仅仅只有 50 辆，差不多是欧盟最少的国家的 1/4，如图 1-1 所示。

中国汽车市场是全世界发展潜力最大的汽车消费市场，2012 年，我国新车年销量已突破 1 900 万辆，中国还有数亿人预备进入有车生活时代，如图 1-2 所示。因此，国内汽车企业为了能够进一步发展壮大，争夺属于自己的一片市场，必然需要大量的汽车人才来补给。同样，国外很多汽车企业也都看准了中国这一汽车大国的身份，纷纷进驻中国市场，也亟需引进熟悉中国本地情况的汽车专业人才。"十一五"期间，我国的汽车业也真正开始参与国际化的竞争。国外的先进经验表明，汽车工业的发展在于人才，而汽车销售人才也正是汽车人才中的关键岗位之一。

2. 汽车产品的特点

汽车一般是指本身具有动力装置，由动力驱动，具有四个或四个以上车轮的非轨道承载的车

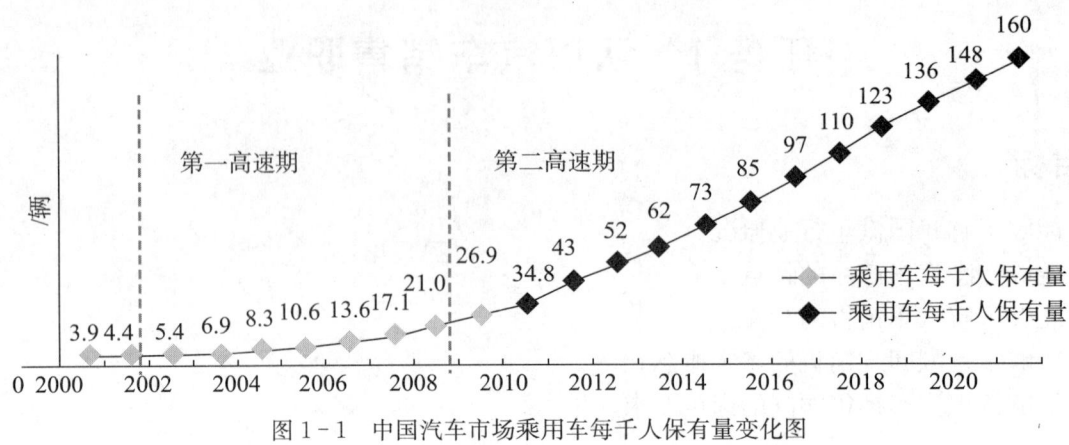

图1-1　中国汽车市场乘用车每千人保有量变化图

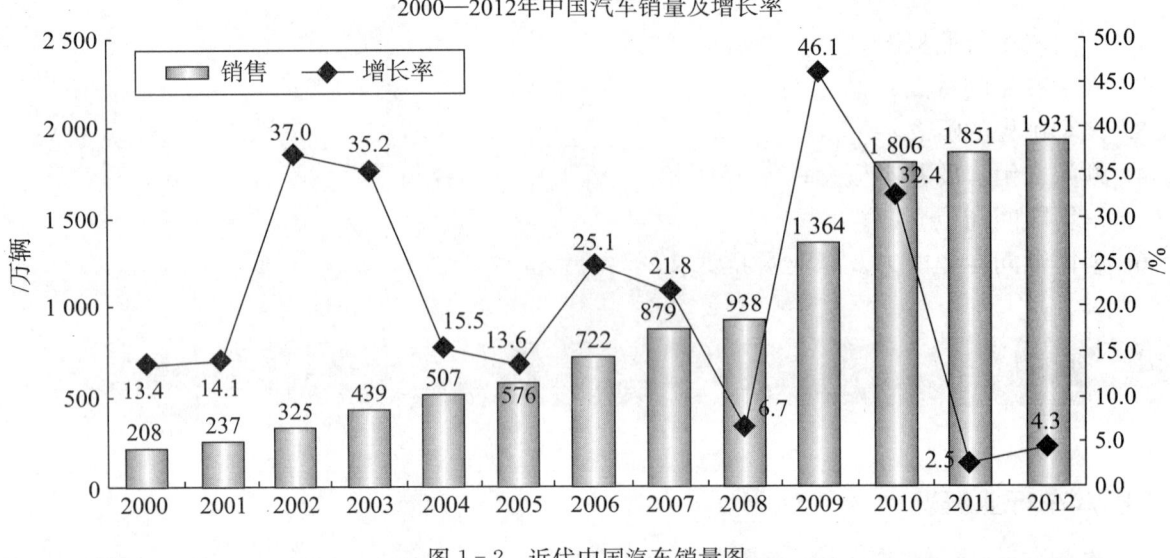

图1-2　近代中国汽车销量图

辆。它主要用于载运人员或货物、牵引载运人员或货物的车辆。汽车也包括与电力线相连的车辆，如无轨电车，整车整备质量超过400 kg的三轮车辆。本书所提到的汽车销售，主要以家庭乘用车的销售为主。所以，分析汽车产品的特点，主要是分析家用乘用车的特点。我国比较常见的主流汽车品牌标识，如图1-3所示。

图1-3　我国常见的主流汽车品牌

汽车作为人类发明创造出来的产品,除了具有和其他产品一样为人类生产和生活服务的共性之外,还具有本身的特点。

1) 价格昂贵

汽车由几万个零件组成,制造材料多样,制造技术复杂,导致汽车生产成本比较高,再加上生产、流通环节中的税金和有关费用,使汽车的销售价格比较高,并且不同种类、不同品牌的汽车价格还存在着天壤之别。在我国目前的经济水平下,汽车的最低价格为3万元左右(如江南奥拓、奇瑞QQ等微型乘用车),而一些高级乘用车价格可达到上百万元人民币(如奔驰、宝马等高档乘用车),甚至有些主打运动、时尚的汽车,价格更是要达到千万元以上(如法拉利、布加迪等)

2) 生产资料和消费资料的双重属性

汽车从诞生之日起,就具有生产资料和消费资料的双重属性,即汽车既是生产手段(如载货汽车、客运汽车、出租车等),又是生活用具;既可以通过使用汽车获得运输收入,又可以将汽车作为交通代步工具,获得生活的便利。

3) 使用管理的强制性

我国对汽车的使用管理实行两种根本制度:驾驶证制度和车辆牌照制度。驾驶证制度,是车辆管理部门通过对驾驶证的考取、核发和日常严格管理,控制驾驶员素质从而保证安全行车的一项制度。车辆牌照制度,是车辆管理部门通过对车辆牌照的核发和日常严格管理,控制车辆数量和单车安全技术状态,创造安全、畅通的交通条件的一项制度。汽车牌照和驾驶证如图1-4所示。

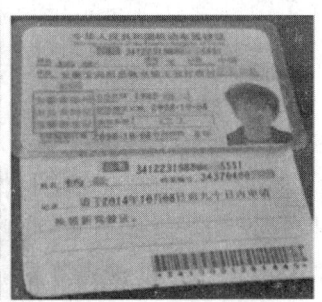

图1-4 汽车牌照和驾驶证

此外,国家工商管理部门、国家税务部门、环保部门、保险公司是参与汽车使用管理的行政部门,在汽车交易、税费征收、排放要求等方面,均具有法定强制性。

4) 交易复杂

汽车交易不同于一般消费品的柜台交易,价格、品牌、质量、外观、服务等多种因素都会对购买者的购买决定产生影响。新车的个人消费者往往要经过反复咨询和比较才能决定购买某款汽车。购买者选择的多样性和决策的复杂性决定销售业务不是简单的工作,而是复杂的提供服务的业务过程。一旦达成交易,还需要就车型、颜色、价格、赠品、提货周期等签订《汽车购销合同》,此外还需要帮助客户完成验车交车、精品装潢、代缴税费、代理上牌、保险、金融信贷、售后服务等衍生服务。所以,汽车销售绝不是一次性的买卖,而是与客户建立长久联系的行为。而对于二手车销售来说,还增加了技术鉴定与评估、价格磋商、过户手续办理等程序,交易的实现同样是复杂的。

5) 使用成本大

汽车在使用过程中,会发生燃料消耗、零部件磨损、意外撞击受损等有形的损耗,也会发生由于科学技术进步与发展导致的无形损耗(即汽车贬值),消费者还要支出维护保养费用、修理费用、保险费用、各种税费、路桥费、停车费、违章费用等。一辆家用汽车,每年至少需要花费1万元。

6）安全性和排放要求高

汽车使用的安全性和污染物排放状况受自然因素、道路条件、国家行政部门、驾驶员的操作水平等因素的影响,但主要取决于车辆本身的技术条件。对汽车使用的一些强制性要求,主要是为了保障使用者的安全和公众利益。

3. 汽车销售的概念

【想一想】

你是怎样理解销售的?请结合自己的经历和体会来给销售下个定义。

_____

_____

1）汽车销售的含义

汽车销售是指汽车销售企业将商品车与客户进行价值交换的一种社会活动及其商务过程。也可理解为汽车销售是在了解客户需求的基础上,通过有针对性的对汽车及服务进行介绍,以满足客户特定需求的过程。

（1）了解客户的需求

汽车销售不是单纯地解说商品的功能特性,销售顾问必须要深入了解客户的需求,挖掘客户的潜在需求,针对客户的需求和疑问做有针对性的车辆介绍。销售顾问在与客户接触的过程中,千万不要试图去强硬说服或改正客户的观点意见,而是要让客户感觉到被尊重的感觉,让客户意识到自己的意见得到销售顾问的重视并发自内心的认同。销售不是炫耀自己和自己销售的产品,而是要专心聆听并记住客户的想法。销售顾问一定要谦虚谨慎,要让客户感觉到来你这边买车是轻松和愉悦的。销售顾问不只是销售产品,关键的是要赢得客户的理解和信任。

（2）引导客户的需求

我国在20世纪90年代汽车4S店成形初期,汽车销售顾问的主要工作就是等待客户主动上门,然后向客户介绍产品特性,缺乏对客户群体的主动研究、细分和定位;同时,在车辆销售之后就不再与客户保持长期联系,因此错失了很多老客户增购、换购或老客户转介绍的机会。在当今汽车营销模式下,各品牌4S店均已采用顾问式销售,通过一对一顾问式销售,可以把售前咨询、售中接触、售后服务有机结合起来,形成面向客户群体的全程销售模式,减少来自各个环节潜在客户和保有客户的流失。因此,顾问式销售要求变被动销售为主动销售,在了解客户需求的基础上,更要能够引导客户的需求。销售顾问只有在了解客户需求的基础上,并根据客户需求和自身产品特点做出正确的引导,将自己所销售的产品与客户自身的需求有机结合起来,这样才能为成功销售创造可能性。

（3）满足客户的需求

满足客户特定的需求是指客户特定的期望被满足,或者客户特定的问题被解决。能够满足客户这种特定需求的,只有汽车商品提供的特殊利益。例如,客户购车有的是为了生意场合需要,能够彰显自己尊贵的身份;有的是为了突出个性,体现自身独特的品味;有的完全是为了代步,考虑经济实用……由于每个人的需求不同,所以在介绍汽车的过程中,销售顾问必须要有针对性。而不是按照套路死板地去销售自己的车辆。例如一辆高档的SUV,是不能同时满足彰显尊贵身份和考虑经济实用这两类客户的利益和特殊需要的。因此,汽车销售就要找出汽车所能提供的特殊利益,满足客户的特殊要求。

2) 销售与营销的区别

营销与销售虽然都有一个"销"字,然而却有不少人就认为销售就是营销,其实这两个词从意义到执行的方法都有着很大的不同。美国知名营销专家菲利普·科特勒在其书中说到营销与销售的区别:营销是企业关于如何发现,创造和交换价值以满足一定目标市场的需求,同时获得利润的一门学科;而销售则指的是向客户介绍商品,以满足客户特定需求的过程。我们从不同的角度进行分析,得出销售与营销的区别主要有以下几点。

(1) 内容不同

营销是一个系统,包括市场调研、市场推广、品牌策划、销售、客户服务等;销售只是营销系统的一部分。

(2) 客户来源不同

营销则是以客户需求为导向,并把如何有效创造客户作为首要任务;销售主要是企业以固有产品或服务来吸引、寻找客户。

(3) 对结果的诉求不同

营销是让产品好卖,是产品的行销策划、推广;销售是把产品卖好,是销售已有的产品,把已有的产品卖好。

全面丰富的理论知识是做好一切工作的基础,虽然销售与营销的区别显著,但销售与营销工作决不能停留在理论之上、书本之中,只有通过实践与经验的积累才能更好地完成销售与营销工作。

4. 顾问式销售的概念

【想一想】

① 客户成功购买汽车需要具备哪些要素?
② 客户很富有就会购买你的车吗?
③ 客户需要买车就会买你的车吗?
④ 客户喜欢你的车就会买你的车吗?
⑤ 客户路过你的4S店就会买你的车吗?

1) 顾问式销售的含义

顾问式销售是一种全新的销售概念和销售模式,它起源于20世纪90年代,具有丰富的内涵以及清晰的实践性。它是指销售顾问凭借专业的销售技巧进行产品介绍的同时,运用分析能力、实践能力、创造能力、说服能力等综合能力去满足客户的要求,并通过预见客户的未来需求,帮助客户提出积极建议的销售方法,如图1-5所示。

2) 顾问式销售流程

由于客户的购买行为可分为产生需求、收集信息、评估选择、购买决定和购后反应五个过程,因此,顾问式销售可以针对客户的购买行为,分为挖掘潜在客户、拜访客户、筛选客户、掌握客户需求、提供解决方案、成交、销售管理等几个步骤来进行。销售本身就是一种以客户需求为导向的基本过程，正是基于这种导向，我们进入了"顾问式销售"时代。顾问式销售是当今营销观念的典型代表。当今营销观念注重买方的需求，即通过产品和创意，传递产品和与产品相关的事宜，来满足买方的需要。顾问式销售的出发点就在于发掘客户的需求，在销售的过程重视与客户的互动及深度的情感沟通。顾问式销售的终结点在于销售顾问对客户信息的研究、反馈和处理之后，从而使得双方成为朋友，即创造我们忠诚的客户。顾问式销售流程如图1-6所示。

图1-5 顾问式销售示意图

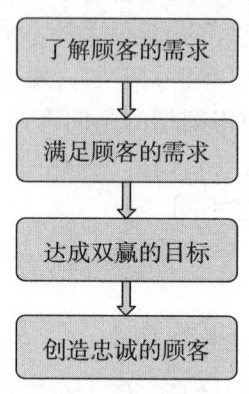

图1-6 顾问式销售流程

3) 顾问式销售与传统销售的区别

传统的销售，如今面临着很多困难，因为其产品或服务的同质化非常高，价格竞争非常激烈。作为销售顾问，在实战销售当中总会被很多问题所困扰，如表1-1所示。

表1-1 实战销售中遇到的问题

问　　题	是	否
你不断地向客户表达你有多么欣赏他，客户却认为你在拍他的马屁，浪费他的时间，而且不断地提醒你拜访他究竟有何目的？		
当你遇到竞争对手的挑战时，无论你怎样说明你的产品比对手优秀，客户却只关心你的价格是否比对手更低		
你不断向客户讲明产品给客户带来的价值，但客户却对此视而不见		
客户的真正的需求到底是什么？为什么看来很有希望的生意，最终却失败了？		
我们已经提供了一流的服务，为什么客户还是不满意呢？		
客户到底在打什么主意，为什么总是不说真话，总是对我们有所隐瞒？		
客户对产品为什么总是那么挑剔，总是批评产品有各种各样的缺点？		

假如你是一名汽车销售员，在销售过程中，你遇到以上问题，你是否也会有这些困扰？顾问式销售强调对我们现有销售理念的重新审视，从最根本的客户需求角度出发。顾问式销售使销售方式从以产品推销为出发点的说服型推销，逐步向以帮助客户解决问题为出发点的咨询服务型销售转化。销售的结果也从达成单笔交易转化为建立长期关系，成为真正的合作伙伴。

与传统销售相比，顾问式销售是以客户为导向。所以，顾问式销售顾问需要花较多的时间与客户之间建立信赖，并且了解客户的需求，并帮助客户提供解决方案。而不同于传统销售行业，以产品为中心，并把销售的重点放在最后的成交上，如表1-2所示。

表1-2 传统销售与顾问式销售的区别

区 别	传统销售	顾问式销售
客户	客户是上帝	客户是朋友
客户感觉	被迫购买	自愿购买
产品	认为好产品价格高,性能好	适合自己的才是好产品
手段	强迫购买	帮助客户购买
认同感	所有客户一样对待	不同客户不同对待
时效性	一次性	长期服务接触的关系
科学性	全凭经验	科学性、实践性
销售模式	以产品为导向	以人的需求为导向
销售目的	只是为了达成交易	与客户达成双赢

顾问式销售是从客户的角度看问题,诚心诚意地了解客户的需要,甚至比客户了解得更透彻,抓住关键问题及彼此间的顾虑,寻求彼此都能接受的结果,并商讨达成交易的各种可行性方案,从而实现"双赢"。说白了,顾问式销售首先要了解清楚客户的需求,客户从事的职业,对什么产品感兴趣,预算是多少。另外一定要找准购买的决策者或采购负责人,与他/她建立良好的关系,从中了解客户对产品的倾向性,竞争对手的状况等。同时,还要寻求最优的价格支持,以最"优惠"的价格收拢客户的"心",从而实现成功交易的目的。

【案例分析】

下面分享一个关于顾问式销售的案例(L:销售顾问小李,Z:买车的张先生)。

L:张先生,我们一汽大众经营的车型有捷达、宝来、高尔夫、速腾、迈腾、CC这几款车,价格是从7万多到30万元不等,不知道您是要看哪一款呢?

Z:我想看看13万元左右的三厢车。

L:好的,张先生。那我推荐您可以看看我们一汽大众卖的非常好的宝来和速腾,在同级车当中都相当的有优势。

T:这两款车有什么区别吗?

L:嗯,是这样子的,张先生,这两款车目前1.6T的动力系统均采用16气门,静音正时链条设计,百公里油耗仅为7L,保养费用也完全一样,只是宝来偏向于家用,性价比更高,而速腾偏向于运动,外形上和宝来相比更加时尚一点。不知道张先生您是打算购买一辆手动挡还是自动挡的呢?

Z:哦,我手动的就可以了。

L:哦,是这样子啊,张先生,如果按照您13万的预算来看,那我建议您可以考虑宝来1.6手动挡的高配或速腾1.6手动的入门级车型,二者除了外观上不同以外,主要就是一些配置和技术上的区别了。

Z:那具体相差哪些配置和技术呢?

L：那这样子吧，张先生，我先为您介绍一下这两款车的具体区别，我想等您听完了我的介绍，相信您对我们这两款车一定有很清晰的认识的，到时您再考虑购买哪款车，您看这样可以吗？

Z：哦，那好吧。

L：嗯，好的，那你这边请。（销售顾问引导客户进入车型介绍环节。）

顾问式销售就是这样一种从客户的需求出发，帮助其分析问题、解决问题，着重双方利益，寻求互惠互利，并根据客户自身情况和需求进行产品销售的一种销售方法。

【想一想】

在顾问式销售中，销售员销售的是什么？客户购买的又是什么呢？

_____

_____

4）顾问式销售的重要理论

（1）销售成功三要素

① 信心。主要表现为客户对销售顾问、产品、经销商、自身、服务等是否有信心。

② 需求。主要表现为客户对产品和服务的显性需求和隐性需求。

③ 购买力。主要表现为客户支付本次购买行为的财力和权力。

（2）销售的相关环节

① 控制区

控制区指销售顾问在日常的工作中，可以控制的相关环节。如客户接待礼仪、制定客户跟踪和回访的人数和时间、约定客户交车的时间和掌握客户交车的过程等。

② 影响区

影响区指销售顾问在日常的工作中，可以影响的相关环节。如客户购买的车型和颜色、客户购车的付款方式、客户提车的时间等。

③ 关心区

关心区指销售顾问在日常的工作中，只能表示关心的相关环节。如客户突如其来的变故、国家或地方政府有关汽车的相关政策、公司领导制定的活动策略等。

控制区、影响区和关心区时刻出现在销售顾问的身边，销售顾问应当把工作重点放在控制区，只有自己掌控了工作的整个过程，让自己处于主动，才能永远领先，使自己处于不败之地，如图1-7所示。

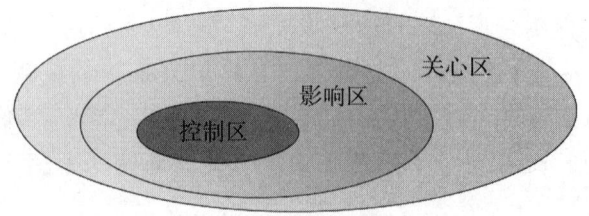

图1-7 控制区的概念

（3）销售流程中的倒三角原理

销售顾问在日常执行核心销售流程时，不同销售顾问在做同一件事情的情况下，往往会出现两种不同或截然相反的结果。那是因为传统销售和顾问式销售在执行销售流程上所用的时间是不一样的。传统式销售只用20%的时间建立客户信心,80%的时间都在和客户谈判;而顾问式销售则用80%的时间建立客户信心,20%的时间就可以结束整个销售活动,如图1-8所示。

图1-8 倒三角原理

(4) 真实一刻(MOT)

真实一刻的英文全称:Moment of Truth,简称 MOT。它用在汽车服务的过程中,是指让潜在客户和现有客户对销售顾问的服务、产品或公司留下深刻印象的那一刹那,称为真实一刻。

客户感受到销售顾问、产品、公司的印象,再结合服务质量,这样就产生了一个定格印象,根据这个印象,客户就可能会产生一个是否购买你的产品的决定。

很多购买行为就是基于这样一个小小的定格印象而决定的。每一个定格的印象就是我们所说的真实一刻,如图1-9所示。

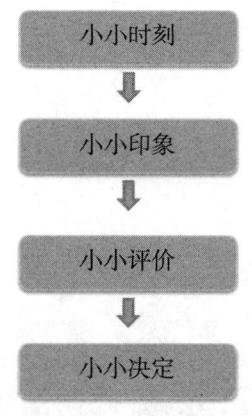

图1-9 真实一刻(MOT)

5. 汽车销售顾问岗位介绍

【想一想】

你为什么选择汽车销售顾问这个职业?

_____

_____

_____

很多人认为销售是一项既高尚又带有很大难度的职业,尤其是从事汽车销售工作,更是难上加难。其实,在日常的学习、工作和生活中,我们都或多或少的跟销售打着交道,因为即使不从事销售的工作,我们本身就是一名消费者,也在日常生活中与形形色色的销售员打交道,如商场的售货员、超市的导购员、家具店的老板,等等,他们从事的也都是销售工作。我们同时又具备销售的天赋,因为每天都在和形形色色的人沟通和交流,这个过程其实也就是推销自己的过程。由此看来,销售工作其实并没有那么可怕。汽车销售同样如此,只要我们掌握专业知识,按照标准的销售流程开展工作,并结合相关的汽车销售技巧,同样可以把汽车销售工作做得有声有色,进而成就自己的人生理想。

一段来自网络有关销售的励志语:

"超过70%的CEO都出自销售;好好做三年销售,以后转行做什么都能独当一面;生活中你将是最强大的群体,具有战胜一切困难的勇气和能力;销售是晋升机会最多的职业;销售是能带来丰厚收益的职业;销售生命周期长;销售更容易找工作……"

1) 汽车销售顾问岗位介绍

汽车销售顾问是指为客户提供顾问式的专业汽车消费咨询和导购服务的汽车销售服务人员。其工作范围实际上也就是从事汽车销售的工作,但其立足点是以客户的需求和利益为出发点,并向客户提供符合客户需求和利益的产品。其具体工作包含:客户开发、客户跟踪、销售洽谈、成交等基本过程,当然还需涉及到汽车保险、上牌、装潢、交车、理赔、年检等业务的介绍或销售。在4S店内,其工作范围一般主要定位于销售领域,其他业务领域可与其他相应的业务部门进行衔接或寻求支持。

【想一想】

如图1-10所示,如何成为一名优秀的汽车销售顾问?

图1-10 某公司奔驰汽车销售顾问

2) 汽车销售顾问岗位职责介绍

任何一个工作岗位因为分工的不同,都具有它独特的岗位职责,汽车销售顾问岗位也不例外,作为一名汽车销售顾问,只有遵守岗位职责,才能保证在工作中游刃有余,做出最出色的业绩。汽车销售顾问岗位职责如下。

(1) 掌握并传递品牌文化和产品知识;
(2) 按照核心销售流程接待展厅到店或来电的客户;
(3) 建立客户档案,定期对有望客户和成交客户进行跟踪和回访;
(4) 主动寻找潜在客户,并进行转化成交;
(5) 掌握各种销售技巧,能解决客户提出的各项异议;
(6) 展厅车辆的保洁和移位,办公环境的保洁、布置和维护;
(7) 掌握保险、上牌、二手车置换、精品装潢等知识;
(8) 收集竞争对手信息并及时传递;
(9) 确保用户满意,协助解决用户抱怨和投诉。
(10) 完成各种KPI考核目标。

【想一想】

根据销售顾问岗位职责,请逐一说明自己需要具备哪些能力?

_____

_____

3) 销售顾问职业发展方向介绍

中国汽车市场是全世界发展潜力最大的汽车消费市场。从2010年汽车行业整体的招聘求职市场来看,不管是企业发布职位,还是求职者的简历投递意向,汽车销售顾问职位都排在前列。汽车销售作为汽车行业的基础关键岗位,就业前景十分看好。

汽车销售顾问一般可以从大学毕业就做起,以大学毕业22岁开始算起,汽车销售顾问一般可以做到35岁甚至更长,在这近15年左右的时间里,汽车销售顾问可以选择不同的公司,不同的品牌,不同的车系,当然,销售顾问们还可以转型做更高级产品的销售人才、管理层、咨询行业、自主创业、等等,如图1-11所示。

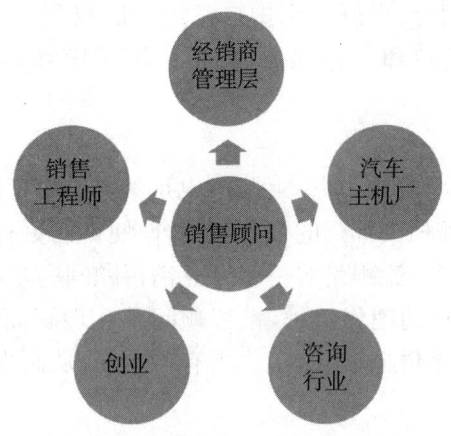

图1-11 销售顾问职业发展方向

6. 汽车销售顾问专业能力和职业素养

1）销售顾问应该具备的专业能力

专业能力是通过学习和实践获得的从事某种工作的能力。要想成为一名优秀的销售顾问，必须以专业的一面呈现在客户面前。汽车销售顾问应该掌握的专业知识主要有以下几个方面，如图1-12所示。

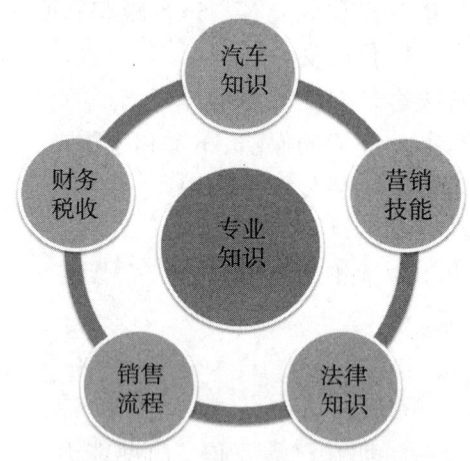

图1-12 销售顾问应该掌握的知识

（1）掌握与汽车相关的产品知识

由于汽车这一特殊商品的结构十分复杂，技术含量非常高，因此，要求汽车销售顾问必须全面掌握汽车的构造、各部件的作用和机械原理等知识，汽车维修保养知识和安全驾驶的知识和所销售的车型和竞争车型的主要特点等。只有这样，才能让客户了解更多的车辆技术信息，以专业的产品知识取得客户的信任，从而成功销售自己的产品。

（2）掌握市场营销知识和相关技能

市场营销活动贯穿于销售顾问工作过程当中，销售顾问既要掌握汽车市场的细分方法、汽车市场调研、汽车促销方法、汽车销售技巧等；同时也要掌握保险理赔、税费缴纳、金融贷款、精品装潢、办理牌照、汽车配件、售后服务、二手车评估等相关技能。

（3）熟悉法律知识

销售顾问还必须了解和掌握相关法律知识，以便增强法制意识，做到懂法、守法，并学会运用法律手段解决实践中遇到的突发问题，更好的维护自己的合法权利。

根据汽车销售顾问的职业特点和工作性质，尤其应该了解和掌握的是协调市场运行中所发生的经济关系的经济法、合同法等。

（4）熟悉核心销售流程

业务流程是确保销售业务正常开展的基本保证，也是整个销售工作的关键。销售顾问只有熟练掌握销售业务流程，才能确保与业务相关部门的衔接和配合，使自己更有效率的开展工作，从而为客户提供最佳的服务。因此，熟练掌握销售流程是对一名专业销售顾问的基本要求。由于汽车销售一般采取4S店的模式，每个品牌都有其独特的销售流程，销售顾问重在理解而不是单纯的模仿，只有真正理解了销售流程的核心思想，销售顾问才能在实际工作中有所创新，从而为客户提供更高效率的服务。

（5）熟悉财务和税收知识

企业的本质决定了汽车销售活动是以盈利为宗旨的。按照市场经济的要求，企业必须处理好企业与员工,企业与企业、企业与客户之间的利益关系。销售顾问应了解企业经营资金来源的渠道、销售量、成本和利益之间的关系,了解经营产品的价格政策,熟悉与汽车销售有关的各种税务知识等。

2) 销售顾问应该具备的职业素养

职业素养是一个人从事某种职业,在长期的学习、生活和工作中自觉养成的内在思维方式、心理状态和职业习惯。作为一名汽车销售顾问,必须具有一定的职业素养,如图1-13所示。

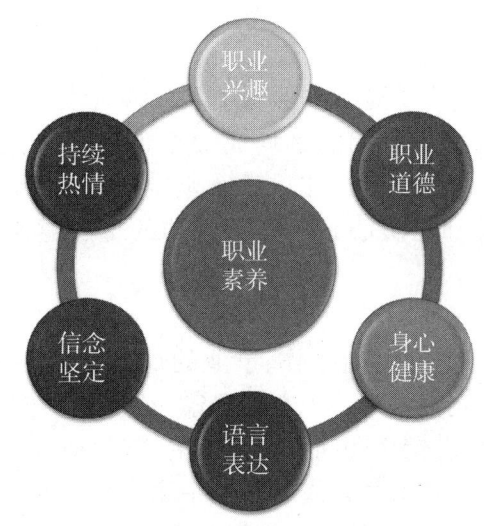

图1-13 销售顾问职业素养

(1) 浓厚的职业兴趣

兴趣是从事和做好一个职业的基础,有了兴趣就有了学习和工作的动力。汽车诞生100多年的历史和缤纷灿烂的汽车文化,已经渗透到现代社会的方方面面,围绕汽车的话题层出不穷,从汽车生产到汽车技术、从汽车经济到汽车性能、从汽车安全到汽车价格、从汽车环保到汽车危害等,现代的生产和生活已离不开汽车,汽车销售顾问只有培养了自己的职业兴趣,才会热爱汽车销售职业,才会在汽车销售职业中找到乐趣。

(2) 良好的职业道德

所谓职业道德,是指在一定职业活动中所应遵守、具有自身职业特征的道德标准和规范。汽车销售顾问在从事经营活动时,也必须遵守一定的规则和规范,具体地说就是要遵守公平竞争的市场规则,讲究商业信誉,维护企业与客户的正当利益,工作认真负责,具有诚实守信和热忱服务的意识。

(3) 强壮的体魄和健康的心理

身体是工作的本钱,汽车销售顾问的工作是开放式的工作,不仅仅只是在展厅和客户进行沟通和交流,还要经常走出展厅,去寻找潜在的客户或参与市场调研等工作。所以说,销售顾问一定要有强健的身体,才能适应工作的各种需要。

同时,销售的过程是一个不断经历被拒绝和失败的过程,面对如此多的挫折和挑战,销售顾问有的会暴躁,有的会妥协,还有的会选择放弃,这些都不符合一名优秀销售顾问的心理特征。成功的销售顾问,他们拥有良好的心态,他们怀着被拒绝的心理准备,又拥有征服客户拒绝的自信。因此,专业的汽车销售顾问必须要有良好的心态来应对挑战,用积极的心态投入到每天的工作当中。

(4) 良好的语言表达能力

汽车销售的过程实际上是一个人与人沟通的过程,销售顾问从跟客户接触开始,就通过各种方式与客户进行沟通。销售顾问的沟通能力直接影响到客户对产品和服务的了解程度,还会影响企业销量和自身的经济效益。沟通能力并非只是简单的呱呱其谈,还包括倾听、文字表述、电话交谈、投诉应对等。沟通与平时的交谈有着本质的区别。与客户沟通不仅仅是聊天,这个沟通需带有明确的目的性,即了解和发现客户的需求,强化客户购买产品的欲望,通过努力满足其需求,达到成交的目的。

(5) 坚定的信念

一个成功的销售顾问,应该时刻提醒和鼓励自己,以激发内心的动力,这就需要一个更好的心态和坚定的信念。优秀的销售顾问的平均成交率也就只能达到25%,也就是说他们必须经历75次的失败才能换来25次的成功,如果没有坚定的信念,销售顾问会难以承受失败的打击而轻易选择放弃。每个人都知道决心和信心对成功的重要意义,对于销售顾问来讲,信心尤为重要。

(6) 持续的热情

所谓热情,是指一种精神状态,一种对工作、事业的炽热情感。热情是每位销售顾问取得成功的基本条件。但在实际工作中,我们发现一个有趣现象:在销售顾问刚刚从事销售工作的一段时期内,往往表现出强烈的热情,而随着销售顾问专业知识的增强,业务能力的提高,起初的那股热情却慢慢消失了,原本具有优秀潜质的销售员最终却归于平庸。没有热情就没有长久的销售,热情是一种精神状态,可以鼓舞销售顾问更好、更愉快地完成工作,保持旺盛的精力;热情还可以带给周边的同事和客户,从而创造更大的销售业绩。

此外,成为一名优秀的汽车销售顾问,还要有踏实肯干的态度和爱岗敬业的精神,有不断开拓进取和创新的意识,有持续学习的能力,有团队协作能力等。总之,要想成为一名优秀的汽车销售顾问,就必须努力培养自己各方面的能力,这样才能在各种销售活动中运用自如,让自己不断突破每一个困难,使自己逐步成长起来。

小组讨论

1. 案例导入

在情境导入环境,我们知道小俞刚刚参加工作,并参加了公司的新员工培训。如果你是小俞,在参加完公司的培训之后,结合自己的实际情况,对照汽车销售顾问素质和能力要求,你认识到自己从事销售顾问工作的优点和不足了吗?并分析如何提升自己的不足之处。

2. 提出讨论要求

(1) 全班分成3组,自主选举一名同学为小组长,在指导老师的带领下,对讨论项目进行讨论;
(2) 各小组利用20 min的时间,对讨论项目展开讨论并记录在讨论表内,如表1-3—表1-5所示;
(3) 讨论完毕之后,小组选出一名代表陈述讨论结果;
(4) 其他同学请认真听讲,记录演讲同学所陈述的内容,稍后给出不同的意见和建议;
(5) 陈述完毕之后,由指导老师带领大家一起参与点评和总结。

3. 小组讨论

(1) 你认识到自己从事销售顾问工作的优点和不足了吗？并分析如何提升自己的不足之处。

(2) 根据顾问式销售的特点，讨论如何在汽车销售工作中做好"顾问式销售"，并将讨论结果记录在讨论表中，如表1-5所示。

表1-3　优势项目讨论表

优势所在	如何保持

表1-4　不足项目讨论表

不足所在	如何提升

表1-5　做好"顾问式销售"讨论表

行动要点	如何做
1. MOT	
2. 销售流程	
3. 客户接待	
4. 专业知识	
5. 职业素养	

4. 学习评估

指导老师根据各小组讨论过程和讨论结果，对各小组学习成果进行评估，评估标准如表1-6所示。

表1-6 评估标准

评估重点	满分	得分	原因分析
1. 讨论时间的合理性	25		
2. 内容分析的准确性	25		
3. 知识点的掌握程度	25		
4. 团队协作能力	25		

复习思考题

1. 请简述我国汽车行业的发展现状。
2. 汽车产品的特点有哪些？
3. 如何做好汽车销售工作？
4. 顾问式销售与传统式销售的主要区别在哪里？
5. 在从事汽车销售顾问工作之前，你准备怎么做？

任务 2 认识汽车 4S 店

学习目标

1. 能够认识当今 4S 店的相关特点；
2. 能够深刻理解并掌握当今 4S 店的销售流程和各流程的执行要点。

学习内容

1. 4S 店的起源；
2. 4S 店的基本概念；
3. 汽车销售规范流程介绍。

知识准备

汽车产品从主机厂到消费者手里需要经过物流公司、港口、代理商、经销商等多种渠道，而经销商又分为汽车 4S 店、分支机构、二级经销商（汽车大卖场）、网上车市等多种形式，而如今，主流的汽车销售终端依然还是 4S 店销售模式，4S 店目前在全国已达 2 万多家，而且各汽车品牌主机厂还在不断往三、四级城市覆盖销售网络。那么，汽车 4S 店到底是怎样的呢？一般 4S 店的外观，如图 1-14 所示。

图 1-14 上海大众斯柯达 4S 店

【想一想】

结合日常你对 4S 店的观察和理解，谈谈你对 4S 店的认识。

_____

_____

1. 4S店的起源

1996年,神龙汽车有限公司在武汉市汉阳区兴建起全国第一家东风雪铁龙品牌样板站,取名为武汉市神龙鸿泰汽车销售服务有限公司。至此,神龙公司最早将具有国际标准的雪铁龙营销模式带入中国,从此,中国汽车市场营销模式发生了天翻地覆的变化,1998年之后,各品牌汽车4S店在全国各地如雨后春笋般地出现。也就在此时,全国汽车经销商经营模式逐渐以4S店的模式出现在全国各个城市。

4S店不仅是汽车生产厂家提升市场占有率的手段,也是汽车市场激烈竞争下的产物。随着汽车市场的逐渐成熟、用户需求的多样化,汽车用户对产品和服务的要求也越来越高,原有的代理销售体制已不能适应市场与用户的需求,4S店的出现,恰好最大程度地满足了用户的各种需求。

2. 4S店的基本概念

1) 4S店的含义

4S店是指某一汽车品牌的特约销售服务中心,它是集整车销售(Sale)、零配件供应(Sparepart)、售后服务(Service)、信息反馈(Survey)于一体的汽车特许经营模式,如图1-15所示。它具有汽车信贷、保险服务、精品装潢、旧车置换、车友汇、维修保养等一条龙服务。因此,汽车4S店也被称为"汽车终身服务解决方案"。

图1-15 4S店的含义

2) 4S店的特点

4S店必须按照厂家的要求单独成立一个公司来经营,并且所有的展厅等硬件设施及生产设备都必须按照厂家的统一标准建设。4S店运营的模式必须按厂家的标准执行,同时不断获得厂家的专业培训和技术支持,并接受厂家的专业业绩评估考核。4S店还会不定期接受厂家的神秘客户检查、销售标准检查、4S店硬件检查和客户满意度调查等。4S店销售和服务过程中所需的车辆和零配件直接由厂家专供。消费者选择在4S店购买车辆,不仅能够享受到销售、保险、上牌、美容、保养等一条龙专业服务,同时还能定期得到厂家一些免费检测,免费保养等优惠活动,为购车用户解决后顾之忧。完美的售后服务能给客户带来安全感,同时也加强了4S店与客户的联系,培养了客户对品牌的忠诚度,这对于4S店来说至关重要,也彻底将过去"以企业为中心"的经营理念,转变为"以客户为中心",不断为客户提供人性化、多功能、全方位的立体化服务。

(1) 4S店的优势

① 汽车展厅装饰豪华、格调高雅、环境舒适。展厅内可划分为以下功能区:汽车展示与销售区、咨询服务区、精品陈列和销售区、洽谈区、用户休息区、儿童玩耍区、维修服务接待区;二楼设置VIP接待区、会议室、经理办公室等,如图1-16所示。

图1-16　4S店展厅销售环境

② 展厅与售后维修车间、配件仓库彼此相连,不但保证了售后服务各个环节之间的连续性和有效协作,而且还使得用户在三个相邻区域内可以快捷地处理完所有业务。从而缩短了工作流程,大大提高了工作效率。

③ 维修车间是售后服务的最主要环节,这里有人性化的厂房空间,高效率、高进度的诊断仪器设备和训练有素的维修人员,如图1-17所示。

图1-17　汽车4S店维修车间

④ 配件仓库采用先进的管理模式,并与主机厂联网,确保做到准确订货、快捷入库、灵活结款。

⑤ 计算机广域网系统的建立,实现了汽车销售、配件供销、服务接待与结算、业务管理等系统的内外联网,大大降低了经销商与厂家的沟通成本,提高工作效率。

(2) 4S店的劣势

① 在不分品牌档次强弱和投资成本何时收回的情况下,硬件设施过分追求豪华。

② 经销商网店众多且分布较密,使得经销商利润空间减少。
③ 经销商从业人员营销观念和对服务理念的认识日益深化,但没有提升到一定高度。
④ 软件服务跟不上硬件建设的步伐,销售顾问缺乏技术知识,维修人员对新技术、新装备的认知度匮乏。
⑤ 经销商管理人员的素质普遍不高,管理人才缺乏。

3) 4S店销售策略和销售部门职能

(1) 4S店的销售策略

4S店的主要销售策略包括产品策略,价格策略、促销策略、分销策略等。产品策略包括品牌的选择、车型的比例,产品的质量、特色、规格、型号、服务等;价格策略包括基础价格,衍生服务价格、赠送或销售精品装潢的价格、单车让利价格等;促销策略包括广告宣传、产品推广、公共关系、技术服务等;分销策略包括渠道建设与推广、实体储存与运输,网点公关费用等。

(2) 销售部门的作用

销售部是4S店最直接也是最快实现经济效益的职能部门,在4S店占据举足轻重的地位。只有销售部门成功销售出自己的产品,其他各职能部门包括售后服务部门才能顺利开展相关工作,然后才能保证4S店正常运转。可以说,销售工作的成功与否直接决定4S店的存亡。因此,销售成功与否是实现企业目标和正常运营至关重要的一个环节。

① 销售部门在公司整体运营工作中承载的核心工作是销售和为客户服务。
② 销售部门是连接4S店和客户之间的纽带,销售部人员不断地进行着创造性的工作,为4S店带来利润,并不断满足客户的各种需要。
③ 销售部门直接与市场和消费者相联系,它可以为市场分析及定位提供依据。
④ 销售部门通过一系列的销售活动可以配合营销策略组合。
⑤ 销售部门可以通过销售结果来检验自己的工作,一旦发现问题可以及时整改,重新制定对4S店运营更好的计划和规定。

3. 4S店销售流程介绍

【想一想】

为什么要规范销售流程?

_____
_____

汽车销售大部分都是通过汽车厂家授权建立品牌4S店进行销售,只有一少部分通过其他渠道销售(如二级网点、大小型车展等)。为了体现汽车品牌文化和品牌服务意识,各大汽车厂家都会下发给授权经销商一套自己的规范标准的指导书,称之为"经销商运营指导管理手册"。各个销售商必须按照厂家的要求来开展相关的销售服务工作,厂家之所以这样做的目的正是为了体现汽车品牌的服务理念和传递品牌文化,帮助和监督经销商达到更高的销量和更高的客户满意度。同时也能够让客户在4S店享受到愉快的服务体验。汽车厂家会定期按照该指导书对经销商进行销售标准检查、神秘客户访问、硬件形象检查、客户满意度调查等。

因此,作为4S店的销售顾问,面对不断变化的销售工作,必须要将复杂的销售过程分解为便于理解和清晰的阶段目标和步骤。只有这样,才能更好地管理自己的工作,才能达成更好的销量和更高的客户满意度,从而赚取更多的佣金。

1) 常见的汽车销售流程

各汽车品牌的流程定义不一,但其实都大同小异,本领域内容主要根据目前主流汽车品牌的核心销售流程来划分的,共有10大销售流程,如图1-18所示。

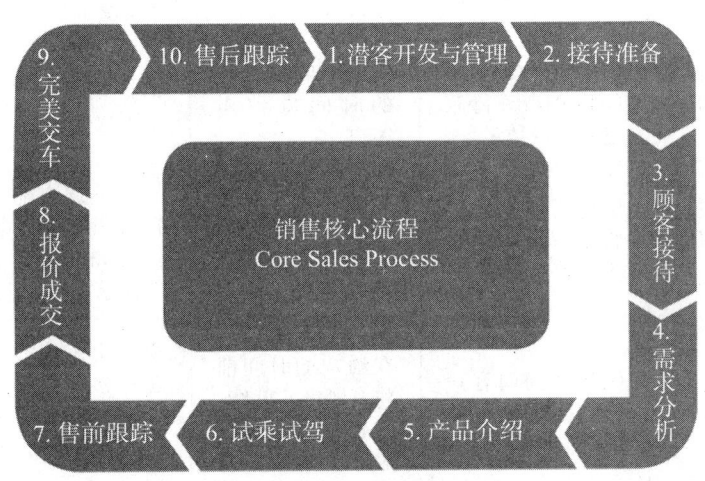

图1-18 汽车销售核心流程

为了使大家学到更多的知识,销售流程第1步和第7步在下文中有所改动。

那么,各流程具体的流程步骤是什么呢？销售团队在个流程中应该做哪些工作呢？各销售流程动作执行要点如表1-7所示。

表1-7 各销售流程动作执行要点

展厅流程	销售经理	展厅经理/销售顾问			
潜客开发与管理	销售经理预测需要多少潜在客户才能达成销售目标	销售顾问/展厅经理提出每月收入目标	运用收入与销售目标计算表计算需要实现的销售目标	销售顾问/展厅经理计算展厅客户能否支持销售目标	销售顾问/展厅经理计算达成目标需要新开拓的潜在客户
接待准备	随时检查销售顾问仪容、仪表、礼仪及精神状态	通过晨会调动销售顾问的热情和积极性,达到满足客户需求的状态	展厅经理注意销售顾问的变化,及时做出必要的调整	运用激励手段调动销售顾问的热情和积极性,使销售顾问保持旺盛精神	销售顾问始终以积极、热情、自信的状态接待客户
顾客接待	销售经理预估每天的展厅客流数和有望客户数	销售顾问在展厅入口等候客户,将客户引进展厅	前台接待/销售顾问欢迎客户	销售顾问自我介绍并询问了解客户来访目的	前台接待做客流记录,销售顾问运用标准流程接待客户
需求分析	定期抽查销售顾问接待客户的需求分析情况	销售顾问通过引导性提问与客户初步建立和谐关系	销售顾问判定意向车型、谁购买、谁决定、谁影响等信息	销售顾问探询分析客户的购买动机、需求及关注问题	销售顾问询问了解客户的购买方式、预算等信息
产品介绍	展厅巡查,组织销售部测验	销售顾问与客户确定购买需求	销售顾问运用辅助工具协助客户明确适合车型	销售顾问运用六方位及FBI技巧给客户介绍车辆	明确品牌独特优势利益,做必要的竞争对手分析及释疑

(续表)

展厅流程	销售经理	展厅经理/销售顾问			
试乘试驾	销售经理预估试乘试驾数量	客户确定车型后,销售顾问主动邀请客户试乘试驾	指导客户完善相关手续及做好试乘试驾相关的准备	试乘试驾过程中提醒客户感受车辆独特优势及车上配置	询问客户试驾感受,获得试驾评估表,适时提出定车要求
售前跟踪	销售经理询问电话跟进效果和客户级别判定	展厅经理/销售顾问检查当天待跟进客户及数量	销售顾问在合适的时间内致电客户	销售顾问邀约客户再次来店	销售顾问向展厅经理汇报客户回访情况。
报价成交	销售经理预估定单数、交车数以及成交率	销售顾问/展厅主管了解公司的销售政策和促销	销售顾问与客户达成需求共识,计算相关费用制定报价单	始终强调产品内在价值以及车辆优势如何满足客户需求	充分展示信心,运用必要价格谈判技巧消除化解客户异议
完美交车	销售经理预估单车平均毛利和利润总额	销售顾问向客户介绍交车流程并明确交车时间	在约定的时间前将车辆准备就绪,并告知客服部和服务主管	遵循交车流程向客户移交车辆并介绍配置使用方法及质保维护事项等	向客户介绍客户部和服务部门、赠纪念品并预约首保、与客户合影留念
售后跟踪	销售经理预估客户不满意及销售顾问售后跟踪回访频次	销售顾问3天内回访客户,询问车辆使用状况	向客户寄出感谢信和合影照,销售经理/展厅经理7日内向客户致电感谢	销售顾问运用客户信息卡、有益信息和话术,每天安排时间回访适量客户	销售顾问通过售后跟踪与客户建立信赖关系,适当时机寻求举荐新客户

2)概述的运用

【案例分析】

某天下午,一汽大众4S店销售顾问小张正在展厅值班,碰巧发现一个人正从展厅外走进来,小张果断地迎了上去……

小张:您好,欢迎光临!请问先生今天是来看车的吗?

客户:是的,我想看看你们的速腾。

小张:哦,好的,先生,这是我的名片,我是这里的销售顾问小张,您这边请(小张于是就带着客户往速腾车的方向去了)

客户:我能不能试驾一下这款车?

小张:……(一时之间茫然不知所措)

在销售顾问执行销售流程的过程中,常常会遇到客户直接跳过某个流程的现象,使得有些没有经验的销售顾问手足无措。因为客户不知道销售顾问需要按流程工作,客户和销售顾问有时也没那么多时间走完全部流程。正如上述情况,如果你是小张,你该怎么处理呢?

因此,我们在掌握核心销售流程的基础上,为了能够在销售活动中掌握主动,引导客户按照标准流程进行销售活动,我们还要学会懂得如何运用概述。

那么到底什么是概述呢?在汽车销售过程中,概述就是告诉客户即将发生的事。销售顾问在执行每个流程当中,都要学会如何使用概述。只有这样,才不至于被客户牵着鼻子走。概述的好处有如下三点:①被动变主动;②连接销售流程的方法;③告诉客户即将发生的事情。所以,我们在平常的工作中,更应该占据主动地位,而不是被客户牵着鼻子走。主机厂也会每月安排神秘客户到店进行调查,主要检查经销商销售流程的执行情况。如果销售顾问被检查到有做得不好的地方,轻则扣除一定的佣金,重则丢失工作。可见,销售流程是多么的重要。

针对以上情景描述,销售顾问小张可以这样说:

小张:您好,欢迎光临,请问先生今天是来看车的吗?(客户接待)
客户:是的,我想试驾一下新速腾。
小张:哦,好的,没问题。先生,这是我的名片,我是这里的销售顾问小张,很高兴为您服务,请问先生您怎么称呼呢?
客户:免贵姓王。
小张:哦,王先生,您看天这么热,我们到休息区休息一下,喝点饮料,我再给您拿一本速腾的宣传手册,您先看一看,有什么疑问您可以随时问我,您看这样可以吗?
客户:呃……好吧!
小张:嗯,那您这边请……(引导客户进入需求分析环节)

概述的好处不仅可以使销售顾问掌握主动,不断引导客户按照我们的流程走,而且还可以争取客户留店的时间,延长销售顾问与客户之间的交流,从而获得更多的客户信息。增加成功销售的机会。

小组讨论

1. 案例导入

小俞在学习完有关4S店的培训内容后,对4S店的特点、优劣势已经有了一个整体的认识,假如你是小俞,你能对4S店的优势和劣势进行一次总结吗?

2. 提出讨论要求

(1) 全班分成3组并选举小组长,全班先用15 min左右的时间,对讨论项目进行小组内部讨论;
(2) 讨论完毕之后,小组选出一名代表陈述讨论结果;
(3) 其他同学请认真听讲,记录演讲同学所陈述的内容,稍后给出不同的意见和建议;
(4) 陈述完毕之后,由指导老师带领大家一起参与点评和总结。

3. 分组讨论

(1) 对4S店的优势和劣势展开讨论,并将讨论结果记录下来,如表1-8所示;

表1-8　4S店优劣势讨论表

优势	劣势

(2) 结合4S店销售部门工作职能,谈谈销售顾问需要做哪些工作?

_____

_____

(3) 根据下列情景,设计一段概述的对白内容。

销售顾问:
陈先生:
销售顾问:
陈先生:
销售顾问:
陈先生:
销售顾问:
陈先生:
销售顾问:
陈先生:
销售顾问:
陈先生:
销售顾问:
陈先生:
销售顾问:
陈先生:
销售顾问:

4. 学习评估

指导老师根据各小组讨论过程和讨论结果,对各小组学习成果进行评估,评估标准如表1-9所示。

表 1-9 评估标准

评估重点	满分	得分	原因分析
1. 讨论时间的合理性	25		
2. 内容分析的准确性	25		
3. 知识点的掌握程度	25		
4. 团队协作能力	25		

复习思考题

1. 汽车 4S 店的含义是什么？
2. 4S 店的销售策略包含哪些方面？
3. 请简述 4S 店销售部门的工作职能。
4. 4S 店的销售流程是哪些？
5. 概述的作用是什么？我们该如何使用概述呢？

学习情境 2　潜在客户开发与管理

学习目标

1. 能够运用相关方法开发潜在客户；
2. 能够对潜在客户实施管理。

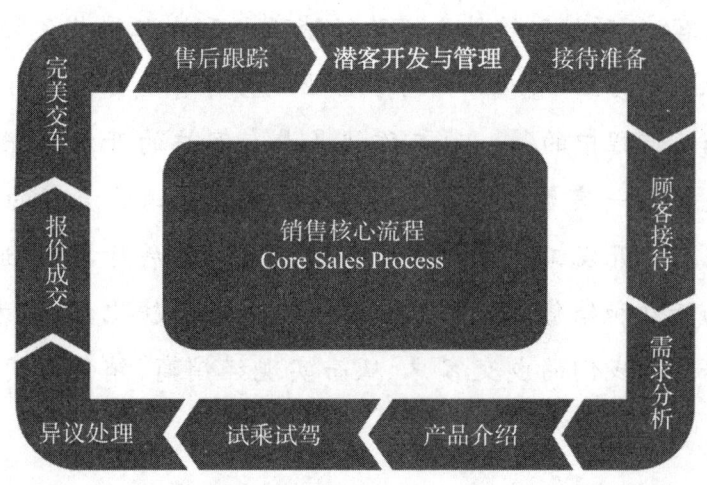

情境导入

新入职的销售顾问小俞通过对自己从事岗位的认识和学习，目前已经对自己所从事的工作有了一定的了解，但是公司领导告诉她，在她未参与展厅客户接待之前，她需要通过自己的努力开发一定数量的潜在客户，并将其转化为成交客户之后才能正式上岗。通过本情境的学习，小俞将学会如何进行潜在客户的开发，并通过对潜在客户进行跟踪管理，为自己能够早日上岗创造条件。

岗前资讯

"磨刀不误砍柴功"，这是自古以来的古训。中国汽车销售模式从大卖场到4S店模式发展至今，中国汽车4S店数量在全国已高达2万多家，而且数量每年还在不断增长。各汽车品牌新建经销商数目不断增长，不断在分割当地的市场份额，那么，如何在激烈的市场竞争中做好4S店的销售工作，取得一席之地，其中首要的条件就是——潜客数量。没有一定数量的潜在客户，硬件和软件再好的经销商也无法取得长久经营。于是，在延续企业生命力上，潜在客户对于企业运营有着重要的影响。

汽车销售流程中的第一项工作就是潜在客户的开发，经销商和销售顾问只有先找到一定数量的客户资源，才能保证销售流程的正常运转。有效的潜在客户开发工作可以使更多的客户来到展厅，然后通过经销商有效的市场活动和销售顾问对客户需求的分析和转化，最终才有可能将潜在客户转化为我们的成交客户，从而实现经销商、销售顾问、客户三方面共赢。

任务1 潜在客户开发

学习目标

1. 能够掌握潜在客户开发的含义;
2. 能够运用 MAN 法则判定潜在客户;
3. 能够运用相关方法进行潜在客户的开发;
4. 能够计算潜在客户数量的缺口。

学习内容

1. 潜在客户开发的基本概念;
2. 潜在客户的判定;
3. 潜在客户开发的方法;
4. 潜在客户开发的目标设定。

知识准备

1. 潜在客户开发基本概述

1) 潜在客户的概念

潜在客户指的是对企业或经销商销售的产品有需求且同时具有购买力的人或单位。狭义地讲,指尚未接触但具有购买力的人或单位。广义地讲,凡在经销商销售市场区域内,一切有需求的人或单位都有可能成为该产品的潜在客户。

潜在客户通常具有以下几种类型。

(1) 尚未接触,但有购买力的;
(2) 已经接触,但尚未成交的;
(3) 曾经接触,但放弃购买、购买他牌或在其他店购买的客户;
(4) 已经接触,且已经购车的客户。

2) 潜在客户开发的基本概念

潜在客户开发就是指在销售活动中,以有系统且有效率的方法与所有潜在客户不断接触而产生销售机会的过程。

对于汽车经销商和销售顾问而言,潜在客户开发是经销商赖以生存和发展的根基,也是工作的重中之重。在经销商的生产和经营中,如果没有一定数量的潜在客户,经销商很难实现长期经营。开发潜在客户对于经销商而言可以增加一切有可能产生销售的机会,完成销售目标,赢得更多利润。对于销售顾问而言,既可以获得销售成功的机会,也可以提高个人谈判能力、成交能力、人际关系处理能力、以及磨练个人的意志、成就个人事业巅峰等好处。因此,潜在客户开发是所有经销商和销售顾问扩增新进客户、保持销售动力的重要措施。

2. 潜在客户的判定

在汽车行业,要开发潜在客户,销售顾问需要给自己所销售的汽车产品进行市场定位,明确目标客户群体,从而分析这类人群的特征、职业、购车心态等。

1) 潜在客户购买心理的转变过程

任何消费者购买任何商品都是要经历一段过程的,这个过程包括注意、兴趣、联想、欲望、比较、决定、行动7个方面。尤其是每个消费者在购买大件商品的时候,一定会经历这几个过程,在汽车购买过程中,客户的心理表现如表2-1所示。

表2-1 消费者购买心理转变过程

购买心理过程	具体行动表现	销售流程
1. 注意	产品目录/亲朋好友/广告媒体	潜客开发
2. 兴趣	询问产品相关信息	客户接待
3. 联想	产品带来益处	产品介绍
4. 欲望	潜意识想拥有	试乘试驾
5. 比较	感性变理性	售前跟踪
6. 决定	得出结论,肯定自己	报价成交
7. 行动	购买阶段/交车	完美交车

【想一想】

你在购买一件商品时,心理过程是不是也是这样的呢?

2) 潜在客户购买周期的变化

消费者在购买商品的过程中,需要经历无需求、有购买意识、想要购买、设定购买标准、成交这五个阶段。当然,这里面会牵扯到信心、需求、购买力等因素,销售顾问在接触客户的过程中,一定要掌握客户的所处的购买阶段,才能有目的、有效率的完成销售任务,如图2-1所示。

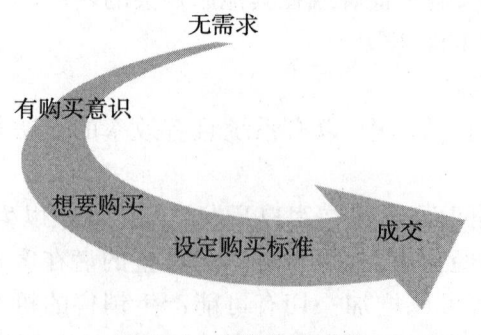

图2-1 客户购买周期

(1) 无需求阶段

本阶段客户主要表现出如不接受邀约活动、不接听电话、满足现状、不关注产品信息、和销售人员交流没有逻辑性或随便应付等。

(2) 有购买意识

本阶段客户主要表现出想了解产品特征,能给客户带来的利益和对今后的影响,有兴趣听取并适当采纳销售顾问给出的建议。

(3) 想要购买阶段

本阶段客户主要想多方面了解产品信息及给自己带来的切身利益,对产品某一方面的特长更是会特别关注,但此阶段客户对于购买产品还没有一定的依据。此时,就需要销售顾问给出一个客观且有说服力的理由。

(4) 设定购买标准

此时客户已经清楚自己的需求,并在多款产品之间进行比较。客户在和销售顾问交流时也更加自信和专业,待客户最终确定某款产品时,客户会就价格和其他条款与销售顾问进行谈判。

(5) 成交阶段

本阶段客户将会表现出多种成交信号,如价格的商谈,颜色的选择,订货或交货周期时间的确定,相关细节的谈判和询问等。

3) 潜在客户的判断法则

在销售顾问收集的潜在客户中,其实有一部分并不是真正的潜在客户。为了提高销售顾问判断潜在客户的能力,避免浪费大量时间、精力和财力,销售顾问就必须掌握判定潜在客户的方法。

通常判定客户的方法是 MAN 法则,即

M:Money,代表"金钱"。指客户必须对商品有一定的购买力。

A:Authority,代表"权利"。指客户对购买某种商品有决定、建议或反对的权利。

N:Need,代表"需求"。指客户对某种商品或服务有某种特定的需求。

潜在客户必须要同时满足以上3个条件。在缺少了某一项的情况下,只要采用适当的策略,仍然还是可以成为我们的潜在客户的。

3. 开发潜在客户的方法

【想一想】

当展厅客户资源无法满足销量目标时,我们该怎么办?

_____
_____
_____

1) 潜在客户开发的流程

潜在客户开发的首要任务就是要了解我们所销售的产品,然后再去结合产品定位去寻找适合我们产品的客户群体,继而根据销售目标制定潜在客户开发的计划、潜在客户管理和分类等,如图2-2所示。

2) 潜在客户开发的渠道

开发潜在客户是所有汽车品牌实现销售的第一步。汽车厂家和经销商在某一特定的区域内,会通过各种渠道开发符合本产品的潜在客户群体,并设法与其取得联系,从而促进产品的成功销售。在整个销售活动中,潜在客户开发是一件最具挑战性、开拓性和艰巨性的工作。许多销售顾问不喜欢去主动寻找新的客户,而是满足于对现有客户的业务往来,或者等待顾客自己找上门来。在汽车市场竞争激烈的今天,销售顾问的业务定是难以发展,销售业绩也会很难突破甚至不断下降。

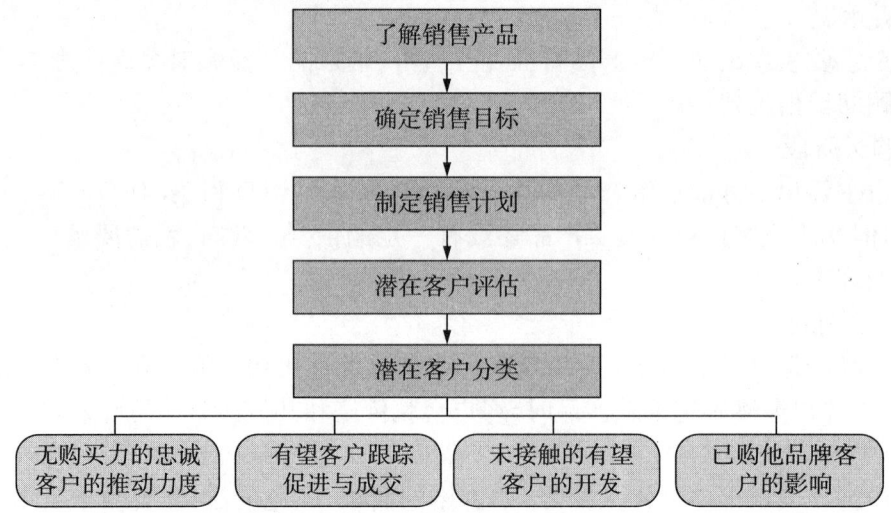

图2-2 潜在客户开发流程

开发潜在客户可以帮助销售顾问扩大社交圈子,并创造更多销售机会。潜在客户开发的渠道主要有基盘客户、厂商市场推广、经销商市场外拓和情报站4种渠道,如图2-3所示。

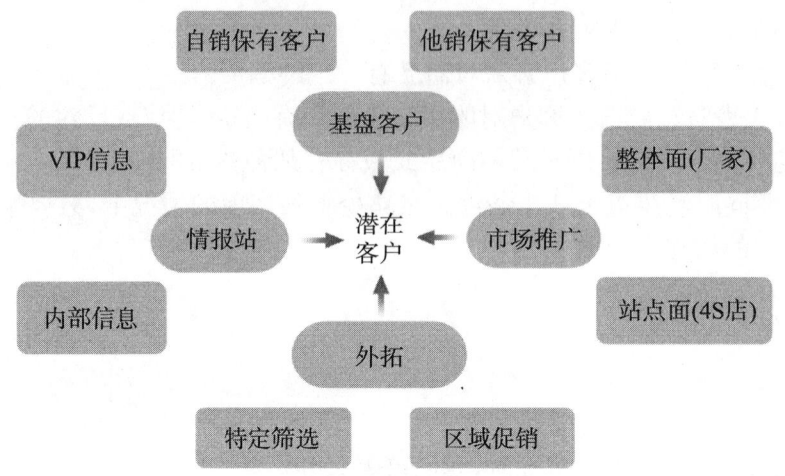

图2-3 潜在客户开发的渠道

(1) 基盘客户

自销保有客户是指在本公司购买产品的客户,他销保有客户是指在同城店或其他经销店购买产品的客户。基盘客户维护的前提需要在建立客户满意的基础之上,也只有满意的客户才会推荐更多的客户。经销商应每月制定基盘维护计划,由相关管理人员督促执行。对于车辆已过质保期的客户,每月至少回访一次,以获得基盘客户的最新情报。对于已脱离基盘的客户,经销商应适当做汰换处理。

(2) 市场推广

整体面指主机厂在当地或媒体开展的相关市场推广活动,如上海国际车展,车型上市发布会等,从而扩大品牌知名度和影响力;站点面指经销商在当地或当地媒体所做的市场推广活动,从而获取一定的潜在客户数量。如区域性广告宣传(网站、电台、电视台、地方性刊物、报纸)、地方性车展以及试乘试驾活动等。

(3) 经销商外拓

特点筛选是指经销商相关人员针对辖区行业类别或职业类别选择合适的车型进行开拓,如驾校,学校,医院等。区域促销是指经销商在辖区人群集中或占有率较低的区域举办展示会,如乡镇小型车展,人民广场车展等。

（4）情报站开发

VIP信息指区域内社会知名人士、行业客户、忠诚客户、二手车置换中心、修理厂、车管所等特定对象,由经销商管理层亲自建立关系并进行日常的维护,以达到收集潜客信息的目的。内部信息指利用同行、亲朋好友或公司同事亲属关系收集到的潜客信息。

3) 销售顾问获取潜在客户的渠道

汽车销售顾问获取潜在客户主要以展厅接待为主,但同样还可以通过其他渠道获取潜在客户,如图2-4所示。

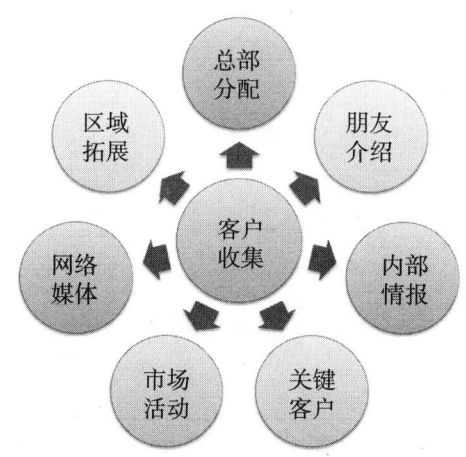

图2-4 销售顾问集客方式

（1）总部分配

汽车主机厂市场部一般会在新浪、汽车之家、爱卡等汽车媒体开展相关产品宣传,潜在客户在关注某款产品信息时,有的会输入个人信息以便得到产品资料送达或试乘试驾的机会。主机厂在收到这些客户信息时,会将这些客户信息反馈给当地经销商,经销商管理部门再将这些潜客信息分配给销售顾问进行客户跟进,这就是总部分配。

（2）朋友介绍

朋友介绍是指销售顾问利用自己的交际圈子或老客户宣传自己所销售的汽车品牌,从而获得有关潜在客户的信息。

（3）内部情报

内部情报是指通过身边的同事或同行获知潜在客户的信息。

（4）关键客户

关键客户指的是政府或某一集团公司的员工集中采购或连续采购的一类人群,一般由4S店关键客户经理进行业务的接洽,但销售顾问同样也可以采用此法。

（5）市场活动

市场活动是指4S店通过举办各种市场活动,销售顾问在活动现场获取一定的潜在客户信息。

（6）网络媒体

网络媒体包含两种,一种是销售顾问通过自建QQ群、登录汽车论坛等方式获取潜在客户信息;另一种则是经销商通过与当地汽车媒体的合作,以获取潜客的留言信息,然后将这部分客户分配给销售顾问。

(7) 区域拓展

指销售顾问通过对当地一些特定的区域进行登门拜访的方式获取潜在客户信息的一种方法。如装饰市场、不锈钢市场、驾校等。

【案例分析1】

猎犬计划：让客户帮助你寻找客户

美国著名的汽车推销员乔·吉拉德认为，干推销这一行，即使你干得再好，别人的帮助总是有用的。乔·吉拉德的很多生意都是"猎犬"（那些介绍别人到他那里买车的客户）帮助的结果。乔·吉拉德的一句名言就是"买过我汽车的客户都会帮我推销汽车"。

在生意成交之后，乔·吉拉德总是把一叠名片和猎犬计划的说明书交给客户。说明书里告知客户如果他介绍别人来买车，成交之后，每辆车他会得到25美元的酬劳。在客户提车之后，乔·吉拉德就会寄给客户感谢信和一叠名片，并且以后每年都会受到乔·吉拉德的一封附有猎犬计划的信件，提醒客户自己先前的承诺依然有效。如果他的某位客户是一位领导人物，那么，乔·吉拉德会更加努力促成交易并设法让其成为猎犬。

实施猎犬计划的关键是要守信用，即支付给客户25美元。猎犬计划使乔·吉拉德的收益很大。1976年，猎犬计划为他带来了150笔生意，约占销售总数的1/3。而乔·吉拉德只付出了1 400美元的猎犬费用，就收获了75 000美元的佣金。

【案例分析2】

小张和小王是某城市不同公司、不同品牌的汽车销售顾问，日常生活中，小张和小王就存在合作的可能。如当小张接待的某一客户对小张所销售的汽车不感兴趣，但却对小王销售的汽车有兴趣时，小张就可以把客户推荐到小王那里。小张可以这样对客户说："如果您对××车感兴趣的话，正好我有个朋友在卖这个车，您可以去找他，或者我也可以让他主动联系您。或许对您买车能有所帮助……"

同样，一位新车销售顾问和一位做二手车的同行也存在合作的可能性，当客户在二手车市场找不到合适的车时，二手车销售员可以这样说："既然二手车没有适合您的，您可以去××店看看××车，我正好有个朋友在那做销售，您可以去那里咨询一下的……"

从以上两个案例中，你学到了什么？

_____

_____

_____

4. 潜在客户开发的目标设定

1) 销售漏斗原理

销售漏斗是科学反映机会状态以及销售效率的一个重要的销售管理模型。销售漏斗在汽车销售中的应用主要表现在潜客开发数量、战败客户数量、成交客户数量的相互关系。意在告诉管理人员和销售顾问，潜在客户开发只是汽车销售的一个开端，通过潜在客户开发吸引到店或来电的客户，经销商和销售顾问需要通过相关硬件服务设施和销售技巧、服务水平等软件实力来管理这些潜在客户，通过对潜客户有效的沟通和跟进，最终达到转化为成交客户的目的，如图2-5所示。

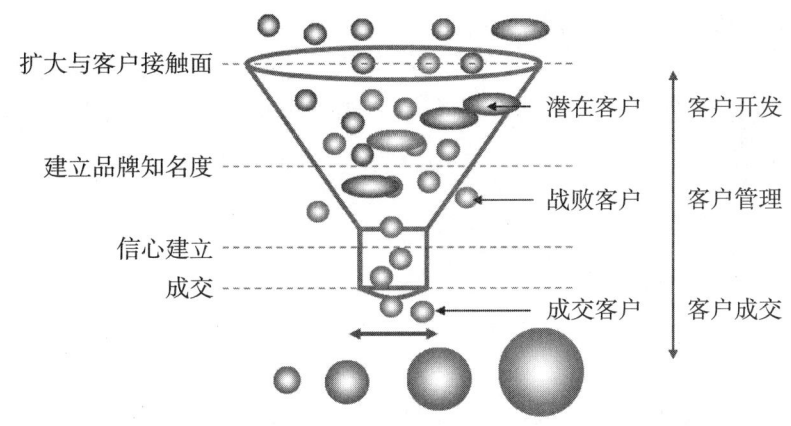

图 2-5 销售漏斗原理

经销商管理人员和销售顾问应该定期检查销售漏斗,及时发现工作中的问题所在,对症下药。

2) 潜在客户开发数量的计算

经销商一般都会以数据说话。因此,为了完成月度厂家分配的销售任务,经销商管理部门会要求市场部和销售人员完成一定数量的潜在客户开发数量。在经销商每月例会上,经销商管理人员一般会帮助销售顾问分析当月或下月的新增客户数和保有客户数。有的经销商还会将潜客开发数量作为考核目标,以调动销售顾问工作的积极性和主动性。

那么,作为一名汽车销售顾问,如何设定潜在客户开发目标呢?

其实,设定潜在客户开发目标的实质就是通过销售顾问需要达成的目标值来完成的,销售顾问首先需要确定自己所要达到的销售目标和收入目标,从而来制定潜在客户开发的数量。

【案例分析】

销售顾问小陈本月的销售指标是12台,公司单台车的平均佣金是300元,而小陈本月想赚取佣金5 000元,那么小陈需要销售17台车才能够赚得5 000元的佣金。小陈的平均成交率(成交率＝月销量/每月新增潜客数＋上月留存潜客数)为20%,那么小陈当月应该具有85个潜在客户数,假设小陈上月留存潜在客户有30个,那么小陈在本月就需要开发出另外55个潜在客户。

潜在客户缺口计算公式,如表 2-2 所示。

表 2-2 潜在客户缺口计算公式

收入和销售目标			
你要达到什么样的收入目标?			
月收入目标	÷	单车销售的平均佣金	＝	月销售目标
你至少销售多少辆车?			
月销售目标	－	可实现交付的订金订单	＝	来自潜在客户的月销售量
你希望获得多少潜在客户?			
来自潜客的月销量	÷	销售顾问自身成交率	＝	当月所需要的潜客总数
我当月需要累计集客达_____客户			

开发潜在客户是汽车销售工作的核心内容,没有潜在客户就不存在销售。因此,销售顾问需要把开发潜在客户放在工作的首位,并利用或创造各种机会来增加自己的潜在客户数量,同时还需要维护好基盘客户,以此来创造更多的老客户转介绍。销售顾问只有拥有足够多的客户资源,才能保证持续稳定的销售业绩。

小组讨论

1. 提出讨论要求

(1) 全班分成 3 组并选举小组长,对三个项目展开讨论;
(2) 每组利用 15 min 的时间,对 3 个项目展开进行讨论和研究;
(3) 讨论完毕之后,小组选出一名代表陈述讨论结果;
(4) 其他同学请认真听讲,记录演讲同学所陈述的内容;
(5) 项目完成之后,由指导老师带领大家一起参与点评和总结;
(6) 将实训结果填入以下空白处。

2. 进行讨论

(1) 运用 MAN 法则进行潜在客户的判断,如表 2-3 所示。

表 2-3 判断潜在客户

序号	案例	判断
1	谢小峰拍电影赚了钱,最近想买一辆车代步,但不知买什么车好	
2	刘明是某建筑公司的包工头,最近想买一辆拉建材的货车	
3	赵佳敏打算买 POLO 很久了,可是老公不同意她买,只能放弃	
4	王经理打算购买一辆 15 万元以内的中级车,路过奔驰 4S 店……	
5	戴志强是个操作工,今天在路上看见一辆保时捷 911,很神往……	

(2) 根据潜在客户开发渠道叙述如何进行潜在客户的开发工作,如表 2-4 所示。

表 2-4 开发潜在客户

开发渠道	具体实施措施
基盘客户	
市场推广	
外拓	
情报站	

(3) 计算当月潜在客户缺口。

假设你的成交率是17%,单台车的平均佣金为400元,你上月留存潜客数为10个,留存本月可交付订单为2个,你本月计划赚取6 000元佣金,请计算你本月每天需要开发的潜在客户数量和销售汽车的数量(四舍五入)。并根据计算结果研究影响每月佣金的因素。

_____

_____

_____

【想一想】

根据缺口计算公式,请思考影响每月佣金的因素有哪些?

_____

_____

_____

3. 学习评估

指导老师根据各小组讨论过程和讨论结果,对各小组学习成果进行评估,评估标准如表2-5所示。

表2-5 评估标准

评估重点	满分	得分	原因分析
1. 讨论时间的合理性	25		
2. 内容分析的准确性	25		
3. 知识点的掌握程度	25		
4. 团队协作能力	25		

复习思考题

1. 潜在客户有哪几种类型?
2. 开发潜在客户对于销售顾问而言有哪些好处?
3. 消费者购买心理分为哪几个过程?
4. MAN法则的含义是什么?
5. 销售顾问开发潜在客户的方法有哪些?
6. 根据漏斗原理,分析如何提高自己的成交客户数量。

任务2 潜在客户管理

学习目标

1. 能够对潜在客户进行判级;
2. 能够对潜在客户进行建档;
3. 能够运用相关方法对潜在客户实施跟进;
4. 能够了解潜在客户战败的原因。

学习内容

1. 潜在客户管理的方式;
2. 潜在客户跟进的具体方法;
3. 潜在客户战败的原因。

知识准备

销售顾问获取潜在客户信息之后,还需要对潜在客户进行有效的管理和跟进,不然潜在客户很有可能就会转化为无效客户或战败客户。通过本任务的学习,同学们要学会如何对潜在客户实施有效的管理和跟进。

1. 管理潜在客户的方式

销售顾问在开发和评估潜在客户之后,潜在客户管理就成了销售活动中一项重要的环节。管理潜在客户通常可采用以下两种方式。

1) 分级管理

分级管理是指根据一定的标准将潜在客户划分为不同的等级,以便有计划、有重点地开展销售活动,取得最佳的销售业绩。

潜在客户分级需建立在信心、需求、购买力这三大因素基础之上。主机厂和4S店通常根据客户成交的时间来划分客户级别,如表2-6所示。

表2-6 客户分级标准

潜客级别	成交周期	潜客动态	跟进标准
O级	定金订单客户	定金已收	根据实际情况而定
H级	7天内成交	车型、颜色、付款方式、提车时间、资金准备均已确定。	24小时首次电话跟进,此后每天跟进一次
A级	1个月以内成交	就产品价格、衍生服务、购车时间等进行商谈,并约定下次谈判时间	24小时首次电话跟进,此后每3天跟进一次

(续表)

潜客级别	成交周期	潜客动态	跟进标准
B级	1~3个月内成交	商谈中表示有购车意愿,正在对车型、车价、便利性等做考虑	3天内电话跟进一次,此后每7天跟进一次
C级	3~6个月内成交	表示在很长的一个确定的时间点有购车打算	7天内电话跟进一次,此后每30天跟进一次
N级	无明确购买时间	购买意向不明确或对竞争对手意向更为强烈的	7天内电话跟进一次,此后每逢节假日短信问候即可

注:客户跟踪频率时间以与客户约定的访问时间为第一优先。以经销店销售活动的时间为参考,可适当调整。

【课堂讨论】

指导老师现场任意举出几种客户级别的案例,让学生判定潜在客户级别。

也有的销售顾问会根据客户购车的意向和购车的时间双重标准来进行客户意向级别的判定,但不管怎样,销售顾问都需要按照客户级别的跟进标准来实施客户的跟进工作。

当然,客户级别也不是一成不变的,昨天的H级客户有可能变为今天的C级客户,今日的B级客户有可能变为明日的H级客户。它受销售顾问的接待水平、跟进质量、经销商的服务水平、客户周围环境、国家或地方政府的政策等因素的影响而不断产生变化。

销售顾问在没有确定客户级别的情况下,不能忽视任何一个潜在客户的跟进。因此,这就需要销售顾问对客户进行需求分析和有效跟进。

2) 建立并管理潜在客户的档案

乔·吉拉德认为,销售顾问应该像一台机器,具有录音机和计算器的功能。销售顾问在和客户交往的过程中,应将客户所讲的有用信息全部记录下来,因为这些信息都可以帮助销售顾问接近客户,使销售顾问可以有效地跟客户进行沟通并谈论客户感兴趣的话题。

因此,在销售顾问了解到有用的客户信息后,就需要建立潜在客户信息档案,客户信息卡就是当代4S店帮助销售顾问管理潜在客户的一种有效手段。

客户信息卡的主要内容包括:公司名称、联系人的姓名、职务和个人信息(包括家庭信息、兴趣、爱好等)电话号码、地址、关注车型、颜色及特殊需要、以往联系结果及下次联系时间等,如图2-6和图2-7所示。销售顾问在获取潜在客户信息之后,为避免遗忘客户信息和对客户进行有效的跟踪回访,必须准确记录下客户的真实信息。

在4S店,销售顾问除了需要建立客户信息卡之外,还需要利用网络完成客户信息和档案的建立,我们称之为DMS(Dealer Management System),即汽车经销商管理系统。该系统是针对经销商的整车销售、零配件仓库、售后维修服务、客服服务四大类业务进行完整管理的一套系统。以下主要介绍客户信息在DMS系统中的录入,如图2-8所示。

客户信息卡和DMS系统可以有效的帮助销售顾问和经销商准确记录潜在客户信息,DMS系统还可以自由设定客户跟进周期,并在待跟进当天及时提醒销售顾问进行客户跟进。因此,建立客户档案,对销售顾问和经销商管理人员统计和分析客户信息提供了很大的便利性。

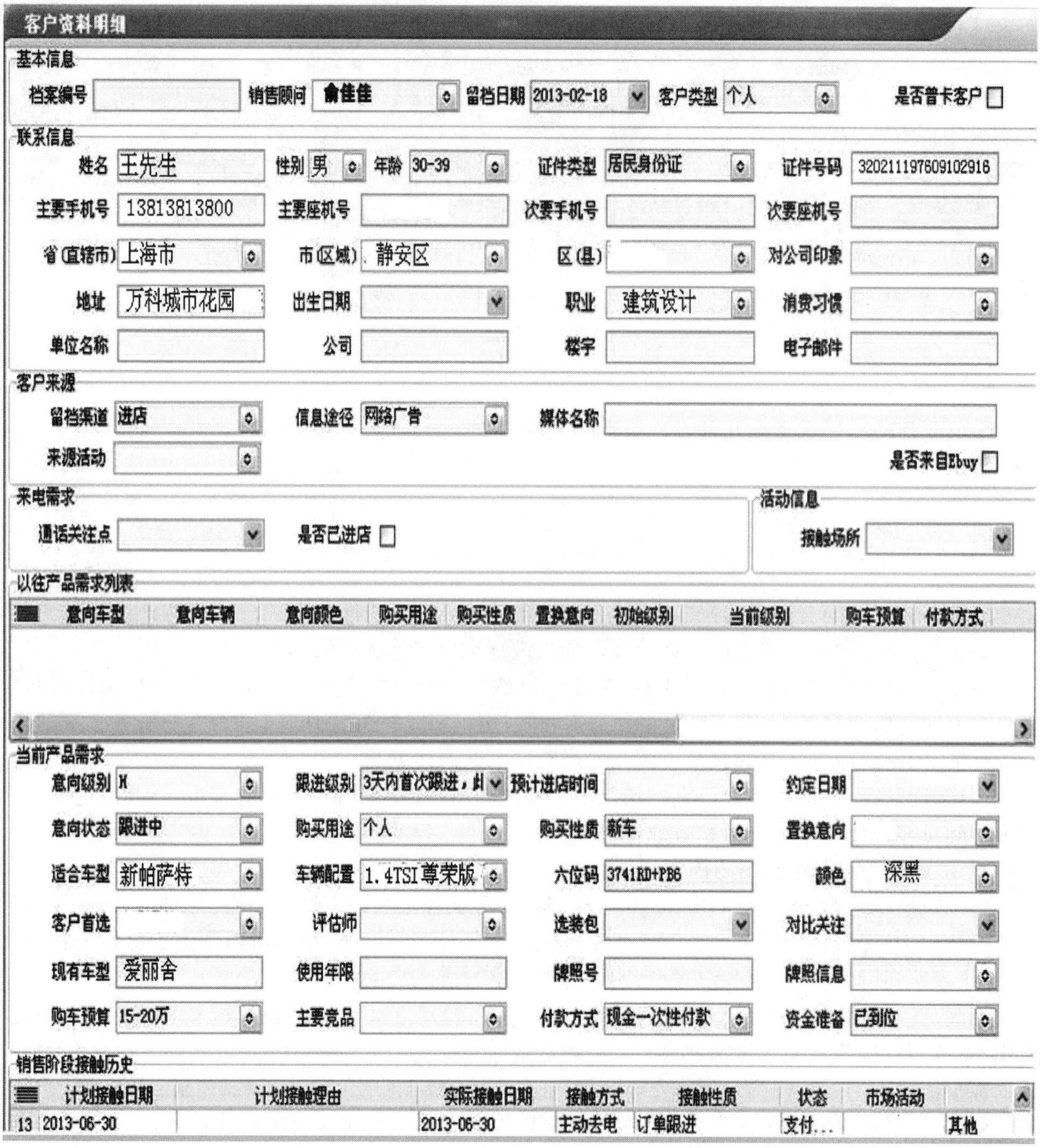

图 2-8 DMS 客户信息录入

2. 潜在客户跟进的具体方法

客户跟进是分析客户购买心理,了解客户购车需求,增进客户感情交流的绝妙良方。通过及时、有效、全面地跟进沟通,能够了解到客户实际购车需要,掌握客户购车过程中所处的阶段,并帮助销售顾问本人发现或改进自身的问题所在,最终获得销售业绩的提升。

客户跟进的方法有很多种。根据日常工作中的实践经验,客户跟进的方式及策略通常有以下几种方式,如表 2-7 所示。

客户信息卡

档案编号 _____

基本信息			
销售顾问*		留档日期*	____年____月____日
留档渠道*	○电话 ○进店 ○外拓	潜客类别*	○个人 ○单位(名称_____)
客户姓名*		主要联系号码*	
性别*	○男 ○女 年龄段*	次要联系号码	
所在地区*	省/市_____市/区_____	联系地址	

客户来源		
电话或进店留档	信息渠道*	○总部分配 ○车主再购买 ○朋友推荐 媒体：○网络广告 ○搜索引擎 ○户外移动 ○楼宇分众 ○电视 ○广播 　　　○报纸 ○杂志 ○短信 ○直邮 ○114 ○其他 媒体名称(_____)
外拓留档	活动信息	活动名称(_____) 接触场所：○住宅 ○办公 ○商场 ○娱乐 ○其他

客户分级		
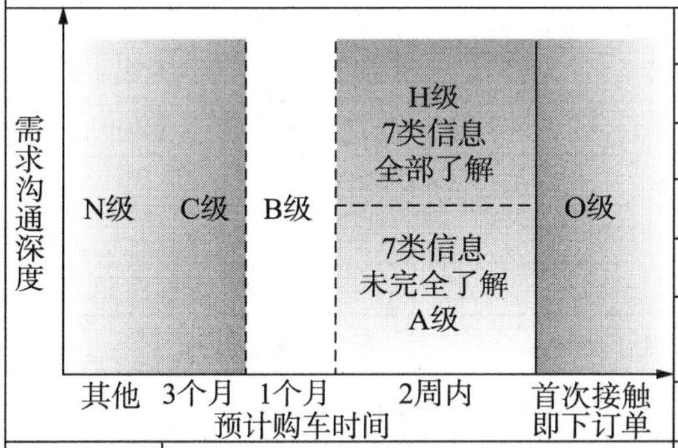 需求沟通深度示意图 N级 C级 B级 / H级 7类信息全部了解 / A级 7类信息未完全了解 / O级 其他 3个月 1个月 2周内 首次接触即下订单 预计购车时间	1 现有交通工具	
	2 车辆用途和环境(参见"需求描述")	
	3 替考虑的其他车型和配置	
	4 计划用车时间	□2周内 □2周-1个月 □1个月内 □1个月后
	5 是否要加装选装包、精品附件	
	6.1 购车预算*	○10万以下 ○10—15万 ○15—20万 ○20—25万 ○25万以上
	6.2 资金准备*	○已到位 ○未到位 ○等待旧车置换
意向级别*	○O ○H ○A ○B ○C ○N	7 付款方式*	○按揭 ○一次性 ○其他
预算进店*	○5天 ○10天 ○15天 ○未知 ○约定日期(____月____日)		
跟进级别*	○3天首次之后至少3天 ○3天首次之后至少7天 ○7天首次之后至少15天 ○15天首次之后至少30天		

需求描述			
购买用途(进店*)	○私人 ○公司 ○政府 ○其他		
购买性质(进店*)	○购买新车 ○购买二手车	置换意向(进店*)	○首次购车 ○添置 ○置换
适合车型*		车辆配置*	
外观颜色(进店*)		选装包	
现有车型(添置/置换)		现有车型使用年限	____年
通话关注点(电话*)	□价格 □促销 □活动 □供货情况 □产品信息 □展厅地址 □试乘试驾 □其他		
是否已进店(电话*)	○否 ○是：□本店 □_____		

竞争状态			
客户首选	○本品牌 ○竞争品牌	主要竞品品牌	
对比关注	□品牌 □安全 □质量 □技术含量 □服务水平 □售后成本 □亲友意见 □其他 □		

图2-6　客户信息卡正面

客户信息卡

本次跟进日期 ____年____月____日		下次跟进日期 ____年____月____日
跟进性质	○常规跟进 ○活动通知 ○活动剧场 ○订单跟进 ○其他	活动名称：
跟进内容	□预约来店 □车辆介绍 □价格谈判 □试乘试驾 □旧车评估 □旧车收购 □其他	
客户反馈	□接受活动邀约 □接受进店邀约 □接受试车邀约 □接受旧车评估 □预约签约/交款 □预约交车 □其他	
联系方式	○展厅接待(含展厅活动) ○客户来电 ○主动去电 ○短信 ○主动拜访 ○活动现场(店外) ○Email ○其他	
跟进结果	预约进店日期：○5天 ○10天 ○15天 ○约定日期：(___月___日) ○未知	
	意向级别变更：○H级 ○A级 ○B级 ○C级 ○N级	
	跟进级别变更：○3天至少跟进一次 ○7天至少跟进一次 ○15天至少跟进一次 ○30天至少跟进一次	
	状态变更：○继续跟进 ○休眠 ○支付订金 ○成交 ○战败	○客户信息已变更
备注信息		展厅经理确认：

本次跟进日期 ____年____月____日		下次跟进日期 ____年____月____日
跟进性质	○常规跟进 ○活动通知 ○活动到场 ○订单跟进 ○其他	活动名称：
跟进内容	□预约来店 □车辆介绍 □价格谈判 □试乘试驾 □旧车评估 □旧车收购 □其他	
客户反馈	□接受活动邀约 □接受进店邀约 □接受试车邀约 □接受旧车评估 □预约签约/交款 □预约交车 □其他	
联系方式	○展厅接待(含展厅活动) ○客户来电 ○主动去电 ○短信 ○主动拜访 ○活动现场(店外) ○Email ○其他	
跟进结果	预约进店日期：○5天 ○10天 ○15天 ○约定日期：(___月___日) ○未知	
	意向级别变更：○H级 ○A级 ○B级 ○C级 ○N级	
	跟进级别变更：○3天至少跟进一次 ○7天至少跟进一次 ○15天至少跟进一次 ○30天至少跟进一次	
	状态变更：○继续跟进 ○休眠 ○支付订金 ○成交 ○战败	○客户信息已变更
备注信息		展厅经理确认：

本次跟进日期 ____年____月____日		下次跟进日期 ____年____月____日
跟进性质	○常规跟进 ○活动通知 ○活动到场 ○订单跟进 ○其他	活动名称：
跟进内容	□预约来店 □车辆介绍 □价格谈判 □试乘试驾 □旧车评估 □旧车收购 □其他	
客户反馈	□接受活动邀约 □接受进店邀约 □接受试车邀约 □接受旧车评估 □预约签约/交款 □预约交车 □其他	
联系方式	○展厅接待(含展厅活动) ○客户来电 ○主动去电 ○短信 ○主动拜访 ○活动现场(店外) ○Email ○其他	
跟进结果	预约进店日期：○5天 ○10天 ○15天 ○约定日期：(___月___日) ○未知	
	意向级别变更：○H级 ○A级 ○B级 ○C级 ○N级	
	跟进级别变更：○3天至少跟进一次 ○7天至少跟进一次 ○15天至少跟进一次 ○30天至少跟进一次	
	状态变更：○继续跟进 ○休眠 ○支付订金 ○成交 ○战败	○客户信息已变更
备注信息		展厅经理确认：

战败信息		
战败原因	○已购竞品(品牌____车型____) ○已在其他店购买 ○放弃购车 ○地域限制 ○无法联系	购买竞品原因	○品牌 ○价格 ○综合口碑 ○性能 ○外观 ○内饰做工 ○空间 ○配置 ○油耗 ○安全 ○质量 ○技术含量 ○服务 ○售后成本 ○亲友意见 ○供货限制 ○政策限制 ○其他

图 2-7 客户信息卡反面

表 2-7 潜在客户跟进的方法

图例	跟进方式	行动目的
	发短信	● 表达问候 ● 让客户记住销售顾问 ● 观察客户反应
	打电话	● 了解客户购车动向 ● 通知客户参加活动 ● 保持相互联络
	发 E-mail	● 传递相关信息 ● 体现敬业精神
	接听电话	● 体现专业素质 ● 表达重视程度
	发传真	● 体现专业素质 ● 增加交流机会
	寄送邮件	● 传递感动和惊喜 ● 传递产品特点
	上门拜访	● 验证客户意向 ● 了解客户信息
	展厅约见	● 验证客户意向 ● 增加相互信任

【案例分析】

客户王昊,45岁,某产品华东区总代理,目前驾驶老迈腾2.0TSI。5月10号这一天,王昊携太太一行4人来到奔驰展厅,从谈话中得知,其目前需要购买一辆越野车。他们刚从隔壁宝马展厅看过X5,王太太初看了一下奔驰ML350之后,当场就反对购买奔驰,认为奔驰ML350没有宝马X5时尚动感。没过多久,王昊留下电话就离开了。最终,李建通过近2个月的跟进,于7月初成功将奔驰ML350销售给王昊。

我们以奔驰销售顾问李建成功销售奔驰ML350为例,学习如何让开展潜在客户跟进工作。

1) 发短信

短信的特点是既能及时有效传递信息,又不需要接收者立即做出回答,对接收者打扰很小,非常"含蓄",更符合中国人的心理特点。发短信形式多样,有短信提醒、短信通知、短信问候等,这些方式的优势在于保证对方一定能收到,即"有效传播"。但是也很容易被删除。通过短信进行广告、营销,本身是一个正常合法的商业行为。这种发短信的方式价格便宜,成本低廉,但是若使用不当,也会造成客户的反感。因此要掌握好"度",既不宜太过频繁,使顾客感觉厌烦,也不要太过"冷落",这样都达不到应有的效果。

【案例分析】

客户王昊当天离开展厅大约15 min以后,销售顾问给客户发去了第一条短信:"尊敬的王先生,感谢您光临梅赛德斯××店,很高兴为您介绍奔驰汽车,如有不周,请您多多包涵,这是我的电话,若有需要,请随时与我联系,一有最新情况,我会立刻通知您。祝您生活愉快。梅赛德斯奔驰××店销售顾问李建。"

通过这条短信,不仅表达了销售顾问的专业素质,而且客户在离开展厅之后还能够记得销售顾问。同时,通过发短信,也告之了客户电话号码,客户若有意继续了解,就会把我的电话号码储存在其手机中,当客户需要时,翻出电话目录就能够马上找到我。这条短信的意义不可小视。

另外,销售顾问在日常的客户跟进当中,如遇到节假日、各种活动、客户出差等,也可以给客户发短信,以表示对客户的关心与重视。例如:

"伴着早晨的阳光,送去我亲切的问候,梅赛德斯奔驰××店销售顾问李建祝您出行一切顺利,平安如意"。客户过了约一个小时左右给李建回复了短信:"谢谢,买车一定找你!"这在某种程度上也表明了客户对销售顾问的一种认可。

2) 打电话

打电话是为了获得更多的客户需求和信息。我们在打电话进行跟进之前,要对顾客进行初步的分析,对不同的疑问点,采取不同的措辞。遇到有些深奥的问题,即使能回答也不要立即答复客户,即了解信息的同时也要为自己留下下次接触的机会。销售顾问可以表示此次回答不了,等做深入了解之后再给客户一个满意的答复。这既是一个负责任的表现,也增加了彼此之间交流的机会。与短信跟进一样,打电话也要注意时机的把握,跟顾客进行联络不能太过频繁,一定要把握好度。

【案例分析】

两天后,李建给王昊打了第一个电话:

"王总您好,我是梅萨德斯奔驰的汽车销售顾问李建,您上次来我展厅看车,我个人感觉您还是比较喜欢奔驰汽车的,虽然您太太开始有点不喜欢,但是我觉得您太太是一个比较尊重您意见的人,您现在是不是有点左右为难呢?"

通过电话交谈,李建的初步判断确实没有错,王昊的确十分喜欢奔驰,尤其对奔驰的文化和内涵很感兴趣。但是王太太不太了解,所以无法接受。因此还需要多做做王太太的工作。

在此次沟通中,王昊让李建把奔驰 ML350 的详细资料发送到他的邮箱里,并让李建跟其助手赵伟联系要 E-mail 地址,并告之了助手(获取内线,同时通过他了解到 E-mail 及公司所在地,也顺便取得了公司的传真号码)赵伟的电话。

3) 发 E-mail

利用 E-mail 进行客户跟进和产品宣传,既节省了纸张,又迅速快捷,且附带内容多样化。文字、图片、动画、视屏等均可通过 E-mail 即时传递到客户面前。这是一种快捷方便的跟进方式,所见即所得,信息量大,目的性强。在处理上均要求客户看到电子邮件之后给予回执,并及时电话通知客户邮件已发送,请客户查收,若没有收到,还可以再次发送,体现出一种敬业负责的态度。

【案例分析】

根据客户王昊的要求,李建整理了一套完整的资料,分三次给客户发送 E-mail。包括文字:奔驰车型历史、技术亮点、越野法宝;图片:奔驰路演图片、车型对比图片、丛林越野图片;视屏:路演视频、广告视频。根据了解到的情况,王太太在帮王昊收发邮件时也会看这些内容,也希望通过这些内容来影响其购买意向,强化王昊及太太对奔驰的印象和信心。事实证明效果还是不错的,王昊确实是和家人一起查阅这些资料的。

4) 接听电话

对销售顾问来讲,接听电话也是一门学问,也是增进沟通的一座桥梁。同时说明客户已经开始接受认可你了。在接听电话中,要注意接听电话礼仪,态度要热情,口气要和善,声音要洪亮,及时且认真对待。因为每一个陌生来电,对我们而言都可能是客户打过来的,不要掉以轻心。对客户的询问,如果需要查找资料,最好就是先挂断电话,告之客户稍后再打过去。若有可能,将潜在客户的电话号码存在手机中,来电一看即知。例如,王昊 ML350。

【案例分析】

在李建发送 E-mail 给王昊的第二天,王昊给李建来了电话。李建一看来电显示:王昊 ML350,清了下嗓子,立即接听来电:"王总您好!"王昊很惊讶的说:"你怎么知道是我?"李建答到:"王总的电话我早就存在手机里面了啊!这样才能更好地为您随时服务啊!"王昊听了就笑了!此次沟通,了解到王昊已经说服了他老婆,自己也在考虑当中。随后表示,可能做按揭,让李建把购车的相关费用做一个一次性和按揭付款的预算,并传真给他。

5) 发传真

利用传真进行客户跟进也不失为一种好方法。销售顾问经常会接到客户的询问之后，要求传真一份参数给客户，让客户作基本了解。优秀的销售顾问会认识到此时也是一种良好的跟进方式：复印清晰的参数表，明确的展厅线路图，车型的官方网站及相关论坛网址列表，个人详细的联络电话及名片放大复印图，无时无刻不忘记表现自己的专业服务。这样就可以体现出一种认真做事的态度，会给人留下深刻的印象。销售顾问往往忽视这一点，客户要求发个参数表，就仅给客户复印参数表，一张二张纸就传真过去，经常传真过去的资料连个联系电话都没有，或者直接告诉客户网站上都有，直接上网查就行了，敷衍了事。我们不应该错过每一次跟客户打交道的机会。销售顾问每一次跟客户接触，就要让客户感到我们是认真对待他的询问，我们是专业的，而且是敬业的。传真发出之后，要及时跟客户确认：是否收全，有无遗漏，是否清晰，是否完整。这样往返，增加了交流的机会，对双方了解也可以进一步加深。

【案例分析】

根据客户王昊的要求，李建给王昊发送了一份详细贷款购车按揭预算和一次性付款的预算。上面详细写明了相关费用，同时附带了贷款按揭购车流程图和贷款按揭购车要求列表，同时也不忘在每页留下自己的电话，注明第几页或总页数，什么步骤找什么人，什么时间交什么样的费用，让客户对此一目了然，一清二楚。

传真发出之后，李建跟王总助手赵伟取得了联系，确认传真是否收到。临挂电话时告诉他："若有任何疑问，欢迎随时打电话给我。"赵伟笑说："比较详细，估计用不着，让你费心了。"心中当时一亮，从赵伟之前所透露出的信息，估计王昊是不会做按揭的。

6) 寄送邮件

寄送邮件，就是以实物为代表跟客户进行接触。邮递内容包括产品资料、车型目录、车辆参数、车主杂志、报纸媒体摘编，以及贺卡、生日卡、祝福卡、小礼物、活动邀请函、参观券等，这些都是维系客户关系的一种渠道。这种方式自己掌握主动权，经常会给客户带来意想不到的惊喜，让客户眼前一亮。而且通过邮递，可以把一些在电话中不方便说、展厅介绍来不及说、也不能完全说的资料让客户一览无余。

【案例分析】

6月下旬，通过和王昊助理的沟通，得知王昊想进一步了解奔驰ML350车辆的有关情况。于是按照赵伟提供的地址，给客户王昊寄去了关于奔驰的详细文字资料，包括两本奔驰车主杂志、一篇奔驰ML350试驾报告、一份奔驰车型对比资料，并给客户送去了一封精美的祝福贺卡。两天后，李建给赵伟去了电话，快递收到了，已转到王总手中，听他说王总随口说了句：这小子挺用心的。看得出，王昊对寄去的资料还是比较满意的。

7) 上门拜访

根据销售相关资料，上门拜访是成功率最高的一种客户跟进办法，但是同时成本相当昂贵：时间消耗久，包括交通乘坐时间、等待客户的时间、洽谈的时间；费用开支大，交通费、停车费、通讯费是一笔不小的开支；随机性和不确定性大，塞车交通拥堵，客户不在，临时急事外出，无法掌控自己的时间，会谈时间也不便于控制，经常会打乱访问计划，但是若上门拜访会见顺利，那就离成功不远了。上门拜访需要注意基本拜访礼节,注重自身形象,关注拜访对象,找好拜访理由,细心观察客户办公室摆设及风格,了解客户习惯,透过现象分析来往客户,查看公司实力。

【案例分析】

到7月初,得知王总这几天都在公司处理事务,于是李建决定想去拜访他。当快到他写字楼下时,打电话给王昊:"王总,我现正在您这附近办完客户的贷款手续(找个借口),看时间还早,想拜访您一下,占用您几分钟时间。自从您上次到过展厅,虽然通了好多次电话,再也没有见过您呢!您今天方便吧!"客户一听我就在楼下,就很自然地接受了见面。到王昊写字楼一看,装修得较有格调,办公家具一看就知道是知名品牌。且是中心区写字楼,卖价不低,心中大概就有数了。接下来两人相谈甚欢,说等他喜欢的车型及颜色到了再通知他到展厅去看。

这次上门拜访也为展厅约见打下了良好的基础。

8) 展厅约见

展厅约见是销售顾问跟进潜在客户的主要目的。展厅也是销售顾问接待客户和实现成交的最佳场所。客户既然愿意预约来到展厅,表明他本人对此款车型已经有相当的购买意愿。因此,销售顾问在做好客户邀约工作之后,应该想一想客户会提出哪些问题,以及合适的应对话术。同时,销售顾问还应就此客户的基本情况跟上级主管作个详细的交待,以便双方配合默契。

展厅约见的理由不外乎新车(包括颜色内饰)到店通知、邀约试乘试驾,促销活动邀请,到店进行价格商谈等。销售顾问应该判断客户目前处在的购买何种阶段(初步了解——引起兴趣——车型比较——车辆异议——价格谈判——签约成交)做出不同的应对方案。如客户再次约到展厅,他仍是处在车型比较阶段,那么谈话的重点就是我们销售顾问要多从车辆横向/纵向进行比较。如品牌影响力比较、车辆配置比较、动力比较、操控比较、空间舒适性比较、油耗比较等,以及服务态度比较、专业知识比较、零配件供应比较、维修及时率比较,进行分析,让客户清楚各种车型的优劣点。当然,客户关注的问题依然还是焦点。

【案例分析】

7月5号,店里新到了一辆黑色外观和黑色内饰的ML350,也正是王昊中意的颜色。于是李建立即通知客户到展厅看车。经过近两个月的跟进,基本判断王昊最近就会定车了。所以,特别重视此次的展厅洽谈,事先跟展厅经理进行了沟通,判断出客户来展厅洽谈的焦点就是价格问题了,李建也大致了解到客户期望什么样的价格。

王昊来到展厅后,试驾一圈之后,双方的问题就马上转到了价格上来了。王昊当着我们的面拿出了放在其后尾箱的90多万元的现金。说:"车看好了,就这辆,如果这个价格可以,这钱就马上交给你们,全款一次性交齐。不行,我还是去定X5了。我也到其他店也问过了,价格至少比你们低10 000元。"情况果不其然,与我们预料得差不多,于是我们采取事先商量好的应对策略,经请示总经理之后顺利成交。

"兵无常形,水无常势"。在潜在客户的跟进过程中,销售顾问应针对各种不同的情况,采取不同的跟进策略,几种方法灵活运用,相信必会有所收获。

【小资料】

2%的销售是在第一次接洽后完成;

3%的销售是在第一次跟踪后完成;

5%的销售是在第二次跟踪后完成;

10%的销售是在第三次跟踪后完成;

80%的销售是在第4至11次跟踪后完成!

3. 潜在客户的战败

战败指的是潜在客户自身已不再选择从某一经销店购买其产品的行为。战败无法避免,优秀的销售顾问都是从一次又一次的客户战败中吸取经验教训,从而不断提升自己销售能力的。战败的原因有很多种,如图2-9所示。

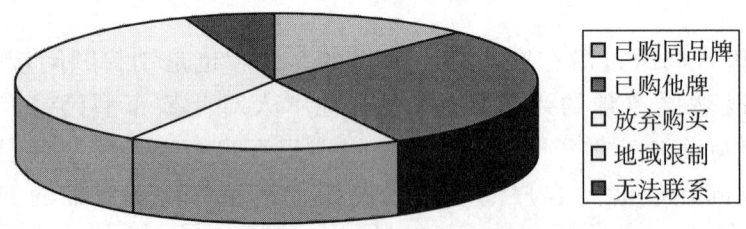

图2-9 潜在客户战败的原因

1) 已购同品牌

已购同品牌是指客户在其他经销店购买该品牌的行为,如奔驰A店的客户之前在销售顾问小陈那里关注奔驰S300乘用车,小陈也对客户进行了有效跟进,结果客户却在B店购买了奔驰S300,这就是已购同品牌。针对某些品牌也可理解为同城战败。

2) 已购他牌

已购他牌是指客户在其他经销店购买其他品牌的行为。例如奥迪销售顾问小王的客户之前关注的是A6,结果客户在宝马店里订购了5系,即为已购他牌。

3) 放弃购买

放弃购买是指潜在客户因为某些原因不得不放弃购买汽车的行为。例如,客户李先生原本手中有20万的积蓄,打算购买一辆15万左右的A级车,结果李先生的决定将这笔钱用作购房所用。放弃购买汽车的行为,这就是放弃购买。

4) 地域限制

地域限制是指客户只能在特定的区域购买汽车的一种行为。目前很多汽车品牌针对消费者的购买行为都有一定的区域限制,当地的消费者只能选择指定区域的经销商实施购买。例如,苏州的张先生打算购买一台上海大众帕萨特,在苏州当地了解到这款车优惠是3 000元,而张先生有一次出差到上海,顺便也去打听了上海地区帕萨特的价格,结果上海地区可以优惠6 000元。根据上海大众厂方的政策,张先生只能选择在苏州本地购买而不能在上海购买,而对于接待张先生的上海地区的销售顾问,张先生就成了他的战败客户。

5) 无法联系

无法联系是指销售顾问长时间无法联系到客户的一种行为。无法联系的原因有很多,如客户留假号码,客户换号码,长时间停机等行为,造成销售顾问在一定时期内无法联系客户而不得不战败的一种行为。

为了减少潜在客户战败率,从而提升成交率并达成任务,经销商管理人员和销售顾问应该定期对战败客户进行重点分析,找出战败的真正原因,并根据战败原因制定改进措施,从而提升销售顾问的销售能力和销售业绩。同时,销售顾问对战败客户也应该视同一种客户资源,有的战败客户依然还是会向原先的销售顾问推荐他人前来购买的,关键还是要看销售顾问之前的工作是否做得出色。

小组演练

1. 案例导入

8月21号,客户林南,30岁,来到雪铁龙展厅看车,意向车型是世嘉1.6 L手动基本型,销售顾问李磊接待了他。在沟通中得知,林先生目前开着一辆奇瑞QQ,准备下个月中旬资金一到位就准备一次性付款换一辆10万元左右的车,朋友极力推荐世嘉。林先生还在网上了解到了世嘉的一些促销优惠情况,觉得还是挺中意的。林先生还向李磊了解了二手车置换的一些信息,李磊还得知目前林先生还在关注一汽大众新宝来这款车。

2. 提出演练要求

(1) 全班分成3组,选举小组长,根据案例导入内容进行讨论和分析;
(2) 各小组对需要实施的项目利用10 min时间准备;
(3) 准备完毕之后,各小组组长收集组员的客户信息卡,与他组组长交换并安排组员进行检查;
(4) 检查完毕之后,由指导老师给出标准模板;
(5) 项目1实施完毕之后,各小组利用15 min时间对项目2实施准备;
(6) 准备完毕之后,各小组推选2名同学分别扮演销售顾问和客户,进行潜在客户跟进的演练;
(7) 其他同学认真听讲,并记录整个演练过程;
(8) 演练完毕之后,由指导老师带领大家进行点评与总结。

3. 进行演练

【工具准备】

工具准备如表2-8所示。

表2-8 工具准备

DMS准备	文件准备
敏捷汽车营销实训系统	客户信息卡人手一份

1) 建立潜在客户档案

根据以上案例进行客户林先生的建卡工作和DMS信息录入工作,用时共计10 min。

2) 实施潜在客户跟进

(1) 短信跟进(表2-9)

表2-9 短信跟进

跟进方法	跟进内容	意见指导
客户离店时的短信跟进（固定模板）		

（2）24小时电话跟进

【演练脚本】

（李磊拿起电话拨通了林先生的电话）

李磊：您好,请问是林先生吗?

（林南手机响,开始接听电话）

林南：对,哪位?

李磊：林先生,您好,我是东风雪铁龙上海东昌店的销售顾问李磊啊,您还记得吗?

林南：哦,你好,记得。

李磊：呵呵,不好意思,打扰您了,请问您现在方便吗?

林南：方便,你说吧。

李磊：哦,是这样的,昨天您来我们店看车,觉得各方面还满意吗?

林南：嗯,都挺好的,只是现在资金还没到位,还需要等一段时间。

李磊：嗯,没关系的,反正我到时一定会为您争取一个满意的价格的。

林南：呵呵,谢谢。

李磊：昨天您有没有再去看看宝来呢?

林南：我去看了一下。

李磊：那觉得怎么样呢?

林南：还好吧,空间可能要比世嘉大一点。哦,对了,宝来的销售顾问跟我说你们的发动机属于高转速发动机,开起来会很耗油,是这样吗?

李磊：呵呵,确实我们法国车的发动机属于高转速的发动机,跟德系车的低转速发动机确实有明显的不同,但是即使这样,也不能说世嘉就一定耗油啊,其实世嘉手动挡的百公里油耗也就7 L油左右,也挺省的,不信您可以问问您开世嘉的朋友啊?

林南：嗯,我在网上论坛里看了一下,也没有多少人说世嘉油耗大的。

销李磊：是啊,一款车的油耗跟很多因素有关,比如,个人的驾驶技术、行车环境、保养、温度等都有很大的关系,转速的影响几乎很小的。

林南：嗯,有道理。

李磊：而且我们世嘉还配置了定速巡航系统、205的轮胎、真皮座椅,这些都是同价位的宝来所没有的。

林南：我个人还是很看重世嘉的,这样吧,等我资金到位了,我会来找你的。

李磊：是这样的,林先生,因为从定车到提车还是需要一段时间的,因为您现在颜色还没确定的,我建议您哪天有空的话还是到我们店选个颜色,早点把车先定下来,等您资金一到位,您就可以顺利的来提车了,这样也不会影响到您的使用啊。

林南：是这样啊,那我这两天再比较比较,到时我再跟您联系吧。

李磊:好吧,那我们随时保持联系哦。
林南:好的,谢谢啊。
李烈:这都是我应该做的,您考虑好了就联系我啊。
林南:嗯,一定。那就先这样啊,拜拜。
李磊:嗯,拜拜。

【演练分析】

对演练进行分析(表2-10)。

表2-10 演练分析

此次跟进的目的何在?	
此次电话跟进中,你觉得会有哪些意外情况发生?	
李磊通过此次跟进了解到哪些信息?	

4. 学习评估

各小组演练完毕之后,由指导老师带领其他小组一起参与演练过程的讨论和点评,相关评估标准,如表2-11所示。

表2-11 评估标准

评估重点	满分	得分	原因分析
1. 客户信息填写的正确程度	20		
2. 是否在对话过程中始终尊称客户"您"	20		
3. 脚本内容的熟练程度	20		
4. 对演练过程和演练脚本的总结程度	20		
5. 小组的团队协作能力	20		

复习思考题

1. 潜在客户管理的方式有哪几种?
2. 潜在客户的分级标准是什么?
3. 潜在客户跟进的具体方法有哪些?

学习情境 3　接 待 准 备

学习目标

1. 能够按照展厅相关标准进行展厅销售环境的准备；
2. 能够按照销售顾问的要求进行自我准备。

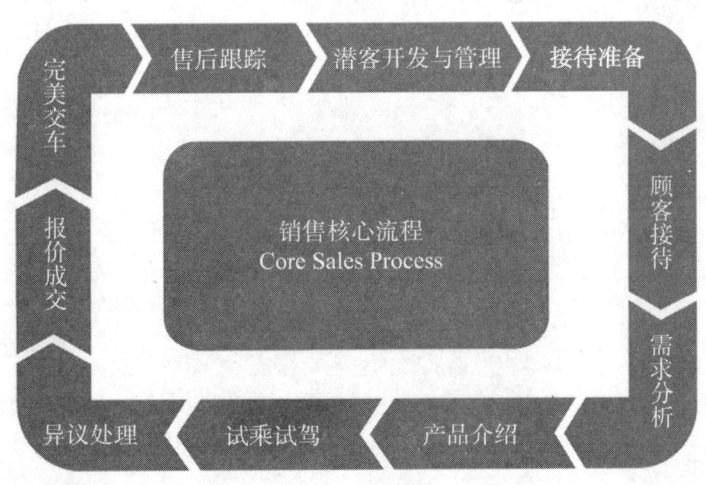

情境导入

新入职的销售顾问小俞经过1个月的培训和学习,顺利的通过了相关考核,目前她已经能正式在展厅参与顾客接待和销售工作了。每天上班之前,小俞需要提前20 min到达公司,开始上班前的接待准备工作。那么,在这段时间内,她需要准备些什么呢?通过该情境的学习,你将学会销售流程中的接待准备工作。

岗前资讯

接待准备是汽车销售顾问的一项最基础工作,也是销售顾问开展一天工作前必备的一项基本功。汽车销售是一项严谨的工作,绝对不允许随随便便。销售顾问要想在工作中取得进步,不断获得销售业绩的提升,客户接待前的准备工作是必不可少的。

学习情境 3 接待准备

【想一想】

如果你是一名刚走进某 4S 店的客户,你希望经销商应该给你提供怎样的购物环境?又希望遇到一位怎样的销售顾问?

_____

_____

1. 接待准备的重要性

接待准备工作不仅存在于每天的工作之前,而且还贯穿于整个销售流程之中。接待准备工作准备充分与否,直接会影响到销售业绩和客户满意度。接待准备的重要性有以下三点。

1) 树立品牌形象、公司形象和个人形象

良好的品牌形象、公司形象和个人形象是客户购买我们产品的先决条件。如果经销商和销售顾问在客户接待前的准备工作没有做好,那就影响了销售成功三要素中的"信心"因素,从而造成顾客对品牌、经销商和销售顾问三方面信心的缺失。其销售结果也就可想而知了。

2) 给顾客留下深刻的第一印象

在人际交往中,人们首先关心的就是如何给对方留下一个良好且深刻的第一印象,使自己从一开始就与对方就有一个美好的开始。在汽车销售活动中,首次到店的客户常常持有一定的戒备心理。所以,销售顾问在接待客户时,良好的第一印象显得格外重要。经销商和销售顾问在顾客到店前,一定要做好充分的准备。

3) 节省时间,提高工作效率

接待准备只是销售流程的第二步工作,对于 4S 店的销售顾问来说,接待准备既是每天工作前的首要任务,也是参与展厅客户接待之前的必做项目。如果销售顾问没有做好充分的接待准备工作,就会影响到销售顾问的工作流程和工作效率,还会导致客户异议的产生,严重的还会影响到销售顾问的业绩和客户满意度成绩。

2. 接待准备的内容

经销商管理人员和销售顾问在每天参与顾客接待之前,必须开展一系列的接待准备工作,以保证销售流程执行的连贯性和可行性,并保证顾客在来到 4S 店之后,销售顾问能够为顾客提供优质的服务,从而达到成功销售和提升客户满意度的目的。接待准备的内容主要包含以下六点。

(1) 销售顾问的仪容仪表准备。销售顾问仪表得体,体现出汽车销售顾问的专业素质。
(2) 展厅维护与清洁。为到店客户提供一个舒心的购物和看车环境。
(3) 展车维护与清洁。为客户展现最佳的车辆静态性能。
(4) 展厅氛围的营造。体现汽车品牌文化和品牌内涵。
(5) 销售工具的准备。能够体现销售顾问工作能力和工作效率。
(6) 晨会的开展。经销商管理人员在每天工作前的士气鼓舞,并对销售顾问进行当日的工作指导。

任务 1　展厅销售环境的准备

学习目标

1. 能够根据展厅销售环境的要点进行展厅布置；
2. 能够根据展车展示的相关标准进行展车布置。

学习内容

1. 展厅整体环境的准备；
2. 展车展示标准和规范；
3. 展厅其他销售工具准备。

知识准备

1. 展厅环境的准备

汽车展厅是车辆实体展示的重要场所，它通过宽大的空间、色彩、光线、背景音乐、温度等多方面感官因素的精心设计与布置，就是为了给客户营造一个舒适的环境，使客户在了解、购买产品的过程中，享受到购买汽车产品和服务带来的美好体验。

汽车展厅也是汽车销售顾问日常工作的场所，维护展厅环境的干净整洁优美，是销售过程中最基本的准备要素。

汽车展厅环境准备，通常需要按照主机厂统一标准和要求来布置，展厅内设有汽车展示区、洽谈区、品牌文化区、客户休息区、精品展示区、前台接待区、儿童游乐区、卫生间、办公区等区域，作为 4S 店销售顾问，有义务也有责任保证这些区域的整洁与完善。全力营造一个洁净、温馨、舒适、亲切的展厅氛围。良好的展厅氛围不仅可以使经销商的展厅更加与众不同，而且更能激发顾客的购买欲望，帮助销售顾问实现销售，如图 3-1 所示。

图 3-1　某 4S 店展厅环境

展厅环境关键区域的日常要求有以下几种。

1) 展厅整体

（1）内外墙面、玻璃墙等保持干净明亮，应定时进行清洁；

（2）展厅相关标识应干净整洁，且无损坏；

（3）按照主机厂要求悬挂相关幕布、营业时间、广告牌；

（4）展厅地面、墙面、展台、灯具、空调、视听设备等应保持干净整洁，且所有设备均处于正常的使用状态；

（5）展厅内摆设的产品价格牌上的内容应与所展示的展车保持一致；

（6）展厅内的照明要求明亮且让顾客感觉到舒适；

（7）展厅温度应保证适宜且令人舒适，一般夏季为25℃左右，冬季为15℃左右；

（8）展厅须有视听设备，在营业期间需播放舒缓、优雅的轻音乐和相关产品广告；

（9）展厅所有硬件展示物品应采用厂家统一标准采购，并按厂家要求位置进行摆放；

（10）展厅相关宣传物料需按照厂家的要求定期更换。

2) 业务洽谈区

（1）座椅摆放应保持整洁，且保持台面干净整洁；

（2）若备有烟灰缸，烟灰缸内若有3个以上的烟头时，应立即清理；销售顾问每次送走客户时应立即把用过的烟灰缸清理干净；

（3）设立杂志架，摆放相关车型、金融、杂志等宣传资料；

（4）摆放绿色盆栽植物，并保持植物生机盎然；

（5）保持地面干净整洁，无污渍。

【想一想】

如果你是客户，你进入如图3-2和图3-3所示洽谈区域，会是什么想法？

图3-2　业务洽谈室

3) 儿童游乐区

（1）儿童游乐区应有专人负责儿童活动时的看护工作（建议为女性），不宜离楼梯、展车、电视、

图 3-3 展厅洽谈区

展示牌、色板架、资料架等距离太近,确保能够让展厅内的客户看见儿童的活动情况;

(2) 儿童游乐区需保证儿童的安全,所用的儿童玩具应符合国家有关的安全标准要求;

(3) 儿童游乐区应确保干净整洁,禁止穿鞋进入,且保证儿童游乐区内的所有物品均处于正常使用状态,如图 3-4 所示。

图 3-4 儿童游乐区

4) 品牌文化区(图 3-5)

(1) 品牌文化区所有设施应无破损,且保证干净整洁;

(2) 品牌文化区的文化背景图片应按厂家要求,定期更换;

(3) 品牌文化区如有可移动的展示物品,请友善阻止客户或儿童拿放或把玩。

5) 卫生间

(1) 卫生间应有明确、标准的指示牌引导,男女标识易于识别。有条件的经销商应该实行客户和员工分离,由专人负责卫生打扫和清洁。

图 3-5　品牌文化区

（2）卫生间的地面、墙面、洗手台、设备用具等均保持清洁，台面、地面、墙面不允许有积水，大小便池不允许有污垢或不干净的物品。

（3）卫生间内应无异味，工作时间内应使用空气清新剂或盘香来消除异味，净化空气。

（4）卫生间内相应位置应随时备有充足的卫生纸，各隔间内设有衣帽钩，墙面上应悬挂有赏心悦目的图画。

（5）卫生间内也应有一些绿色植物或鲜花予以点缀。

（6）卫生间洗手处须备有洗手液、烘干机、擦手纸等，洗手台上不允许摆放其他杂物。

（7）清洁用的拖把、扫帚等工具不应出现在卫生间内。

（8）在营业期间须播放舒缓、优雅的背景音乐。

2. 展厅展车的准备

展厅展车是销售顾问接待客户工作的重要工具，也是客户了解产品的重要对象。展车无论从整体还是细节，都要给客户带来深刻而良好的印象。销售顾问有责任维护展车随时处于最佳的展示状态，如图 3-6 所示。

1）展车的摆放

（1）展车应达到展厅设计的数量要求，并尽可能车型齐全；

（2）展车摆放时应考虑到车型搭配和颜色搭配，且放在规定的车型区域内；

（3）展车应根据经销商实际情况进行展示，以促进销售（如库存车、热销车）；

（4）个别展车应装备精品装潢产品，以促进精品装潢类产品的销售；

（5）展车旁应附有厂家要求的产品价格牌，且保证信息与展车一致；

（6）展车之间应该有合适的距离和空间，以便于顾客观赏与感受。

2）展车维护与清洁

（1）展车外部

① 展车应去除油漆保护膜，车身经过清洗、打蜡处理，保持清洁，风窗玻璃和车窗玻璃保持明亮。展车表面应做到远看无灰尘、近看无手印，其他区域如进气格栅、门框、门缝、门槛、玻璃槽、门

图 3-6 展车的摆放

拉手、排气管等都应该擦拭干净,不留死角。打开发动机盖,应努力做到顾客视线范围内不允许有灰尘和水渍,如图 3-7 所示。

图 3-7 展车外部展示标准

② 展车轮胎下方放置厂家要求的车垫,位置不偏不斜,与轮胎保持水平,且无污损。

③ 轮胎需经过清洗、上光,各轮胎翼子板内衬应冲洗干净,无污渍,轮胎导水槽内保持清洁,无石子、玻璃碎片等异物。

④ 轮胎中间的LOGO应保持水平向上位置。
⑤ 展车车门和行李箱应保持开启状态,方便顾客参观。
⑥ 展车前后牌照位置均要粘贴展车车牌,并设置配置表。
⑦ 展车上不允许摆放如宣传资料等非装饰性物品。
⑧ 展车前窗玻璃和天窗根据厂家要求展示,一般需将前车窗玻璃完全放下,且天窗斜开,方便顾客参观。

(2) 展车内部(图3-8)

① 确保展车电瓶电源充足,方便顾客欣赏;
② 展车内部保持清洁,且应去除座椅、遮阳板、天窗、方向盘、CD机、门把手、车顶面板等塑料保护套;
③ 展车前排座椅应保持和B柱平行,且降到最低的位置;
④ 转向盘长度调整至最短(最靠近仪表盘)、最上的位置,方便顾客上下车;
⑤ 车内应准备3组不同音乐风格的CD,收音机应调到当地常用、清晰的FM频道,以便顾客欣赏;
⑥ 车内仪表盘的时钟应当校准;
⑦ 中央扶手箱、副驾驶手套箱、车门内侧杂物箱、前座椅靠背后的物品袋内均不能放置任何杂物;
⑧ 展车内附件齐全,天线、烟灰缸、点烟器、原厂脚垫必须安装到位,使展车处于时刻能销售的状态;
⑨ 车内禁止摆放与展示无关的杂物,禁止在展车内抽烟;
⑩ 行李箱内干净整洁,不得出现与销售无关的杂物。

图3-8 展车内部展示标准

汽车销售顾问每天早上实施客户接待工作之前,需按照"展车形象检查表"的要求来对自己所负责的展车实施清洁和整改,如表3-1所示。

3. 展厅其他销售工具准备

除了展车以外,展厅里还有许多如传递品牌信息、产品特点、价格促销等宣传物品,这些都能够使客户方便、快捷地获得相关购买信息,也便于销售顾问在客户接待的过程中使用。

1) 资料展示架

资料展示架通常摆放于车辆展示区、业务洽谈室、客户休息区、展厅入口等客户便于看见和取用的区域。资料展示架上应摆放各种车书、宣传册、宣传单页、汽车杂志等车型资料,销售顾问需要保证资料平整崭新、信息准确及时,并且保证资料一旦缺失,需及时补充(单页数量需保证15份以上)。

2) 色板展示架

色板展示架是指汽车外色和内饰的颜色展示架,销售人员在日常的客户接待工作中,可以根据色板对客户进行外色和内饰的讲解和选定。销售顾问必须保证色板无破损、无脏污,不随意丢弃等情况发生,以免影响展厅形象,如图3-9所示。

图3-9 色板展示架和资料展示架

3) 液晶显示屏

许多4S经销商为了提高展厅销售氛围,强化品牌冲击力,在展厅或客户休息区域安装了液晶显示屏,主要播放一些品牌宣传片,加深客户对品牌文化内涵、产品性能等不易在展厅展示的特性也能够得到了解,是多角度、动态展示汽车产品的一种方法。

4) 宣传展板

展厅也应该根据当月市场活动、价格促销政策、金融贷款优惠等制作一些如易拉宝、X展架、喷绘、车顶牌等宣传展板,在不影响客户看车的前提下,烘托展厅氛围,也有利于销售顾问向顾客介绍活动信息。

表 3-1 展车形象检查表

展车形象检查表

检查项目		检查标准	责任人	检查结果 是	检查结果 否	整改意见
展车摆放	数量	是否达到展厅摆放数量要求				
	摆放位置	是否按设计图纸要求的展车布局方案摆放展车				
	其他品牌	展厅内是否有其他品牌的乘用车、附件、宣传物品				
展车外部	油漆保护膜	是否除去油漆保护膜				
	油漆和玻璃	车身是否整洁,没有灰尘或指印				
		玻璃是否无破损,内外面是否干净,没有灰尘和指印				
	轮胎	轮胎没有污渍并且上蜡,表面光亮、漆黑				
	轮毂LOGO	轮毂的LOGO是否朝上				
	前后车牌	是否标明车辆型号				
		是否粘贴完好				
	价格配置表	是否按照厂家规范摆放				
		是否为标准的印刷表格,没有手写涂改				
	车窗和天窗	是否处于开启状态,天窗遮阳板是否打开(太阳能天窗除外)				
	行李箱	行李箱锁是否处于开启状态				
	车锁	是否所有车门都可以打开,让顾客自由出入				
	电瓶	电源是否充足				
展车内部	塑料保护膜	整车内部没有任何保护套/膜				
	车内异味	展车内没有任何除新车气味外的其他气味:香水、烟味				
	脚垫	是否使用主机厂原装附件脚垫(非随车原厂脚垫),并摆放整齐				
	坐垫	织物座椅展车都已配备整套主机厂原装附件坐垫,并摆放整齐				
	座椅	前排座椅调整至最低的位置,靠背调至B柱,方便顾客进入				
		头枕应当被调至常规位置				
		安全带应当正确地缩进到位				
	车内时钟	展车内时钟保持与北京时间一致				
	收音机	收音机调到当地常用、清晰的FM频道,音量适中				
		只要车型配备允许,将当地常用广播电台存入快捷键,以便让顾客迅速切换喜欢的电台				
	CD	准备了3种不同风格的CD(如古典、流行、民族等)				
	转向盘	转向盘回位不歪斜				
	展车附件	是否齐全、完好、安装到位				

小组演练

1. 实训室(展厅)维护与清洁

1) 提出演练要求

(1) 全班分成3组,并选举小组长,根据指导老师分配的区域实施整改;

(2) 指导老师根据表3-2的内容分配2个检查区域给每个小组;

(3) 各小组根据展厅销售环境的准备内容,对实训室展厅进行维护和清洁;

(4) 针对实施难度较高的项目可不必进行,但需向指导老师汇报检查结果(如实训室内外墙的清洁情况);

(5) 小组成员需妥善保护实训室设备,如实训室内展车需要移位,请在指导老师的安排下执行,小组成员不得随意启动车辆,以免发生危险。

2) 进行演练

表3-2 实训室检查表

检查项目	具体不符项目	实施整改	整改难点
展厅整体			
业务洽谈区			
儿童游乐区			
卫生间			
品牌文化区			
展厅其他区域			

2. 展车维护与清洁

1) 提出演练要求

(1) 指导老师分配3辆展车给3个小组;

(2) 项目实施前,每组成员对本组展车进行观察,并写出不符的项目;

(3) 各小组根据展车展示要求对展车实施维护和清洁,用时15 min;

(4) 对脏污较严重的展车有必要首先进行户外的清洗;

(5) 项目演练完毕之后,各小组根据"展车形象检查表"的要求,相互进行检查评估;

(6) 指导老师对各小组演练结果实施检查与评估;

(7) 小组成员对检查结果实施整改。

2) 准备演练工具(表3-3)

表3-3 演练工具

车辆准备	清洁工具	文件准备
展车3辆	擦车布若干、水桶3个	"展车形象检查表"

3) 进行演练

实施项目2之前，请根据指导老师分配的展车，指出不符合展车标准的项目，展车维护清洁完毕之后，各小组根据"展车形象检查表"相互交叉进行检查，如表3-4所示。

表3-4 演练检查表

检查项目	具体不符项目	整改措施	整改难点
展车摆放			
车辆外部清洁			
车辆内部清洁			
发动机舱清洁			

3. 学习评估

各小组演练完毕之后，由指导老师带领其他小组一起参与演练过程的讨论和点评，相关评估标准，如表3-5所示。

表3-5 评估标准

评估重点	满分	得分	原因分析
1. 实训室的维护与清洁	25		
2. 展车的维护与清洁	25		
3. 小组团队协作能力	25		
4. 对本任务知识点的掌握	25		

复习思考题

1. 展厅环境需要准备哪些内容？
2. 展厅展车需要准备哪些内容？
3. 展厅还有哪些设施准备需要注意？

任务2 销售顾问自我准备

学习目标

1. 能够掌握如何培养销售顾问的基本能力;
2. 能够掌握销售顾问日常的商务礼仪;
3. 能够掌握销售顾问应准备的销售工具有哪些。

学习内容

1. 销售顾问的基本能力;
2. 销售顾问基本礼仪;
3. 销售顾问社交礼仪;
4. 销售工具准备。

知识准备

1. 销售顾问的基本能力

汽车销售顾问的能力指汽车销售顾问完成汽车市场营销任务所必备的实际工作能力。汽车销售顾问要想成功实现销售,除了具备多方面的素质以外,还必须具备完成汽车销售的其他基本能力。

汽车销售顾问应具备的基本能力主要有以下几个方面。

1) 观察能力

汽车销售顾问必须具备敏锐的观察能力,这是汽车销售顾问深入了解客户心理活动和准确判断客户特征的必要前提。客户为了能够从交易过程中获得尽可能多的利益,往往掩盖自己的某些真实意图。客户每一个行动背后,总有其特定的动机和目的,客户在交易过程中也会或多或少地使用各种购买攻略。所以说汽车销售顾问只有具备了敏锐的观察能力,才能透过事物的表象看到事物的本来面目,才能更好地了解销售环境,掌握客户的真实心理想法,更多更好地寻找和掌握购买者的行为特征,从而开展高效的销售工作。更好地帮助我们提高销售业绩。如一起到店的多名客户谁是购买者、谁是决策者,这些人的相互关系等,这些都是在汽车销售工作中经常出现的。

2) 记忆能力

记忆能力是指对经历过的事物能够记住,并在需要时回忆起来的能力。汽车销售顾问的工作十分复杂繁琐,需要记忆的东西有很多。如客户的姓名、电话、家庭和工作单位地址、交通工具,所关注的车型、颜色、竞品车型,对客户的初次报价和许诺,等等。这些方方面面的信息点都需要重点记忆。有时销售顾问连续接待多位顾客,结果在统计客户信息时忘记了一些客户的重要信息和交谈经过,这些问题不仅会影响销售顾问的数据统计,而且还会对客户的跟进和回访工作都会造成很大的麻烦,影响销售顾问的工作效率。

记忆能力的好坏固然与天赋有很大关系,但更重要的是后天的学习和锻炼,销售顾问只要在平时工作中找到方法和技巧并形成一种习惯,一定能够提高自身的工作效率。

3) 交往能力

交往能力是指人们为了达到某种目的而运用语言或者非语言方式相互交换信息,从而实行人际交往的能力。汽车销售顾问在日常工作中要与各种各样的人打交道,如同事、领导、同行、客户、客户的朋友等,他们所处的立场和角度都不一样,销售顾问应该要学会站在对方和自身的立场上,运用各种方法来增加和他们的交往,从而增加获得信息的渠道,提高自己的工作效率。

交往能力不是天生的,是在销售实践中逐步培养出来的,要培养沟通交往能力,汽车销售顾问必须努力拓宽自己的知识面,不要求做到"上通天文,下通地理"的程度,但对专业以外的一些知识都需要了解一点,这也是当今社会的需要。同时还要掌握必要的社交礼仪,如日常交往时、聚会时的礼仪礼节等,还应该敢于和人交往、主动和人交往,不要固步自封,为将来的工作与生活打下坚实的人脉基础。

4) 应变能力

应变能力是指遇到一些意想不到的情况时,能使自己在不利的情况下扭转局面,或在遇到突发事件时能够处乱不惊,凭借自己的果断和果敢挽救可能出现或已出现的失误。这要求汽车销售顾问应有灵活的头脑,能冷静、果断地分析和处理问题。在销售活动中,销售方法必须随客户的改变而改变,没有一种方法对任何客户都是行之有效的。销售的商品也不是一成不变的,需求的变化和市场竞争的加剧也将导致产品不断的更新换代。如客户态度和要求的变化,店内销售政策的突变、新车发生损伤被客户发现时等,这些变化都将是我们日常工作中意想不到的情况,销售顾问必须采取灵活的应变措施,才能战胜一切困难,达到理想的结果。

5) 思维能力

思维是人的理性认识活动,是在表象、概念的基础上进行综合分析、判断、推理等认知的过程。汽车销售顾问应具备的思维品质包括:思维的全面性,即能够不同角度、不同立场地考虑问题;思维的深刻性,即通过事物的表象看清本质;思维的批判性,不盲从,敢于坚持真理;思维的独立性,能独立思考,不受干扰,不依赖现有答案;思维的敏捷性,反应快,遇事当机立断;思维的逻辑性,考虑问题条理清楚,层次分明。

6) 演示能力

在销售过程中,如果客户对所销售的产品感兴趣,汽车销售顾问就必须使他们清楚地认识到购买产品以后会得到什么好处。因此,汽车销售顾问不仅要在交谈中向客户介绍产品的具体优点,同时还必须向客户证明产品确实存在这些优点。销售顾问要学会使用身边的销售工具向客户演示产品的静态和动态性能。

熟练演示你所销售的产品,能够吸引客户的注意力,加深产品在客户心目中的印象,使他们能够记住产品的特点并产生极大的兴趣。这相当于一种"活广告",销售顾问应该在条件允许的情况下,应当想尽一切办法努力做好演示工作。比如,有些产品信息销售顾问可能说得不是很清楚,即使能够说清楚了,客户也不一定能够听懂,所以销售顾问就必须借助于如厂家开发研究的产品演示系统软件、宣传资料、视频图像等向客户进行演示讲解,这样,才能够加深客户对产品的印象,提高成交的概率。

以上是销售顾问从事汽车销售这一职业必须具备的基本能力。当然,销售顾问还需要具备谈判、说服、演讲等其他的一些能力,这里就不一一举例说明了。汽车销售顾问具备了这些能力,不仅能更好地从事汽车销售工作,而且对自身来讲也是一种极大的锻炼和培养,所以,销售顾问要在日常的工作和生活中多培养这方面能力,为自己的人生打下坚实的基础。

2. 销售顾问商务礼仪

销售活动既是一种商品销售活动,又是一种社会交际活动。汽车销售顾问每天不仅要和不同的客户打交道,还要应酬各种场面。因此,必须要善于交际,懂得社交礼仪。汽车销售顾问在销售产品的同时,也是一个销售自己的过程。在销售过程中,汽车销售顾问要想接近客户,激发客户的购买欲望,首先要让客户对自己产生好感,才能取得客户的信任,才能最终取得销售的成功。

1) 汽车销售顾问基本礼仪

作为一名汽车销售顾问,在与我们的客户交往时,第一印象是十分重要的。包括仪容仪表、礼节、言谈举止,对他人的态度、表情,说话的声调、语调、姿态等诸多方面。第一印象往往决定了产品销售能否取得成功。客户一旦对销售顾问产生好感,也往往就对其销售的产品产生兴趣。因此,汽车销售顾问在仪表、举止、谈吐等方面的表现就显得格外重要。

(1) 站姿

正确的站姿是抬头挺胸、目视前方、两肩齐平、双臂自然下垂、收腹、双腿并拢直立、身体重心放在两腿中间,将双手合起,放在腹前或身后,如图3-10所示。

汽车销售顾问在站立时,双手不可叉在腰间,也不可抱于胸前;不可驼背或弓腰;眼睛不可左右斜视;不可一肩高一肩低;不可双臂胡乱摆动;双腿也不可胡乱摆动或抖动;接待顾客时不可将手插在口袋里或手中摆弄其他与工作无关的物件。

(2) 坐姿

销售顾问入座时要轻轻的坐下,坐满椅子的2/3即可,双膝自然并拢(男士可略为分开),身体自然前倾,以表示尊重和谦虚,如图3-11所示。

图3-10 站姿

图3-11 坐姿

(3) 行姿

汽车销售顾问在展厅自然行走时应该以脚跟着地,步伐轻松稳健,抬头挺胸,目视前方,面带微笑,以体现轻松、自信、稳重的自身形象,如图3-12所示。

行走最忌内八字、外八字;不可弯腰驼背、摇头晃肩、扭腰摆臂;不可膝盖弯曲或重心不协调,不

图 3-12 行姿

可走路时吸烟、双手插于裤袋;不可左顾右盼;不可无精打采身体松垮;摆手不幅度过大或过小。

(4) 蹲姿

汽车销售顾问在展厅拾取物件或下蹲给顾客介绍产品时,应保持大方、端庄的蹲姿。保持一脚在前一脚在后,下蹲时,前脚全着地,小腿基本垂直于地面,后脚跟提起,脚掌着地,臀部向下,如图 3-13 所示。

图 3-13 蹲姿

销售顾问在展厅下蹲时,双腿应避免同时并立的不雅情况出现。

(5) 手势

① 指引。需要用手指引某样物品或接引顾客时,食指以下需靠拢,拇指向内侧轻轻弯曲,指示方向,如图 3-14 所示。

② 招手。向远距离的人打招呼时,应伸出右手,右胳膊伸出高举,掌心朝着对方,轻轻摆动。但不可向上级或长辈招手。

③ 其他动作。汽车销售顾问在和客户交谈时,不得出现搔头皮、掏耳朵、挖鼻孔、修指甲等不雅动作,也不可用手指或笔在桌子上乱涂乱画、玩手中的笔或其他工具。

图 3-14 指引的手势

（6）行礼

当顾客走到展厅门前 2 m 左右或离开展厅时，销售顾问或接待员要立即对投以亲切的微笑，对客户致欢迎词："您好，欢迎光临"或"欢迎再次光临"，这种情况下，销售顾问需要借助行礼这种动作来提升我们服务的水准。

一般行礼的角度有 15°、30°和 45°三种，但汽车销售顾问在接待顾客的过程中一般 15°即可；如果是欢迎领导的到访，应该以 30°为宜；如果在表示感谢的情况下，通常是 45°，如图 3-15 所示。

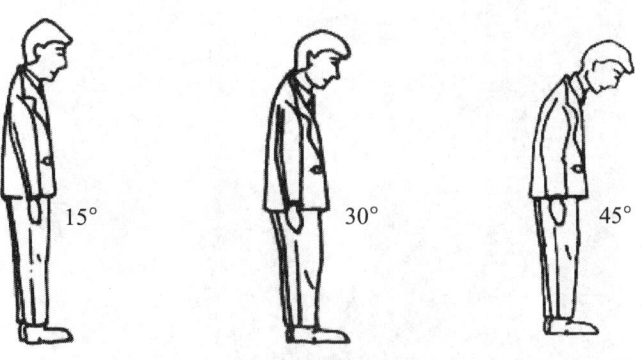

图 3-15 行礼的角度

（7）视线

销售顾问在与顾客交谈时，两眼视线落在对方的鼻间，偶尔也可以注视对方的双眼；恳请对方时，注视对方的双眼，以显示自己的诚意和对顾客的尊重和重视。总之，视线落点应停留在对方面孔的"三角区域"内，如图 3-16 所示。

（8）微笑

微笑是一种国际礼仪，能充分体现一个人的热情，修养的魅力，同时也能给予别人留下深刻的第一印象，缩短双方的交往距离。

微笑的最高境界应该是发自内心、自然大方的而非职业化的应付。销售顾问应当学会使用"3 m 微笑"，无论是客户、朋友还是同事，我们应当距离在 3 m 以内时，真诚主动的对他们微笑，从而

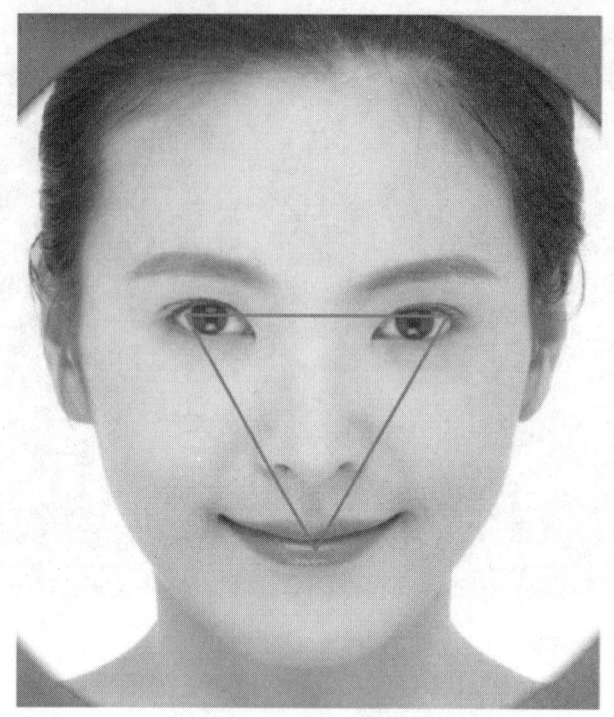

图 3-16 视线落点

营造轻松、愉悦的交际氛围,如图 3-17 所示。

图 3-17 微笑

(9) 着装

从礼仪的角度看,着装不能简单地等同于穿衣戴帽,它是着装人基于自身的阅历修养、审美观念、身材特点,根据不同的时间、场合、目的,力所能及地对所穿的服装进行精心的选择、搭配和组合。

在汽车 4S 店,销售顾问一般都会有公司统一配发的西装、衬衫、冲锋衣、领带、工作牌等工作服装,如图 3-18 所示。销售顾问在展厅工作时,应按照经销商管理人员和季节的要求进行个人着装。

经销商工作人员统一着装不仅可以体现经销商工作人员良好的修养和独到的品味,而且更能让顾客对品牌的价值、经销商的管理理念和销售顾问的专业、严谨充满信心。

图 3-18 销售顾问着装标准

穿着西装时应注意以下四点。

① 西装的上衣一般有两粒或三粒钮扣,最下面的不要系上,这也是穿着西装的惯例;

② 穿着西装时必须穿带领的长袖衬衫,同时佩戴领带,必须穿黑色有跟皮鞋,袜子也应该是深色。西装领要比衬衣领短一些,袖子也应该比衬衣短一些;

③ 西装一定要平整,不要有褶皱。衣服口袋里也不要放置重物(如手机、计算器),口袋盖不要局部或全部塞在口袋里。衣服和皮鞋一定要整洁,不要有灰尘和污渍;

④ 姓名牌应端正地别在左上口袋口 2 cm 以上的位置。

销售顾问在清晨工作之前应对照"仪容仪表自检表"进行自我检查,以专业、自信、精神的面貌开展一天的工作,如表 3-6 所示。

2) 汽车销售顾问社交礼仪

(1) 介绍礼仪

汽车销售顾问每天要与各种各样的陌生人打交道,介绍是销售交际中常见的环节,作为销售顾问,首先要学会做自我介绍。自我介绍一般包括公司、职位、姓名、年龄、从业经历、特长等内容。一般销售顾问在初次接待客户时,只要做简单的欢迎和自我介绍就可以了。一个热情的问候和自我介绍,易于拉近客户与销售顾问之间的距离。如上海大众销售顾问陈丽丽就这可以这样说:"先生您好!欢迎光临上海大众 4S 店,我是销售顾问陈丽丽(您可以叫我小陈或直接叫我丽丽就可以了),请问有什么可以帮您的吗?",这样可以体现自己的专业和礼貌。

销售顾问在为他人作介绍时,应掌握介绍的先后顺序,即先向身份高介绍身份低者,先向地位高者介绍地位低者,先向年长者介绍年幼者,先向女士介绍男士等。在 4S 展厅里,客户就是特别受尊重的一方,销售顾问在向顾客介绍店内其他工作人员时,应该先为客户介绍店内工作人员,然后再向其他工作人员介绍客户本人。如:"吴先生,让我来为您介绍一下,这是我们店的售后服务顾问李晴",如图 3-19 所示。

表3-6 销售顾问仪容仪表自检表

仪容仪表自检表

项目	检查要点	是否执行	
		是	否
西装	西装熨烫整齐,每周更换		
	西装第一粒纽扣需要扣住,最下方的扣子不扣		
	上衣口袋和裤子口袋是否没有放重物,不鼓胀		
	肘部弯曲时,衬衫袖口外露外套上衣袖口1~2 cm		
	套装上衣长度手臂自然垂直,双手自然弯曲时手指第三节正好接触到西装上衣末端		
	衬衫领口比外套上衣领口高1~2 cm		
衬衫	衬衫是否每日更换,熨烫平整,领口袖口保持清洁,没有污迹		
	衬衫领口是否正好可以容纳2指伸入,不宽不紧		
领带/丝巾	衬衫、领带/丝巾和西服是否搭配协调		
鞋袜	皮鞋是否擦拭干净明亮		
	男士皮鞋是否是有后跟皮鞋,颜色为黑色;女式皮鞋是否统一为黑色船型鞋		
	男士袜子是否为黑色;女士袜子是否为肤色,如果穿套裙,是否穿着长丝袜		
工作牌	是否佩戴厂家标准的工作牌,位置在胸前左上方口袋正上方2 cm处		
对讲机/耳麦	是否佩戴符合厂家要求的耳麦,对讲机应别在腰左后侧,耳麦线束统一固定在工作服左侧		
头发	头发精心梳洗,没有染夸张的发色		
指甲	指甲是否保持清洁,修剪整齐		

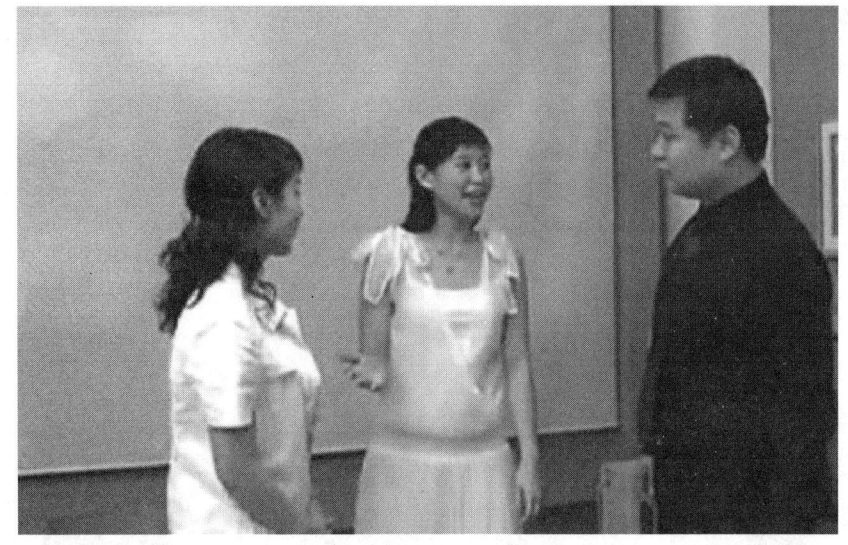

图3-19 介绍的动作

作为被介绍者,应该表现出结识对方的热情,被介绍时,应该面带微笑并注视着对方,千万不能东张西望,心不在焉,或是害羞不敢抬头,这些都是对客人极不尊重的表现。

(2) 名片使用礼仪

名片是汽车销售顾问必备的一种常用交际工具。销售顾问在和客户交谈之前,应该主动递给客户一张名片,不仅可以很好地做自我介绍,而且更重要的是能够帮助销售顾问和客户快速建立友好的关系。递送名片既方便、又体面,但销售顾问决不能滥用,否则会给客户留下不好的印象。

一般来说汽车销售顾问首先应该问候客户,并做自我介绍,然后再将自己的名片递给客户。名片应该装在西装上衣内侧的口袋里,而不应该从裤子口袋里掏出。递接名片时必须要用双手。递名片时,名片的正面应朝向对方,名字向着客户,最好拿名片的上端,让客户易于接手;接名片时,也应该双手接过,仔细阅读一遍客户的信息,并对重要信息加以强调和赞美。销售顾问也可以在面谈过程中或临别时,再拿出名片递给对方,以加深印象,并表示保持联络的诚意,如图3-20所示。

图3-20 递、接名片的动作

名片除了在面谈时使用外,还有其他一些用处。如销售顾问外拓或车展时,可以将名片和宣传单页装订在一起,既宣传了产品,又介绍了自己,达到两全其美的效果。总之,销售顾问要根据时间、地点以及实际工作情况来确定在什么情况下使用名片。

(3) 握手礼仪

握手是汽车销售顾问在接待客户时经常用到的礼仪之一,销售顾问在与客户会面、相互介绍、送别客户等情况下都会与客户握手。握手会拉近汽车销售顾问与客户间的距离,增加彼此的感情,从而促进交易的成功,如图3-21所示。

图3-21 握手的礼仪

握手需要注意以下几种情况,否则会给客户留下不好的印象。

① 握手时要主动热情、自然大方、面带微笑、双眼要注视着对方;

② 要一边握手一边寒暄致意,如"您好"、"谢谢"、"欢迎下次光临"等;

③ 与年长或有身份的客户握手时,身体应稍稍前倾,以表敬意;

④ 一定要用右手握手,且保持手的洁净、干燥和温暖;

⑤ 握手时不要带手套或墨镜,以示对对方的尊重;

⑥ 握手的时间一般在3s以内。

销售顾问在日常工作时还应该掌握的礼貌用语,如表3-7所示。

表3-7 礼貌用语

1	请	8	对不起	15	麻烦了	22	劳驾
2	打扰了	9	好的	16	是的	23	您
3	××先生/小姐/女士	10	请稍等	17	贵公司	24	您好
4	××的父亲或母亲	11	欢迎	18	请问	25	哪一位
5	××医生/老师	12	抱歉	19	没关系	26	不客气
6	请指教	13	有劳您了	20	辛苦了	27	拜托了
7	请多关照	14	谢谢(非常感谢)	21	再见	28	尊敬的

同时,还应注意不要使用以下的忌用语:喂、好像、不知道、不可以、可能以及不关我的事等。

3. 汽车销售顾问常用销售工具准备

在每天销售工作开始之前，汽车销售顾问还应该做好客户接待前的各项辅助工作。其中，最为重要的就是销售工具的准备。

在销售顾问接待客户的过程中，使用销售工具不仅可以提高销售顾问的专业性，而且可以使销售顾问可以更加高效的工作，缩短工作时间，提高工作效率，加深客户对品牌、公司和销售顾问个人的印象，增加销售成功的机会。

销售顾问在客户接待之前需要准备的销售工具，如名片、名片夹、公司简介、产品宣传单页、计算器、笔、纸、电脑、订书机、库存表、预算单、保险资料、试乘试驾协议书、销售合同、竞争对手资料、置换资料等，如图 3-22 所示。

图 3-22 销售工具的准备

销售顾问要定期检查销售夹内的资料，如有缺失，应立即补充，以提高工作效率。销售顾问还应该时刻清楚 4S 店的库存情况，以便于向客户推销公司现有的资源。

4. 晨会的开展

在实施了以上所有的准备工作之后，销售总监或展厅经理会对销售部全体成员展开一个 5～10 分钟的晨会，晨会的主要内容是回顾昨日展厅销售工作中出现的问题并加以改正；通报所有销售顾问的销售进度并提出整改意见和工作方法；销售政策和销售信息的传达；安排当天工作的重点和主要任务等，如图 3-23 所示。

小组讨论

1. 提出讨论要求

（1）全班分成 3 组，选举小组长，带领组员对讨论项目展开讨论；

图3-23 晨会的开展

（2）各小组讨论时间为15 min；
（3）讨论完毕之后，小组推选组员进行讨论结果的陈述；
（4）指导老师对各小组讨论结果进行点评。

2．进行讨论

根据销售顾问的基本能力要求，请说明如何培养和提高这些基本能力，并填入表3-8。

表3-8 销售顾问基本能力及提高方式表

能力目标	能力体现	如何培养和提高
观察能力		
记忆能力		
交往能力		
应变能力		
思维能力		
演示能力		

3. 学习评估

各小组演练完毕之后,由指导老师带领其他小组一起参与演练过程的讨论和点评,相关评估标准,如表3-9所示。

表3-9 评估标准

评估重点	满分	得分	原因分析
1. 讨论时间的合理性	25		
2. 内容分析的准确性	25		
3. 知识点的掌握程度	25		
4. 团队协作能力	25		

小组演练

根据销售顾问商务礼仪要求,进行商务礼仪的演练。

1. 提出演练要求

(1) 全班分成3组,选举小组长,带领大家参与商务礼仪的演练;
(2) 全班所有成员必须穿正装,男同学需系领带;
(3) 指导老师根据演练内容,将演练项目平均分配给每个小组;
(4) 各小组推选2~4名同学上台演练,对老师分配的演练项目实施演练;
(5) 小组代表演练的同时,其他同学需认真观察,记录与标准不符的项目;
(6) 演练完毕之后,指导老师带领大家一起进行演练项目的点评。

2. 准备演练工具

文件夹、对讲机、耳机、洽谈座椅、名片。

3. 进行演练

按照商务礼仪项目进行演练,如表3-10所示。

表3-10 进行演练

商务礼仪项目	动作是否标准		指出不规范所在
	是	否	
1. 站姿			
2. 坐姿			
3. 行姿			

(续表)

商务礼仪项目	动作是否标准		指出不规范所在
	是	否	
4. 蹲姿			
5. 手势			
6. 行礼			
7. 视线			
8. 微笑			
9. 着装			
10. 介绍礼仪			
11. 名片礼仪			
12. 握手礼仪			

4. 学习评估

各小组演练完毕之后,由指导老师带领其他小组一起参与演练过程的讨论和点评,相关评估标准,如表3-11所示。

表3-11 评估标准

评估重点	满分	得分	原因分析
1. 着装是否标准、规范	20		
2. 礼仪是否标准、规范	20		
3. 小组成员动作的协调性	20		
4. 对知识点的掌握程度	20		
5. 演练环节的组织纪律性	20		

复习思考题

1. 销售顾问应该具备的基本能力有哪些?
2. 销售顾问基本礼仪表现在哪几个方面?
3. 销售顾问社交礼仪表现在哪几个方面?
4. 销售顾问需要准备的销售工具有哪些?

学习情境4 顾客接待

学习目标

1. 能够根据相关标准和要求接待展厅电话客户;
2. 能够根据相关标准和要求接待展厅到店客户。

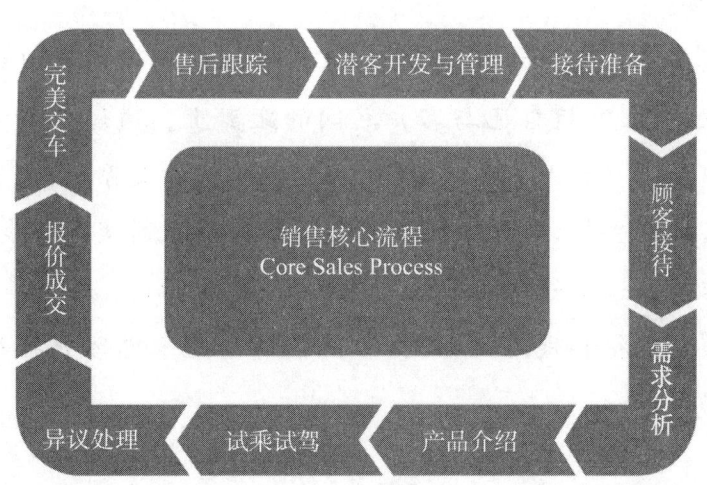

情境导入

销售顾问小俞目前已经熟知了接待准备的所有要求,每天上班后,完成接待前的准备工作之后,小俞就要在展厅接待客户了。按照公司接待客户的原则,所有销售顾问会被安排在不同的岗位上,即1岗、2岗、和3岗。1岗即是展厅门口的接待台,主要负责到店客户的接待;2岗即是展厅内的前台服务区,主要负责来电客户的接待与咨询;3岗被安排在销售顾问办公室,主要用于销售顾问处理客户接待以外的工作,如客户的跟进和回访,客户车辆保险和上牌业务的办理等。那么在1岗和2岗的位置,小俞该如何开展客户接待工作呢?通过本情境,同学们要学会如何在4S店展厅接待不同的客户。

岗前资讯

顾客接待是实现销售的重要环节,汽车销售顾问对客户的接待应该专注在建立关系,缩短自己与客户之间的距离上。通过热情温馨而又专业的接待消除客户的戒备心理,以建立彼此互信的关系,引发客户对产品和服务的关注和兴趣,为接下来的产品介绍和价格商谈打下良好的基础。同时也为客户创造美好的购车体验埋下了伏笔。

根据接待途径和目的的不同,客户接待分为来电客户接待和展厅客户接待两种。

学习情境 4 顾客接待

任务 1 接待来电客户

学习目标

1. 能够掌握电话接待的核心流程；
2. 能够掌握电话接待的礼仪要求；
3. 能够运用相关技巧接待不同类型的来电客户。

学习内容

1. 电话接听流程；
2. 电话接听要求。

知识准备

1. 来电客户接待概述

来电客户是指通过电话渠道来进行业务咨询的客户。销售顾问通过热情、专业的解答，吸引客户到店咨询，从而实现成功销售的目的。

客户在购买汽车产品之前，有些通常会先打个电话，初步了解一些情况，比如经销商地址、产品优惠信息、产品性能等，通过电话的初步询问，从而判断是否值得到店赏车、洽谈。因此，对于汽车销售顾问来讲，接听客户来电时相当重要的。若电话接待得好，客户很可能会被吸引到展厅来，增加销售成功的可能性。反之，若接听不当，出现解说不清，态度冷淡等情况，客户就可能选择其他经销商或其他品牌的汽车。电话接待的宗旨就是邀约客户来到展厅，然后才有销售的可能。因此，电话接待不仅可以增加销售顾问的潜在客户数量，而且一个标准的、优秀的电话接待可以提高经销商服务水平和销售顾问专业水平在客户心目中的印象，从而提升销售业绩。

2. 来电客户的接待流程

一般在 4S 店里，销售顾问或前台接待在接听电话时，需要掌握标准的电话接待流程，只有这样，才能保证销售信息的相互传达，在电话里给客户留下深刻的印象，从而才有可能将来电客户转化为到店客户，进而促进成交，如图 4-1 所示。

3. 客户来电的类型和要求

电话铃响后，销售顾问必须在铃响三声内接听电话。如果超过 3 声，接听时必须先说"不好意思/对不起，让您久等了"。接听电话时应该热情、清晰地进行开场白："您好，这里是××××（经销商名称），我是销售顾问×××，很高兴为您服务，请问有什么可以帮您？"。与客户进行电话沟通时，应随时保持微笑、热情和耐心，且要在电话旁提前准备好纸笔，以便于随时做好相关记录。对一些关键的问题，要加以复述，以免弄错，如图 4-2 所示。

按照客户来电咨询的内容和目的，客户来电的类型可分为以下几种。

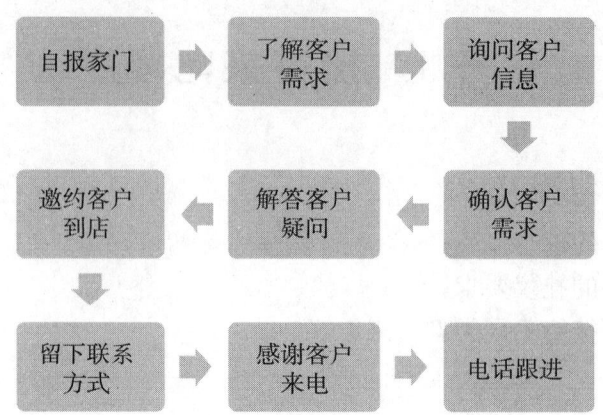

图4-1 来电客户接待流程

图4-2 接待来电客户

1）电话找人

遇到此类情况，应提示顾客稍等，然后以最快的速度转接给客户要找的人。如当事人不在电话旁、短时间内很难找到或当事人正忙时，则在方便的情况下告知当事人的手机号码或留下客户的联系方式，以帮助节省客户的时间。避免因等待时间过长，使客户产生烦躁的情绪，造成客户抱怨和投诉。

2）电话回复

若前台接待接听后要求销售顾问回复的，销售顾问在收到前台接待员的客户信息后，应立即回电给客户，并在电话接通后主动自报家门和询问客户需求。如"××先生/小姐您好，我是××4S店的前台接待/销售顾问×××，请问有什么可以帮助您的呢？"

3）售后咨询

如客户致电是为了咨询售后保养维修之类的，回答问题应尽可能准确明了，帮助客户解决有关问题。若遇到销售顾问或前台接待解决不了的相关问题时，应告知客户售后服务热线或让客户留下个人信息，由售后相关人员与客户取得联系。

4) 购车咨询

若顾客来电是想咨询汽车价格、配置等相关购车问题时,销售顾问一定要非常流利、专业地给予回答,若客户要求销售顾问在电话里做出报价时,销售顾问应遵循公司规定或销售顾问自己拟定的电话报价规则,切记不能在电话里把汽车的所有价格促销全部告知客户,因为一旦销售顾问将价格全部报出,销售顾问就失去了主动权,会增加后期客户跟进的难度。记住,遇到此类客户的时候,销售顾问最终的原则就是邀约客户到店,只有客户到店了,来电客户才能成为我们的目标客户群体。才是我们真正的潜在客户。

销售顾问应该主动邀请客户来店赏车试驾,并尽可能留下客户的全名、联系方式、家庭和单位地址,但不能强求。电话挂断后,销售顾问还应该给客户发送一条短信,短信内容如下:

"尊敬的××先生/小姐/女士您好,感谢您致电上海大众北京运通店,我是您的销售顾问俞佳佳,很高兴为您服务,感谢您对上海大众新帕萨特的关注,欢迎您随时来店赏车试驾,小俞(佳佳)时刻恭候您的光临,祝您生活愉快。公司地址:北京市朝阳区东五环五爱路与新兴路路口(锦江大酒店对面)。"

【想一想】

接待客户购车咨询电话时,为什么要给客户发送短信?

_____

_____

短信发送完毕之后,销售顾问应立即在"展厅流量登记表"(表4-1)上进行客户信息的登记,随后进行客户信息卡的建立和DMS客户信息的输入。完成潜在客户档案的建立。

5) 其他事宜咨询

如果客户来电是想询问其他事宜,销售顾问应在回答顾客询问前先问:"请问先生/女士怎么称呼呢?",对客户提出的问题在必要时需重复和确认客户的问题,以表示对客户的尊重。若无法回答客户来电咨询的问题,短时间内可以解决的客户咨询,应请客户稍后,向同事问清楚后再回答客户,或请同事代为回答;若短时间无法回复,需要长时间等待或待查证之后才能回复客户的,应留下客户的联系方式和称谓,待解决了客户咨询的问题之后,再给客户回拨过去,并对客户说:"对不起,××先生,让您久等了,是这样的……"

挂断电话前,应主动询问客户:"请问还有什么可以帮您的吗?"在确认没有的情况下要对客户说一声:"感谢您的来电,再见。"以示尊重和优良的服务。并且在客户挂完电话后,销售顾问再挂电话。

接听电话是一项很简单的举动,但接听销售咨询电话却是一门简单而又深奥的艺术,有的客户可能因为销售顾问在电话里传递的声音等信息而考虑是否继续他们的购买过程。因此,销售顾问一定要做好来电客户的接待工作。

小组演练

1. 提出演练要求

(1) 自报家门时语句顺畅,简单扼要;

(2) 接听电话是要始终保持微笑,对客户的询问要积极回应;
(3) 全班分成3组,并举小组长。由组长推选两名组员上台进行电话演练;
(4) 由指导老师首先扮演客户,带领同学集体朗读脚本内容;
(5) 朗读完毕之后,各小组利用15 min时间进行脚本的内部演练;
(7) 演练过程中,其他同学请认真聆听,并记录与脚本不符的项目;
(8) 演练完毕之后,由指导老师带领大家一起参与点评。

2. 准备实训工具

前台咨询台、电话机、手机、纸笔、文件夹。

3. 进行演练

1) 演练接听客户购车咨询

根据情境演练接听客户购车咨询,将演练结果填入表4-2。

【情境导入】

上海的姚先生最近想买一辆车,最近在网上查阅了长安福特福克斯1.6 L AT舒适性这款车,想具体问问价格优惠,有无现车等情况,电话铃响时,你正在前台值班。

【演练脚本】

销售顾问:您好,这里是长安福特上海永达店,我是销售顾问陈诚,很高兴为您服务,请问有什么可以帮您?

姚先生:你好,我想咨询一下福克斯这款车的优惠情况。

销售顾问:好的,请问先生您怎么称呼呢?

姚先生:免贵姓姚。

销售顾问:嗯,姚先生您好,我们目前在售的福克斯有两种,一种是经典福克斯,另一种就是去年上市的新一代的福克斯,不知道您看的是哪款呢?

姚先生:就1.6 L自动挡最低配的那种。

销售顾问:哦,那我明白了,您关注的是新福克斯,那您是考虑两厢还是三厢呢?

姚先生:我考虑三厢的。

销售顾问:哦,那我理解了,姚先生您关注的是官方指导价为130 900元的这款车对吗?

姚先生:对的。

销售顾问:请问姚先生您是打算近期购车吗?

姚先生:如果价格合适的话,我近期就会买的,关键要看你们现在优惠多少钱?

销售顾问:那姚先生,您有没有到4S店看过实车呢?

姚先生:还没有,就想先电话咨询一下优惠情况。

销售顾问:您目前住在上海哪个位置呢?

姚先生:我住长宁区这边,离你们店不是很远。

销售顾问:那好,姚先生,我建议您近期有时间的话,您可以到我们公司先来看看车,新福克斯三厢也有很多配置的,到时我可以为您介绍一下的。

姚先生:那得看一下你们现在这款车优惠多少了,如果优惠不多,那岂不是白跑一趟?

表 4-1 展厅流量登记表

展厅流量登记表

序号	时间		销售顾问	客户姓名	电话	到店/来电	区域	关注车型	颜色	竞品车型	洽谈情况	客户级别	来访状态		是否试驾
	进店或来电	离开											首次	再次	

说明

级别：O：首次接触即下订单；H：2 周内（满足 7 个沟通深度）；A：2 周内；B：1 个月；C：3 个月；N：其他

信息渠道：A：网络广告；B：搜索引擎；C：户外移动；D：楼宇分众；E：电视；F：广播；G：报纸；H：杂志；I：短信；J：直邮；K：114；L：其他；M：总部分配；N：车主再购买；O：朋友推荐；P：路过

学习情境4 顾客接待

销售顾问：姚先生，您至少要现场看一看实车，然后您可以通过试乘试驾亲身体验一下，至于价格嘛，都好说的，放心吧，不会让您白跑的。

姚先生：那好吧，我明天有时间就过来。

销售顾问：那您是明天上午过来还是下午过来呢？

姚先生：这个要看情况了，明天我来的时候再说吧。

销售顾问：那好，那您留个电话给我，一会我将我们公司地址发给您，您明天来的时候也可以打我的电话。

姚先生：好吧，我的电话是13913913900。

销售顾问：好的，记下了，待会我就给您发过去。

姚先生：嗯，就这样。

销售顾问：嗯，感谢您的来电，祝您生活愉快，再见。

（电话挂断后，你向姚先生发送了短信。）

表4-2 演练接听客户购车咨询

演练项目点评	
完成此项目，我需要具备哪些能力？	

2) 演练客户电话转接

根据情境演练客户电话转接，将演练结果填入表4-3。

【情境导入】

客户李强于上月底刚刚在你那边订购了一辆朗行，但李强忘记了你的电话号码，于是致电公司前台，想问一下你办理提车手续的相关事宜(如全款总额、美容装潢、材料准备等)。

【演练脚本】

前台接待：您好，这里是上海大众东昌店，我是前台接待员徐燕，很高兴为您服务，请问有什么可以帮到您？

李强：我想找一下朱伟。

前台接待：好的，他正在展厅，请您稍等。(朱伟，有人找)

销售顾问：您好，我是销售顾问朱伟。

李强：我是上次在你那里订了一台朗行的李强啊！

销售顾问：哦，李先生您好。

李强：我找不到你的电话了，所以打到你们公司来了。

销售顾问：没关系，待会我将我的号码发给您，您可以存在您的手机上，将来在您用车过程中，我们还有很多事要联系的。

李强：好的，谢谢。我想问一下你，我的车到了吗？

销售顾问：目前还没到，不过也快了，最晚下个星期就应该到了，到时我会第一时间通知您的。

李强：好的，那我到时来提车要准备些什么呢？

销售顾问：因为您是一次性付款，到时您只要带上您的身份证和尾款总共13万元就行了。其他的都交给我办好了。

李强：好的，那麻烦你了。

销售顾问：没关系，这都是我们应该做的。

李强：好的，谢谢，那车到了，你到时告诉我一声。

销售顾问：没问题，您放心好了。

李强：好的，拜拜。

销售顾问：嗯，拜拜。

（电话挂断后，你向李强发送了短信。）

表4-3 演练客户电话转接

演练项目点评	
完成此项目，我需要具备哪些能力？	

3）演练回复客户来电

根据情境演练回复客户来电，将演练结果填入表4-4。

【情境导入】

销售前台员李燕刚刚接到了客户夏小姐的电话，她想咨询一下斯柯达晶锐1.6L自动挡的价格优惠和现车情况，李燕将客户的相关信息写在了便签纸上，然后交给了你，你现在立马回电给李小姐。

【演练脚本】

销售顾问：您好，请问是夏小姐吗？

夏：嗯，是的。

销售顾问：夏小姐您好，我这里是上海大众斯柯达杭州庞大店，我是销售顾问朱伟，很高兴为您服务。刚刚您打电话来是想咨询晶锐1.6 L自动挡的车型吗？

夏：是的，现在优惠多少啊？

销售顾问：夏小姐，是这样的，晶锐1.6 L自动挡目前有三款车型，不知道您是关注的哪款呢？

夏：我在路上看见有一款黑顶的，像这样的有吗？

销售顾问：哦，那是我们晶锐的酷黑版，只有1.6 L的手动和自动才有的。

夏：那这款车现在多少钱啊？

销售顾问：夏小姐，是这样的，这款车的指导价是110 800元，目前也是我们晶锐的主打车型，相信您在路上也能经常看见。

夏：那优惠多少呢？

销售顾问：目前我们这款车正在搞活动，建议您还是到我们店里先来看看。

夏：那你得给我一个底价吧？不然我不是白跑一趟吗？

销售顾问：那请问您有没有在什么地方看过这款车呢？

夏：我们单位就有人开晶锐，我看看挺好看的。所以就打电话问问你们。

销售顾问：那您开过这款车吗？

夏：没开过，我现在还没有车。

销售顾问：那我建议您先到我们店先来看看实车，我为您介绍一下这款车的具体特色和配置，然后我还可以带您试乘试驾一下，一定会让您对晶锐有一个全新的认识的。至于价格，您放心好了，一定没问题的。

夏：那好，周末有时间我就过去。

销售顾问：好的，周五的时候我会再和您联系一下。记得带上您的驾照哦。

夏：好的，没问题，谢谢你。

销售顾问：不客气，您有什么问题也可以随时打我电话。

夏：好的，拜拜。

销售顾问：拜拜。

表4-4 演练回复客户来电

演练项目点评	
完成此项目，我需要具备哪些能力？	

4. 学习评估

各小组演练完毕之后,由指导老师带领其他小组一起参与演练过程的讨论和点评,相关评估标准,如表4-5所示。

表4-5 评估标准

评估重点	满分	得分	原因分析
1. 是否在对话过程中始终尊称客户"您"	20		
2. 脚本内容的熟练程度	20		
3. 演练过程中相关动作的标准程度	20		
4. 对演练过程和演练脚本的总结程度	20		
5. 小组的团队协作能力	20		

复习思考题

1. 请简述来电客户的接待流程。
2. 来电客户有哪几种类型?

任务2 接待到店客户

学习目标

1. 能够了解顾客的期望；
2. 能够熟知展厅客户接待的流程；
3. 能够运用相关技巧接待展厅到店客户；
4. 能够判断客户行为类型。

学习内容

1. 顾客的期望；
2. 展厅客户接待流程；
3. 展厅接待的技巧；
4. 客户行为类型分析。

知识准备

展厅客户接待是指接待来到展厅的客户，汽车销售顾问通过热情主动的欢迎，了解客户的来意，为客户提供其需要的服务。

客户进入一个陌生的展厅时，大部分都会感觉到有些"压力"。因此，销售顾问必须以热情、专业的接待来消除客户的疑虑，建立客户的信心，从而让客户放松"戒备"的状态。良好的展厅接待对客户最终是否接受我们的产品和服务，以至于是否成交都有着举足轻重的作用。

销售顾问在展厅接待环节中，必须要给顾客树立积极的第一印象。热忱、周到、专业的接待服务不仅会解除客户的不安情绪，而且还会营造一种友好愉快的氛围，从而取得客户的信任。销售顾问应该充分运用展厅的资源，以引导客户按照标准规范销售流程进行销售活动。

1. 客户的期望

销售顾问在日常的客户接待中会遇到形形色色的客户，那么这些客户在进入展厅前的期望是什么呢？

我希望……

（1）经销商的位置容易找到，有明显的表示和指引，停车方便；

（2）经销商营业时间便利，我可以在方便的时间内到店赏车；

（3）经销商展厅周围清洁，外观亲切、吸引人，展厅内温度适宜，光线明亮，整洁干净，背景音乐舒适；

（4）展厅功能区划分清晰，互不干扰，洽谈区域充足、舒适；

（5）展厅内车型丰富，有多种配置车型和颜色供我参观，展车排列有序，外观干净整洁，能展示展车所有静态功能；

（6）展厅内设有儿童游乐区，设施整洁干净，能供我的小孩玩乐，让我安心的赏车。

我还需要这样的销售顾问……
(1) 我一进经销商大门就有人问候,进入展厅立即有人接待;
(2) 销售顾问和展厅接待人员着装统一,整齐合身,仪容干净自然;
(3) 销售顾问热情主动地接待我,与我交谈,让我放松,感觉自然;
(4) 销售顾问主动介绍自己递交名片,询问我的需求,根据我的需求向我提供服务;
(5) 销售顾问能够关注我,并专注与我的交谈;
(6) 重视我的需求和喜好,根据我的需求和喜好向我介绍适合我的产品;
(7) 主动向我提供茶水饮料,并有多种选择。

2. 展厅接待的流程

当今社会,商场如战场,市场竞争加剧,汽车经销商的服务意识日趋增强。然而,汽车市场产品的丰富却使得客户变得更加挑剔,竞争对手的增加使客户有了更多的选择。

因此,作为汽车销售顾问,更要把握好进店的每一位客户。而展厅接待就是潜在客户收集的一项重要手段。从客户接待的难度上讲,展厅接待比任何形式的客户接待要求更加严格,它是与客户面对面的行为,客户不仅可以从你的声音、语调来判断你是否友好、专业、自信,而且还会从你的一举一动来考察你是否是他们理想中的销售顾问。

展厅客户接待的流程,如图 4-3 所示。

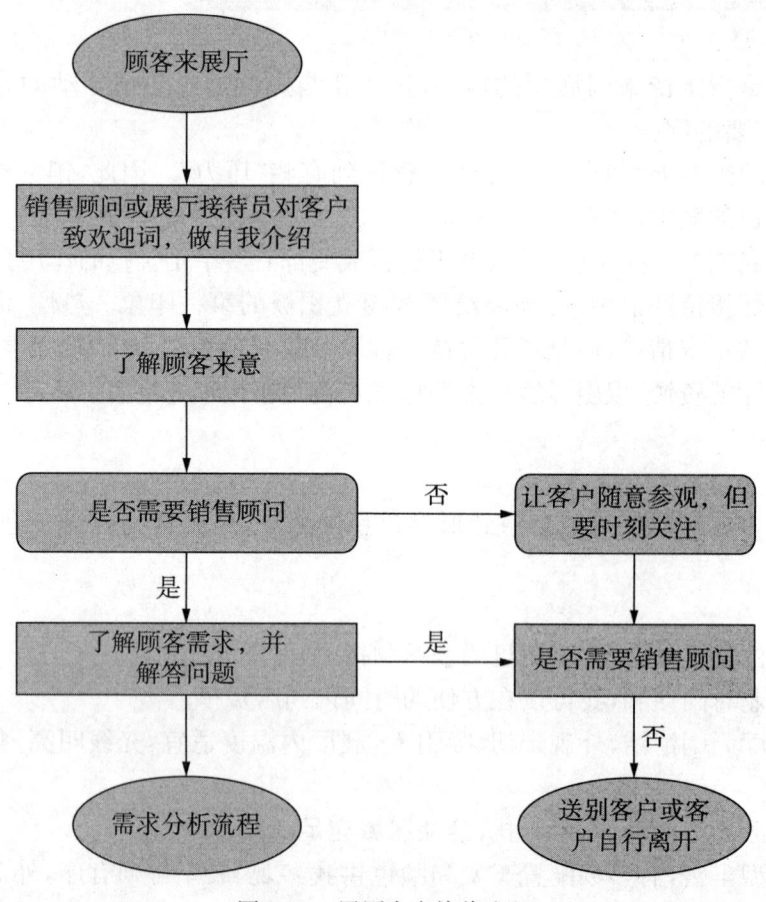

图 4-3 展厅客户接待流程

【课堂讨论】

当我们作为消费者,走进一家商场,导购员一般会说什么?更多时候,我们又说什么?

_____

_____

_____

1)顾客接近展厅时

一般汽车4S店门口都会设一名或多名保安人员在门口巡视情况,当保安人员发现有客户进来时,应主动上前询问客户来意,如若客户是来看车,保安人员应用对讲机通知前台接待员或销售顾问。

2)顾客进入展厅时

每天上午晨会结束后,销售顾问会被安排到展厅门口的接待台待命,以保证到店客户能得到销售顾问的及时接待,如图4-4所示。

图4-4 展厅接待台

在客户进入展厅前,销售顾问应该主动出门去迎接客户并致欢迎词。如"您好,欢迎光临",如图4-5所示。如遇到客户开车前来,销售顾问应主动帮客户打开车门迎接客户,若是下雨天气,销售顾问还需要打伞出门迎接客户。以礼貌、专业的职业精神迎接客户到来。

销售顾问在迎接客户进入展厅时,应主动抬手开启自动门,引导顾客进入展厅。接待台候补人员或展厅接待员也应同时向客户点头、微笑并致欢迎词:"您好,欢迎光临××经销商。"同时2岗人员立即进行1岗的补位。

客户进入展厅后,销售顾问应主动询问客户来意,如果和公司其他人员已经预约,应以最短的时间通知其他人员上前接待;如果没有预约并确认客户是来店看车时,则本人应该递上自己的名片告知客户自己的姓名、职位等信息,如"您好,我是销售顾问×××,这是我的名片,很高兴为您服务,请问先生/女士怎么称呼",如果客户需要介绍,则陪同客户进入销售流程。

图 4-5 主动迎接客户

3）客户自行看车时

有的客户来展厅看车时一般都会有一定的疑虑，销售顾问遇到此类客户时不应该让顾客感觉到压力。如客户表示希望自行看车时，则销售顾问应尊重客户意愿，与客户保持 3～5 m 的距离。并对客户表明："如有需要，请随时叫我，我就在这里。"

当客户开始自行操作或在展车某方位有停留时，销售顾问这时应主动上前询问客户是否需要帮助，如客户还是不需要帮助时，销售顾问则继续在一旁观察客户动向，以便为客户及时提供帮助。

4）客户愿意交谈时

此时，销售顾问应该主动邀请客户和同行人员进入客户休息区域坐下，客户坐下的位置一定要面对客户所关注的车型方向，并介绍并询问客户需要哪种饮料（至少提供 3 种以上），在征得客户同意后通知展厅接待员或亲自为客户送上茶水饮料。递茶水时，也应使用标准用语如"请用"、"打扰一下"等。销售顾问入座前，也应事先询问并征求顾客同意后，从顾客的右侧入座。

5）客户离开时

销售顾问应该在此时提醒客户清点随身携带的物品，并将自己的名片钉在客户所关注车型的产品资料上。送顾客指展厅门外，并感谢客户的光临，还应该热情欢迎客户能够再次光临。

客户离去时，销售顾问应该目送客户直至顾客离开视线范围才能走开，如图 4-6 所示。销售顾问回到展厅后，及时整理洽谈区域和客户信息，并将客户信息登记到展厅流量登记表中。

3．展厅接待的技巧

1）给客户留下良好的第一印象

良好的第一印象需要有亲和力的销售顾问去创造，亲和力是销售顾问与客户建立信任和友谊的纽带。销售顾问留给客户第一印象的机会只有一次。销售顾问应该善于运用"MOT"去打动和感动客户。销售顾问在接待客户时，需要注意以下几点。

（1）热情主动的问候；

（2）真诚的微笑；

（3）友善的肢体语言；

（4）营造积极的谈话氛围；

图 4-6 送别客户

(5) 牢记客户的姓名,并使用尊称"您";

(6) 消除顾客的压力。

2) 让客户进入"舒适区"

在客户接待环节中,客户进入经销商展厅会进入焦虑、担心、舒适三种不同的心理状态。所谓舒适区指的是客户能够在熟悉的环境中,对发生的事情可以控制。担心区指的是在陌生的环境中,不知道要发生什么事情。焦虑区指客户认为不好的事情肯定会发生。因此,销售顾问在客户接待环节中,要有技巧的引导客户进入舒适区,比如为客户提供茶水饮料,引导客户坐下休息,给客户的小孩提供糖果食品,把握与客户之间的距离等。消除客户的疑虑和担心,让客户完全放松的进行看车活动。

3) 学会寒暄和赞美

在客户进入展厅和洽谈区入座之后,销售顾问不用急着进入主题,迫不及待地向客户介绍汽车的相关情况,而是应该先接近客户,进而了解客户的需求。这时最好的方法就是寒暄了,也就是我们平常说的拉家常。

赞美是寒暄中最有效的方法,每个人都渴望得到别人的赞美,人一旦被认定其价值,总是喜不自胜。好话大家永远爱听,客户购车时当然也渴望听到销售顾问的赞美如赞美客户的小孩、职业、旧车等。但赞美客户一定要注意发自内心、实事求是,不能赞美客户过了头,销售顾问应该学会使用眼睛、面部表情、手、声音等肢体语言去和客户沟通交流。销售顾问在日常与客户接触的过程中,肢体语言的力量不可忽视!肢体语言在沟通交流方式中的比例,如图 4-7 所示。

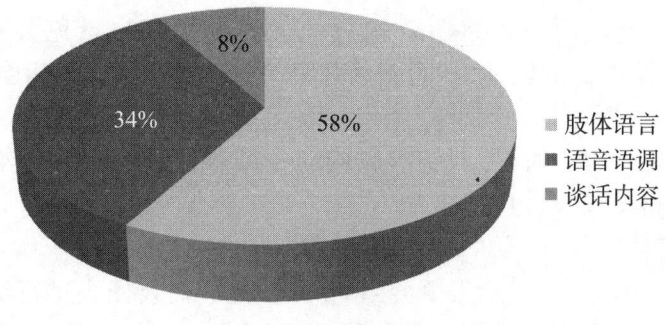

图 4-7 沟通交流方式

【想一想】

作为汽车销售顾问,可以从哪些方面赞美你的客户?

_____

_____

4) 学会使用概述

当客户来到展厅时,我们应该根据客户自身的特点向他们做相关的介绍。此时,概述就起到了很好的作用。概述就是指告知客户将要发生的事情。概述不仅可以消除客户的疑虑和担忧,而且可以有效地帮助我们合理引导客户,让客户进入到我们的销售核心流程当中。概述还可以避免冷场、客户异议和要求过早出现等尴尬情况的出现。销售顾问在回答客户问题、告知购车流程、征求顾客同意时都可以运用概述。

5) 有效应对影响者

客户来店看车时,往往不是独自一人前来,往往会是一家人或有朋友、同事一起陪同前来。销售顾问在接待初期,遇到这种情况,要以最短的时间辨别出谁是购买者、谁是决策者、谁是使用者、谁又是影响者。购买者当然指的是客户本人,决策者可能是客户的子女、配偶或父母,使用者当然是最关注车辆外观、性能等综合性能的人,也可能就是客户本人。

那么,对于影响者,群体就有很多种,如客户的家人、朋友、同事、领导等都可能成为购车客户的影响者,他们在客户购车过程中,会帮助客户提出很多建议或主张,可以说对很多客户购车会起到了至关重要的作用。销售顾问在和影响者对话的过程中要尤为注意,影响者这类群体最为注重面子、专业知识、利益等购车环节的方方面面。销售顾问在接待环节中要时刻注意这类人群,避免给自己造成销售上的麻烦。

6) 有电话进来时

销售顾问在客户接待的过程中,因为职业的特点,会经常接到如客户电话、私人电话、同事电话等各种电话,此时,销售顾问同样也需要有一定的应对技巧。

若销售顾问不想接听来电,可直接挂断电话,但最好在手机上设置拒接电话短信模板,在拒接来电的时候可以短信通知对方,如"您好,现在正忙,稍后会回电给您"。若电话为陌生来电或重要客户或其他电话非接不可,可在询问客户的前提下进行,以示对客户的尊重,如"××先生/小姐您好,我这里有个很重要的电话需要接听一下,我先接个电话可以吗"?或"××先生/小姐,不好意思,我这里一个很重要的客户打我电话了,我需要接听一下,你看可以吗"?客户此时一定会同意的。总之,接听电话之前一定要询问客户,这也是给对方留下好印象的一个机会。切不可不经询问就贸然接电话,亦不可电话接听时间过长使得展厅客户难免会有不耐烦的情绪出现。在遇到有些通话时间可能较长的电话时,可友情告知对方现在正忙,稍后会回电过去或请同事代为接听。

若展厅到访客户有电话进来时,此时销售顾问应立即停止讲解或一旁给家人、朋友、同事等做介绍,等客户挂断电话,再继续和客户交谈。

7) 有效留下客户信息

客户在初次进入展厅看车时,一般很少会当场决定,他们需要回去进行综合考虑后方能决定购买谁的产品,因此,销售顾问在客户接待的过程中,除了要有热情的接待,不断为客户在过程中创造多个欣喜点之外,在客户离开展厅之前,需要留下客户的联系,目的就是后期的潜在客户管理,不断了解客户的购车动向,做好售前跟踪的准备工作。

客户在通过多种潜客开发活动被吸引到展厅,对于经销商来说,开发每一个客户都是需要付出巨大成本的。据统计,展厅每一个来电或到店的客户成本大约为1800元,也就是公司需要在每个客户身上花上1800元钱,客户才会致电或亲自到店来参观你的展厅和产品。因此,留下客户信息对促进客户成交具有重大的意义。

留下客户的信息的方法有很多种,如销售顾问主动询问客户联系方式,邀请客户试乘试驾,促销活动信息及时通知,展厅抽奖活动等,当然,那种实在不愿留下信息的客户,销售顾问也可对客户施加压力,告知公司有留档率的考核,请客户帮自己一个忙等办法留下客户信息。从而提高客户的留档率和增加潜客数量,为实现销售目标打下坚实的基础。

最后,销售顾问在展厅接待客户的过程中,还要注意遵守人际交往的礼仪规范,例如正确的自我介绍,最佳时机的名片交换,站立坐行的姿势规范、合理的商谈距离等都需要重视,全力为客户营造一种轻松愉快的展厅氛围。总之,成功的展厅接待才有机会开展下一步的销售工作。

4. 客户行为类型分析

在汽车销售中,经销商虽然有标准化的销售流程,销售顾问也有一些灵活的方式方法,但面对复杂多变的客户群体,我们不可能都用一种或固定的几种方法与技巧去对待所有的客户。因此,销售顾问需要在执行标准化流程的同时,针对不同的客户进行灵活的处理。根据实际经验,我们可以把客户分为以下三种类型,如图4-8所示。

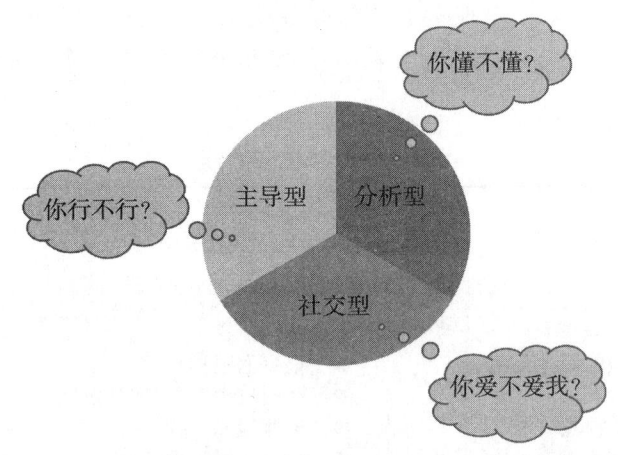

图4-8 客户行为类型

1) 主导型客户

主导型的客户一般做事非常果断,而且一般对自己做出的决定是坚决不会改变的。他们时常把自己处于中心地位,他们知道自己想得到什么及如何去得到。我们往往可以通过一些细节来判断对方是否为主导型客户,如口气较为硬气、每句话较短且声音洪亮、肢体语言较为丰富。通俗地讲,这类客户心里常想的是"你行不行"。

应对技巧:主导型客户要求得到尊重,同时也希望与和自己同水平的人打交道,强调身份,凸显自身职业、社会关系的优越性。遇到此类客户,销售顾问要表现出自己很专业的一面,要有"我就是汽车行业的专家"这种气势或找比自己级别高且有一定决定权的同事来接待。既要体现对客户的尊重,也可以与对方站在相近的水平线上沟通问题,以避免对方提出过高的要求。主导型客户更加

看重自己的感觉,而对价格等关注度比较低,因此只要是对方觉得自身得到了充分的尊重,那销售顾问在价格和精品装潢方面就比较容易谈判了。所以,虽然主导型客户有些"趾高气昂",但对于销售顾问来说却是最容易谈判成功的客户。

2) 分析型客户

分析性客户的特点是喜欢分析各种因素,做决定的时间会比较长,感情不外露。这类客户的细节特征是面部缺乏表情,情感不外露,不喜欢别人对其夸夸其谈,但却喜欢问各种各样的问题,希望能从销售顾问那里得到准确的数据,而且问题会遍及车辆的各个细节上。这类客户经常的心理表现为"你懂不懂"。

应对技巧:分析性客户喜欢强调数据、强调思考。对待此类客户要尽量拿出一些数据和以前购车者的情况,要有充分的证明。一般来说分析型客户会先让销售顾问做简单的汽车介绍,销售顾问要拿出专业的数据来进行说明,同时也要试探客户的态度,让客户说出自己的问题,然后再根据客户的问题进行有针对性的介绍,用事实和数据来说服客户。

3) 社交型客户

社交型客户喜欢跟随别人,性格可能开朗也可能很内向。这类人群想要达到的目标不明确。他们的决定与反应都是跟着别人的。他们喜欢被其他人所喜爱。社交型的人群易害羞、不隐瞒、不喜欢做决定,有创造性且很合作,有时很多变。他喜欢谈话,喜欢和人交往。

应对技巧:社交型客户心中常想的是"你爱不爱我",社交型的客户在做出购买决定的时候喜欢寻求别人的认可和感觉。他们购车往往是感性的。因此,销售顾问在遇到此类客户时,需要不断认可客户,坚定对方的信心,要不断强调车辆的优点以及这辆车给客户带来的实际利益如安全性、舒适性等,千万不能给这类客户太长单独考虑的时间和机会。

一般我们从这三类客户的交流方式、衣着打扮和办公室布置三个方面来判断这三类客户的具体特点,如表 4-6 所示。

表 4-6 客户行为特点

客户类型 行为方式	主导型	分析型	社交型
交流方式	● 肢体语言大 ● 强烈的眼神交流 ● 声音大 ● 措辞强烈简洁 ● 爱挑战对方	● 肢体语言少 ● 很少的眼神交流 ● 话语较少,喜欢保持沉默 ● 语速慢而手缓 ● 措辞注重逻辑性	● 肢体语言动作多 ● 有眼神交流 ● 语调变化较多 ● 友善或害羞的态度
衣着打扮	● 突出个性 ● 衣着前卫或另类 ● 佩戴较为夸张的装饰品	● 喜欢合适且正式的服装 ● 衣着注重舒适和品质而非款式 ● 较少佩戴装饰品	● 注重舒适性 ● 衣着时髦 ● 对衣着的场合有要求 ● 不敏感
办公室布置	● 宽敞 ● 家具豪华显赫 ● 有个性的装饰品 ● 注重气派而非实用	● 注重实用性 ● 整洁且一成不变 ● 无私人物品	● 注重舒适 ● 摆设较凌乱 ● 有很多私人物品 ● 喜欢调整办公室布局

学习情境 4 顾客接待

小组演练

1. 提出演练要求

(1) 根据实训室车辆,拟定品牌和公司名称;
(2) 第一时间发现实训室展厅外的客户,及时出门迎接并对客户情况做简单判断;
(3) 对到店客户致欢迎词,并微笑礼貌迎接客户;
(4) 让客户在最短时间内进入舒适区,而不应让客户有压力;
(5) 对到店客户能做简单的需求分析,询问客户是否需要提供服务。
(6) 全班分成3组,着正装,选举小组长,推选本组成员参与项目的演练;
(7) 演练开始前,先由指导老师扮演客户角色,带领大家朗读脚本内容,然后各小组利用15 min时间进行小组演练;
(8) 小组内部演练完毕之后,由各小组指定的成员上台进行演练;
(9) 演练过程中,其他同学请认真聆听,并记录演练过程;
(10) 演练完毕之后,由指导老师带领大家一起参与点评。

2. 准备实训工具

展厅接待台,洽谈座椅,文件夹,对讲机和耳机等。

3. 进行演练

1) 演练如何引导客户进入"舒适区"

根据情境演练如何引导客户进入"舒适区",将演练结果填入表4-7。

【情境导入】

内向拘束的王先生第一次购车,在网上也看过几款车了,今天独自一人来汽车城看车,你的店是首站,王先生进入展厅后沉默寡言,一言不发。此时正好轮到你接待他,你如何与王先生打开话题?

【演练脚本】

销售顾问:您好,欢迎光临北京运通!(迎接客户进入展厅)
王先生:……(一言不发)
销售顾问:请问先生是来看车还是找人啊?
王先生:我看车。
销售顾问:那先生之前有来过我们店吗?
王先生:没有,第一次。
销售顾问:哦,好的,先生,我是这里的销售顾问俞佳佳,这是我的名片(递名片),请问先生怎么称呼呢?
王先生:我姓王。
销售顾问:王先生今天想看看我们哪款车啊?

王先生：随便看看。

销售顾问：……哦，好吧，那您随便看看，我就在旁边，有需要您可以随时叫我。

王先生：好的。

（销售顾问独自一人退至离客户5 m远的距离，王先生环顾了四周之后，朝一台展车走过去……外观欣赏了一圈之后，王先生打开主驾车门，坐了进去，销售顾问见机走了上去）

销售顾问：王先生，需要什么帮助吗？

王先生：这款车多少钱？

销售顾问：王先生，您还真有眼光，这款车是我们今年刚刚上市的新款，相对老款车型来说，不但价格有所下降，而且还加了很多配置。

王先生：我看路上这款车挺多的。

销售顾问：看来王先生平常也关注过我们这款车，我们这款车市面上跑得挺多的，而且我们老客户使用下来评价都不错，并且这款车在全国的月销量基本都在2万台以上的。

王先生：嗯，这款车什么价位啊？

销售顾问：这样吧，王先生您看天气这么热，要么您先到那边坐一会，喝点饮料，我拿一份这款车的资料给您看看，我们再聊好吗？

王先生：好吧。

销售顾问：嗯，您这边请。（销售顾问引导客户进入洽谈桌就座）王先生，我们这里有大麦茶，咖啡，可乐，还有橙汁，您看您来点什么？

王先生：来杯咖啡吧！

销售顾问：好的，您稍等。这是这款车的宣传资料，您先看一看。

王先生：好的，谢谢。

（销售顾问亲自去往吧台取咖啡）

销售顾问：王先生，您的咖啡，请慢用。

（销售顾问引导客户进入需求分析环节）

表4-7 演练如何引导客户进入"舒适区"

演练项目点评	
完成此项目，我需要具备哪些能力？	

2）演练如何有效应对"影响者"

根据情境演练如何有效应对"影响者"，将演练结果填入表4-8。

【情境导入】

客户陈先生今天和同事老王来到你的4S店看车，在你接待他们的过程中，老王总是在对陈先生关注的这款车指指点点，甚至还说这款车的不是，你内心十分厌恶。陈先生本来对这款车还有点好感，面对同事老王的"指点"，陈先生有点犹豫了，作为销售顾问，你该如何应对？

【演练脚本】

（陈先生和同事老王开始进入展厅，销售顾问出门迎接）

销售顾问：您好，欢迎光临东风日产上海广锐店。

客户：……（一言不发，直接进入展厅）

销售顾问：请问想看看哪款车？

陈先生：我们想看看新天籁。

销售顾问：好的，想看看天籁哪款型号的呢？（开始判断谁是购买者）

陈先生：2.0L自动挡的。

销售顾问：这就是天籁2.0L的，请问你们是谁要买车呢？

陈先生：我买。

销售顾问：之前关注过这款车吗？

陈先生：我在网上看过。

老王：你看的就是这款车啊？外形不是很好看嘛！

陈先生：还可以吧？

老王：我觉得一般，还没有凯美瑞好看，这款车多少钱啊？

销售顾问：这款2.0的自动挡有两款车型，你们现在看到的是豪华型的。

老王：这已经是豪华型了啊，怎么连导航都还没有，卖多少钱啊？

销售顾问：目前这款豪华版的官方指导价是199 900元。

老王：天哪，就这个配置的车也要卖199 900元？

陈先生：那我们去看看凯美瑞吧？

老王：我建议你去看看，我有个朋友就开的这款车，我开过几次，我觉得非常好。

销售顾问：先生，您说的一点也没错，看来您真是一个汽车行家啊！凯美瑞确实不错，但我们这款车相比凯美瑞来说，有很多特点是凯美瑞所不具备的。我建议你们可以稍微了解一下。

老王：有什么特别的地方吗？

销售顾问：这样吧，你们先到那边坐一会（指向客户洽谈区域），喝点饮料，我拿点资料给你们先看一看，稍后我在为你们重点介绍一下这款车的特点，如果你们时间充裕的话，我还可以带你们试驾一下这款车。

陈先生：那好吧，我也想了解一下这款车。（客户本人还是有意向的），老王，您看呢？（知道了这位"影响者"姓"王"）

销售顾问：那好，你们这边请。陈先生，王先生，我是这里的销售顾问，我叫俞佳佳，这是我的名片。（销售顾问发名片和客户接名片动作）您看你们需要喝点什么？我们有咖啡、可乐、红茶、绿茶和花茶。

老王:给我来杯咖啡。

陈先生:我来杯绿茶吧!

销售顾问:好的。小美,1号洽谈室给我来一杯咖啡,一杯绿茶,谢谢。(通过对讲机呼叫前台服务员小美)

销售顾问:这是新天籁的资料,二位可以了解一下。

(销售顾问引导客户进入需求分析环节)

表4-8 演练如何有效应对"影响者"

演练项目点评	
完成此项目,我需要具备哪些能力?	

3)演练如何留下客户信息

根据情境演练如何留下客户信息,将演练结果填入表4-9。

【情境导入】

你正在展厅站岗,这时客户赵先生进来了,你按照标准流程接待了赵先生,并进行了简单的需求分析和产品介绍,用时半小时了,这时客户准备离开,于是你开始向赵先生索要电话号码,以免影响公司对自己留档率的考核……

【演练脚本】

赵先生:好了,今天就了解到这里吧,我回去考虑考虑。

销售顾问:要不今天您可以试驾一下我们这款车,刚好我们试驾车在店里的。

赵先生:试驾就不需要了,我先回去比较比较。

销售顾问:好吧,那您留个电话给我吧,我们要是搞活动的话,我可以及时通知您。

赵先生:电话就不用留了,反正我有你名片的,有需要我再联系你吧。

销售顾问:我们每周都会有针对到店看车的客户进行抽奖,抽到的客户会有一辆车模赠送的,我建议您还是留个电话给我吧?

赵先生:没事的,我要买你们的车,到时你帮我多优惠一点就行。

销售顾问:我们这个周末可能就会办一场活动,说不定这款车型会有很大的促销,到时我可以及时通知你啊!

赵先生:不用了,到时我有空就自己过来吧。电话留给你们,你们要经常打电话"骚扰"我的。

销售顾问：哎呀，赵先生，你就留个电话给我吧，我保证不会打电话给您，如果有什么活动，我到时就给您发个短信吧，您看怎么样？

赵先生：真的不用，我还需要回去和老婆商量一下买什么车的。

销售顾问：赵先生，你还是留个电话给我吧，不然我们公司会扣我的钱的，您看，我接待了您半天了，最后连您的联系方式都没有，我们领导还不把我骂死啊，拜托了，您把您的电话给我吧，我保证不会"骚扰"您的。

赵先生：唉，好吧，我的号码是13866688888。

销售顾问：哟，您的号码还真是好啊。

赵先生：不要老是打我电话啊，有问题我会联系你的。我走了，拜拜。

销售顾问：一定一定。那您慢走，拜拜。

（销售顾问目送赵先生离开，10 min后，给赵先生发送了短信。）

表4-9 演练如何留下客户信息

演练项目点评	
完成此项目，我需要具备哪些能力？	

4．学习评估

各小组演练完毕之后，由指导老师带领其他小组一起参与演练过程的讨论和点评，相关评估标准，如表4-10所示。

表4-10 评估标准

评估重点	满分	得分	原因分析
1．是否在对话过程中始终尊称客户"您"	20		
2．脚本内容的熟练程度	20		
3．演练过程中的小组纪律性	20		
4．对演练过程和演练脚本的总结程度	20		
5．小组的团队协作能力	20		

复习思考题

1. 请简述展厅客户的接待流程。
2. 展厅客户接待的技巧有哪些?
3. 按照客户日常行为划分,客户可分为哪几种类型?

学习情境 5　需 求 分 析

学习目标

1. 能够清楚需求分析的内容和理论;
2. 能够了解客户购车心理及特点分析;
3. 能够掌握需求分析的方法和技巧。

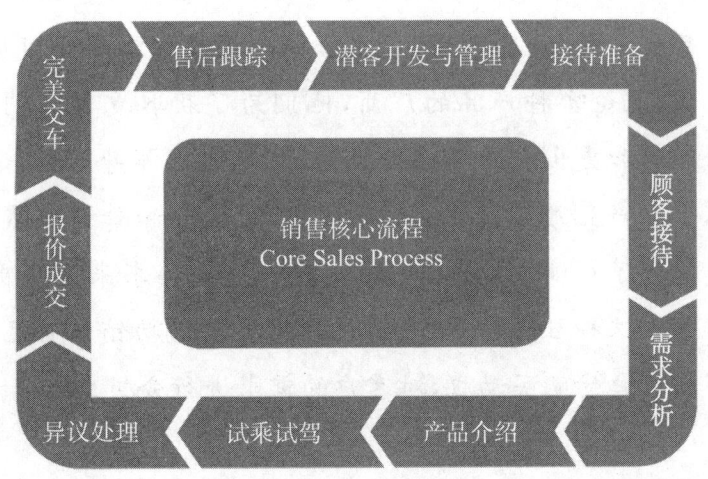

情境导入

客户王先生最近打算购买一辆20万元左右的中级车,经过自己的几番对比,王先生决定在新帕萨特、新迈腾和新凯美瑞这三款车中选一款,今天,他带着一家人来到当地最大的汽车城,打算现场看一看这三款车,经过实车比较之后再做决定。于是,首站便来到了上海大众4S店,销售顾问小俞接待了他们,但是,小俞对王先生的购车行为和购车心理一概不知,那么该怎样开展自己的销售活动呢?通过本情境的内容,我们要学会分析客户购车的真实需求。

岗前资讯

《孙子兵法》里说,知己知彼,百战不殆。对于汽车销售而言,这套理论也同样适用。有人会说,我卖车还要管那么多干嘛?其实,你不重视的这些地方正是顾问式销售和传统销售的区别所在。当今汽车销售,不再是十几二十年前那种"黄瓜敲锣"式的一锤子买卖。在当今市场竞争日益激烈的情况下,无论哪种产品的厂商,他们为了获取更大的利润空间、更大的市场保有量和更出众的品牌知名度,无不使出浑身解数,通过提高自身的服务水平和产品质量等来获取消费者的认可和赞许。然而,消费者在其中也感觉到了厂商的动机,也纷纷提出更高要求来获得更好的价格或服务。正是在这种社会背景下,销售顾问要想成功销售自己的产品,就必须先要了解客户的购买动机,对客户的需求进行分析。

任务 1 分析客户的购车需求

学习目标

1. 能够理解冰山理论的深层含义;
2. 能够了解家用汽车的需求特点;
3. 能够根据需求分析清单的内容对客户进行需求分析。

学习内容

1. 冰山理论;
2. 需求分析清单的内容;
3. 家用汽车需求的特点分析。

知识准备

需求分析是指了解客户买车的要求和动机,并对它们进行优先轻重的排序。在日常的销售活动中,销售顾问需要通过询问客户很多问题来得到我们想要的答案,以达到了解客户需求的目的。但是,客户在回答我们这些问题的时候,往往只会谈些表面的内容,而经常有意或无意识的隐瞒销售顾问一些潜在的购买信息。但往往潜伏于客户内心的购买动机也正是他们购车的主要原因。我们称表面的问题为显性问题,隐藏的问题为隐性问题。冰山理论就是用来解释这个显性和隐性问题的,如图 5-1 所示。

图 5-1 冰山理论

1. 冰山理论

冰山既有露在水面以上的部分,也有隐藏在水面以下的部分。水面以上的部分是显性的,就是客户自己知道并能说出来的那部分;水面以下的是隐藏的那部分,这一部分比较复杂,有的是客户知道但不愿意告知销售顾问的,有的可能是客户自己都不知道自己的需求到底是什么。比如,客户打算花10万元买一辆车,可往往有的人都不知道自己要买什么样的车,这个时候销售顾问要想让他从自己手中买车,就得先解决客户的问题,帮助他在自己这里买车。在帮他买车的前提就是要对他的需求做仔细的分析。既要了解客户的显性问题,又要了解他的隐性问题,这样你才能真正地分析出客户的需求。

冰山理论从另一方面又可以理解为理性和感性方面的需求。理性需求包括产品本身、价格、动力等,感性需求则包含更广,如自豪、大气、安全、乐趣、面子、健康、激情、尊贵等。例如客户因预算有限,原本打算购买一辆配置较低的车,但经销商处只有一辆配置较高的车,在低配车的基础上还多了天窗、真皮、侧气囊、大轮胎等众多豪华配置,但价格需要高出1万元。此时,如果销售顾问需要推荐客户购买这辆配置较高的车型时,就需要介绍配备了这些豪华配置以后,可以给客户带来安全、大气、尊贵,有面子等方面的利益,其实客户如果在经济能力允许的情况下,往往也是会接受的,因为,这些所谓的安全、大气、尊贵、有面子等好处都是存在于客户心中的感性需求,也就是说,销售顾问在日常销售过程中,要结合客户和自身两方面因素去考虑,才能准确把握客户的心理,发掘客户内心隐藏的购买动机,如此,才能大大提高我们的成交机会。

【课堂讨论】

(1) 客户是否乐意告诉你他/她的需求?
(2) 客户是否乐意告诉你他/她的"真正"需求?
(3) 客户能否清晰地说明他们的需求?
(4) 客户是否非常清楚他的(她的)需求?

2. 需求分析的内容

汽车销售顾问在日常接待客户时,往往都会询问客户想看看什么车、对本品牌、车型是否通过其他渠道做过了解、现在开什么车,打算什么时间买车等,销售顾问必须要先了解这些信息之后,才能有针对性的介绍适合客户的产品并做详细的介绍,不然,销售顾问只能是盲目的推销,这样做的结果不但不会提高销量,而且还会浪费销售顾问大量的时间,长期下去,更会使销售顾问信心受挫,降低工作效率。因此,销售顾问一定要掌握需求分析的内容,通过与客户的自然问答得出我们想要的信息,从而更好的推荐适合客户的产品,取得销售的成功,如表5-1所示。

表5-1 需求分析内容清单

项 目	内 容	项 目	内 容
关注的车型		购车的目的	

(续表)

项　目	内　容	项　目	内　容
对本品牌的了解程度		是否有用车经验	
曾经考虑过的其他车型及配置		是否属于车辆添置或置换	
购车的感性因素：面子、地位		是否对某一车型特别感兴趣	
计划用车时间		购车预算	
付款方式		购买者需求	
兴趣爱好		处于购买周期哪个阶段	
车辆用途和环境		客户所处的地理区域	
对安全性的要求		对车辆配置的要求	
对车辆颜色的选择		客户属于何种行为类型	
客户最关注的性能		客户置换的需求及车辆资料	
对所购车辆的期望		购车数量	

3. 家用汽车需求特点

家用汽车用户在选购汽车时一般考虑三点：一是满足使用要求；二是考虑经济性；三是保证安全性。销售顾问可以从以下方面分析客户的购买需求，有针对地为客户提供销售服务。

1) 用途

购买汽车的人都有明确的目的性，如上下班、商务接送、彰显门面等。客户在选购车型时，需要根据自己买车的目的来达到选择适合自己的车型。一般不会有买来无用的情况出现。如某客户打算买辆10万元的车上下班用，此价位的车有很多，如大众POLO，别克凯越，甚至还有金杯面包车，可以想象，该客户一定会选择POLO或伊兰特，而不会选择金杯面包车，因为金杯面包车是不可能用作上下班的代步工具，而只能作为一般的专业运输工具。

2) 购买力

汽车属于一种奢侈的高消费品，消费者购车时一定会考虑自己的经济实力。由于汽车价格不菲，大排量、高档次的进口豪华乘用车固然好，但消费者在经济实力不强的情况下，选择能够满足使用要求的车，即使档次低一些，甚至二手车都没关系。最理智的购买行为并不是买到了最好的汽车，而是买到了适合自己的车。有人认为进口车质量要比国产车好，其实也不尽然。虽然进口车在总体上来说质量比较稳定，但价格却要比国产车高许多，从性价比的角度来说不一定划算。也有人认为价格高的就一定好，但是价格再高的车也会有这样或那样的毛病。所以，对于汽车消费者而言，选择适合自己的才是最重要的。销售顾问在顾客接待时，一定要了解客户的需求，然后再结合产品的特点去引导客户。

3) 道路状况

每一款汽车都有自己相对固定的使用环境。如果经常需要在山路或土路上行驶，则最好买一辆全轮驱动的越野车，且轮胎的花纹应该大一些。如果打算购买乘用车，考虑到它行驶在崎岖路面的可能性较大,那么应该选择离地间隙较大一些的汽车,且最好应该加装以下发动机下护板。以免发动机润滑油底壳及变速箱受损。如果是上下班开,且行驶在市区路况下,那么可根据经济实力选择自己喜欢的车辆。最好选择节油性较好的车辆,以达到省钱的目的。

4) 汽车动力性及发动机类型

在相同类型、相同品质的汽车中,一般发动机排量越大,则动力性越好;排量越小,则动力越弱。不过,在不同品质的同类型、同排量的汽车中,有时动力性也有较大差异,当然价格也各不相同。从发动机燃料类型看,目前有汽油、柴油、电动、天然气等不同形式,但目前最多的依然还是以汽油发动机为主。因为汽油发动机具有维修便宜,燃料使用方便等优点。销售顾问在介绍发动机时,应重点介绍发动机的性能特点。

5) 安全性

俗话说的好,"生命诚可贵"。作为一名汽车用户。客户选购汽车时不会仅仅考虑经济性问题,更多的往往是考虑到汽车的安全性。安全性越高的汽车往往价格也非常高。汽车安全性分为主动安全和被动安全。主动安全指的是汽车可以通过驾驶者本人的操作来阻止或减少车辆发生危险的情况。如ABS防抱死系统、EBD电子制动力分配系统、ESP车身稳定系统、DSR动态转向修正系统等;被动安全指通过汽车本身的安全结构来抵御风险的安全系统。如热成型的A、B柱,四门防撞钢梁、前后防撞钢梁、球笼式车身等,如图5-2所示。

图5-2 斯柯达明锐解剖车

6) 质量保证

由于汽车质量直接涉及使用寿命和维修成本,因而消费者最为关心。目前很多汽车主机厂推出了"2年/6万公里"或"3年/10万公里"的质量担保,旨在让消费者购买他们的产品时能够享受到质量的保证。主要体现在发动机、变速箱和底盘三大系统的质量保证。甚至有些厂家可以担保一些如轮胎、刮水片、制动片等易损零配件3个月或半年的质量。在消费者购买了汽车以后,在规定的时间内,如果出现质量问题,都可以到就近的4S店进行免费更换,消除了客户的后顾之忧。如大众于2012—2013年出现的DSG变速箱问题,大众中国公司针对中国所有带DSG的变速箱单独出台了10年/16万公里的质量担保,使得大众公司旗下带DSG车型的销量几乎没受到影响。

7) 维修保障体系

对于个人而言，汽车绝对属于大件消费品。由于它在长期使用中需要重复维修，因而厂家是否拥有完善的维修体系对客户来讲是相当重要的。所以，客户在购买汽车时都会选择那些已经形成规模的国家重点汽车生产厂家或国外知名汽车品牌，如上海大众、上海通用、一汽丰田、长安福特、奔驰、宝马、奥迪等。这些品牌的汽车4S店或维修站遍布全国各地，客户在购买后可以得到良好的售后维修保障。

8) 排放标准

目前我国新生产的汽油发动机排放标准基本上都已达到国Ⅳ排放要求，北上广地区甚至已达到国Ⅴ排放要求。随着我国环保标准的日益严格，排放不达标的汽车将不允许继续使用。我国有些地区的车管部门目前已经禁止排放标准不达标的汽车上牌或过户。汽车环保标贴，如图5-3所示。

图5-3　汽车环保标贴

9) 汽车经销商

顾客购车的第一步当然是去汽车经销商处购买。顾客为了能够保证买到的新车不出问题，常常会选择经营规模较大、经营品种齐全、价格较低、信誉度好、售后服务有保障的商家购买。所以销售顾问要分析本公司在社会上的影响程度和消费者的认可度。经营规模大且信誉好的汽车销售服务公司给消费者的信任感要比其他公司要高，当然会拥有更多的潜在客户。所以，经销商管理人员需加强公司的管理，改善经营管理水平。销售顾问需提高自身的执行力、行动力和责任心，提高自身服务水平，如此种种，是提高市场占有率的重要基础。

10) 汽车颜色的选择

车身颜色与外形一样具有重要作用。黑色给人庄重、沉稳的感觉；红色本身艳丽，代表火热的生命力，给人勃勃向上的心跳感觉；白色清晰亮丽，给人安静洁净之感；绿色具有田园般的风情，给人健康、生机勃勃的感觉；黄色具有轻盈、高注目性的特点，给人柔和、希望之感；蓝色显示汽车的尊贵和运动风范。就目前汽车颜色选择而言，黑色、白色、银色为消费者最常选用的颜色，黑色一般为商务车专用，而白色一般被现代都市年轻男女所追捧，甚至称为世界各国汽车消费人群公认的最佳汽车颜色。而银色是近几年我国家用汽车所考虑的首选。因为银色具有亮丽、耐脏污、易清洁且时尚大气,而且维护极为方便,而且一般银色都为金属漆,防划效果也不错。汽车车身油漆颜色,如图5-4所示。

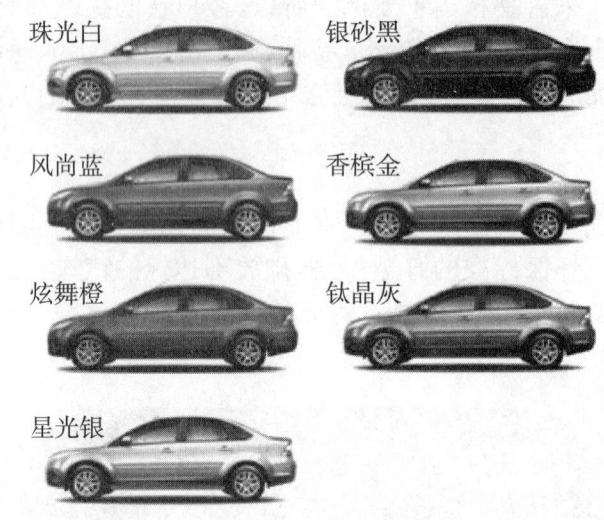

图5-4 汽车颜色

汽车销售顾问在引导客户选择颜色时,应注意以下几点。

(1) 汽车颜色应与用车环境相协调

由于不同地区的阳光照射强弱有别,导致人们对不同色彩的偏爱。例如,北方的冬季较为寒冷,人们一般比较钟爱暖色基调,而且色彩相对应该会重些,如红色、黄色等;而南方的夏季气候炎热,人们一般都选择冷色基调,如银色或白色。

另外,由于习俗、信仰的差异,不同民族对色彩的偏爱也有所差别。比如中国人喜欢黑色,日本人喜欢白色,北欧流行蓝、绿色,意大利喜好黄色,而荷兰人则比较喜欢橙黄色。

(2) 汽车颜色应与车型相协调

不同的汽车品牌旗下有很多款车型,一般主流的黑、白、银色每款车都会有,其他根据车型的不同分别搭配了不同的颜色。微、轻型乘用车由于本身不引人注目,应选用亮度较高、比较活跃的色彩。中高档乘用车宜选用亮度较低、色彩较沉稳的色调,以显示其豪华气派的英雄本色。汽车内饰不宜五花八门,一般有米色、灰色、黑色等种类,米色内饰给人高贵大方的感觉,灰色内饰给人随和、沉稳的感觉,而黑色内饰给人运动严肃的感觉。

(3) 汽车颜色应与车主的身份、个性和心理需求相协调

中老年成功人士可能由于开展业务的需要,一般会选择黑色来体现出华贵、庄重的气质。年轻人充满青春活力,既要求汽车能够体现自身的华贵、快捷,又要求体现驾驶证活跃、个人鲜明的特点,颜色选择一般因人而异。时尚女性爱美求新,一般选择白色、红色、蓝色等鲜明的颜色来体现自己的个性和生活特点。

(4) 汽车颜色应与交通安全相协调

经过理论研究和实践调查得知,汽车颜色与交通安全密切相关。正确选择汽车颜色对于减少甚至避免交通事故都具有非常重要的意义。

由于辨认明亮颜色比辨认灰暗色容易1～3倍,因此明亮颜色会及早提醒驾驶人员采取措施,大大提高行车的安全性,常见的"安全色"有亮银色和白色,这也是为什么这两种颜色是目前家用车最流行的颜色。

（5）汽车颜色应与保养维修相协调

汽车在大自然中通行、停放，自然免不了脏污和损伤，因此，在选购汽车颜色时，应考虑到以后维修和保养的方便性。比如，白色的汽车虽然安全性较高，且看上去简洁大方，但如果维护不好的情况下，几年之后，白色的汽车机会泛黄乃至暗淡无光。同样，黑色和蓝色同样如此，新车时光彩熠熠，但几年之后，不仅暗淡无光，且在使用过程中极易受损且视觉效果明显。修补起来不仅需要支付一笔不小的开支，还浪费了修车所花的大量时间。

经过以上各方面的总和比较，销售顾问可根据店内库存的现有颜色将汽车颜色的优缺点告知客户，最好将颜色范围缩小到1~2种，通过自身热情和真诚的服务，必定对客户很快做出购车决策起到十分积极的作用。

11）汽车重量

就一般规律而言，自重轻的汽车，燃油经济性自然要好一些。统计表明，小型车自重每增加40千克，燃油消耗就会增加1%。不过，选择汽车时也不能光靠汽车自重来判别车辆的好坏。自重轻的汽车在紧急制动、转弯时会有不同程度的发飘感，而自重较重的车辆也不会体现出车辆稳重、高贵的形象。

汽车重量一般有整备质量和最大设计重质量之分，如图5-5所示。汽车的整备质量，就是我们俗称的"空车重量"，是指汽车按出厂技术条件装备完整（如备胎、工具等安装齐备），各种油、水添满后的重量。最大设计总质量也就是我们俗称的"满载质量"，指汽车在道路上行驶时的最大装载质量。就等于整备质量加上货物和人的质量。

图5-5 汽车铭牌

小组讨论

1. 情境导入

李刚，男，今年23岁，父母都是做大生意的，是个典型的"富二代"，最近打算购买一辆车，经过反复比较，准备让父母给自己购买一辆奔驰的SLK200跑车，上路价大概需要60万元。根据冰山理论知识，试分析李刚购买奔驰的显性需求和隐性需求。

2. 提出讨论要求

（1）全班分成3组，选举小组长；

(2) 对以上情景进行分析李刚的显性需求和隐性需求分别有哪些;
(3) 各小组分析时间为 5 min,讨论完毕之后,由组长推选组员陈述讨论内容;
(4) 各小组演讲完毕之后,由指导老师点评各小组讨论结果。

3. 进行讨论

根据情境进行分析,将分析结果填入表 5-2。

表 5-2 案例分析表

显性需求	1.	2.
	3.	4.
隐性需求	1.	2.
	3.	4.

4. 学习评估

指导老师根据各小组讨论过程和讨论结果,对各小组学习成果进行评估,评估标准如表 5-3 所示。

表 5-3 评估标准

评估重点	满分	得分	原因分析
1. 分析时间是否迅速	25		
2. 内容分析是否准确	25		
3. 知识学习是否达标	25		
4. 小组讨论结果综合分析	25		

小组演练

1. 案例导入

销售顾问小俞按照标准流程接待了王先生,并且小俞已经安排王先生和王太太坐进了洽谈室,提供了饮料,现在,小俞将对王先生的购车需求进行分析。

2. 演练脚本

小俞：王先生，您有没有了解过我们帕萨特这款车呢？

王先生：我在网上查过相关的资料，觉得还不错。

小俞：是的，新帕萨特上市到现在，销量一直特别好，路上我想您也能一直看见。

王先生：是的，我们单位就有好几辆。

小俞：那我相信您的同事使用下来的感觉也一定不错。

王先生：是的，他们都推荐我买德系车。

小俞：那您现在还在比较什么车呢？

王先生：我还看新迈腾和新凯美瑞。

小俞：那您买车预算是多少呢？

王先生：我打算买一辆20万元左右的，稍微超出一点也无所谓。

小俞：那您买车注重哪些方面呢？

王先生：我嘛，现在开的这辆爱丽舍也好几年了，问题出现的也比较多了，所以我想买一辆安全性、配置都不错的车，关键一定要自动挡。

小俞：是的，买德系车的人一般都对安全性要求很严格。

王先生：所以我今天第一站就来到你们店了。

小俞：呵呵，那您对配置有什么具体的要求吗？

王先生：我想要一个带天窗的车。

小俞：是的，带天窗还是有很多好处的，尤其春秋天的时候，用来换换气最好不过了。而且带天窗的车也显得大气一点。

王先生：是的，买一个中级车不带天窗有点"寒碜"了。

小俞：呵呵，是的是的，我们帕萨特卖的好的基本上都是高配的。

王先生：哎，对了，你们这里提供二手车置换吗？

小俞：我们这边有专业的二手车评估师，过会我让他来看看你的车，放心吧，一定会给您一个好价钱的。

王先生：好的，谢谢。

小俞：那王先生打算什么时候准备提车呢？

王先生：我这辆爱丽舍的保险下个月就要到期了，所以越快越好。

小俞：哦，那是要快点了，定车到提车还要有一段时间的。

王先生：唉，最近工作比较忙，今天好不容易有空出来看车。

小俞：王先生单位在哪里啊？

王先生：我单位在中山路那里的。

小俞：哦？那也离我们店不远啊。

王先生：是的啊，以后保养的话也能方便点啊。

小俞：那王先生您是从事什么工作的啊？

王先生：我做建筑设计的。

小俞：哦？那很不错啊，我有好几个客户都是从事这个工作的，他们对汽车外观的设计要求蛮高的。

王先生：职业特点吧？呵呵。

小俞：呵呵，说的也是。那王先生，根据您的要求，我推荐您看一下帕萨特1.4T DSG尊荣版这款车，售价是205 900元，跟您的预算也差不多，而且配置也能满足您的要求。我带您去看看吧？

王先生：好的。带我去看看吧。

小俞：嗯，好的，您这边请。

（销售顾问小俞引导客户从需求分析环节顺利过渡到产品介绍环节）

3. 进行演练

（1）全班分成3组，并选举小组长；

（2）演练开始前，由指导老师扮演客户角色带领大家朗读脚本内容；

（3）各小组利用15 min时间进行小组内部的演练，并按表5-4分析脚本内容；

（4）各小组组长推选各小组2名成员，在脱稿的情况下推选组员将演练脚本轮流演练一遍，每组时间为5 min；

（5）演练的同时，其他小组认真听讲，记录演练人员的演练过程；

（6）演练完毕之后，由指导老师带领大家一同参与演练评估。

表5-4 演练过程和演练脚本分析表

演练项目点评	
小俞收集到的客户信息有哪些？	
小俞通过什么方式了解客户信息的？	

4. 学习评估

指导老师根据小组演练过程和演练结果,对各小组学习成果进行评估,评估标准如表 5-5 所示。

表 5-5 评估表

评估重点	满分	得分	原因分析
1. 演练内容是否完善	25		
2. 演练时间是否合理	25		
3. 整个演练过程是否一直尊称客户"您"	25		
4. 小组分析是否正确、全面	25		

复习思考题

1. 冰山理论应用在汽车销售中的含义是什么?
2. 展厅接待客户过程中,我们应该了解客户的哪些信息?
3. 家用汽车的特点有哪些?

任务2　运用相关技巧对客户需求进行分析

学习目标

1. 能够对到店客户进行购买行为的观察；
2. 能够运用正确的提问方式对客户进行需求分析；
3. 能够对客户的表述实行积极的倾听。

学习内容

1. 仔细的观察；
2. 正确的提问；
3. 积极的倾听。

知识准备

【案例分析】

老太太买李子的故事

【情境1】

小贩A：我这里有李子，您要买李子吗？

老太太：我正要买李子，你这个李子好吗？

小贩A：我的李子又大又甜特别好吃。

老太太：(来到水果面前仔细看了看，李子果然是又大又红。就摇摇头)我不买。

【情境2】

小贩B：我这里是李子专卖店，有大的，有小的，有酸的，有甜的，有国产的，有进口的，您到底要什么样的李子？

老太太：要买酸李子。

小贩B：我这堆李子啊，特别酸，您要不要尝一口。

老太太：(尝了一口，酸得受不了)真酸，来一斤。

【情境3】

小贩C：老太太，别人都买甜的，您为什么买酸李子呀？

老太太：我的儿媳妇怀孕了，想吃酸的。

小贩C：您对您儿媳妇真好，您儿媳妇喜欢吃酸的，就说明她要给您生个孙子，所以您天天给她买李子吃，说不定能生出一个大胖小子。

老太太：(高兴地)你可真会说话。

小贩 C：您知不知道孕妇最需要什么样的营养？

老太太：我不知道。

小贩 C：孕妇最需要的是维生素，因为她要供给胎儿维生素。您知不知道什么水果含维生素最丰富？

老太太：不知道。

小贩 C：这水果之中，猕猴桃含维生素是最丰富的，如果您天天给儿媳妇买猕猴桃补充维生素，儿媳妇一高兴，说不定就生出一对双胞胎来。

老太太：（很高兴）不但能够生胖小子还能生双胞胎，那我就来一斤猕猴桃。

小贩 C：我每天都在这里摆摊，而且水果都是新鲜进来的，您下次来，我再给您优惠。

问：为什么 3 个小贩会有完全不同的销售结果呢？

每位买车的客户的需求都是不一样的，作为销售顾问，只有更好的分析和理解客户的需求，才能够对症下药，找到合适的突破口，最终促成销售的成功。通常需求分析的方法主要有观察、提问和倾听三种，如图 5-6 所示。

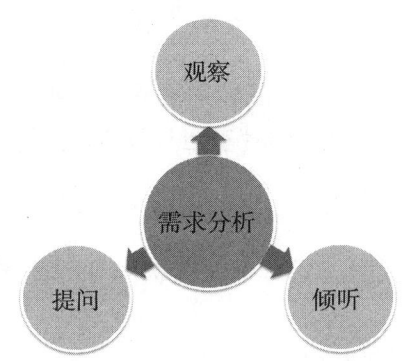

图 5-6　需求分析的方法

1. 仔细的观察

当客户将要进入展厅直至进入展厅时，销售顾问就要对客户进行观察，优秀的销售顾问总是具有敏锐的观察力，善于从客户的交通工具、陪同人群、衣着打扮、外表神态等方面来判断客户的基本情况；在和客户交谈时，也要从客户的言谈举止中揣摩客户的心理想法。正确判断客户的来意与爱好，并有针对性地提供客户需要的相关服务。

对客户的观察主要是靠目测对到店客户的外在形象做一个初步判断，观察的项目有如下几种。

（1）表情、步态、手势。通过客户的表情、步态和手势可以初步判断客户的性格特征。

（2）目光、语态。目光是心灵的窗户，语态是心灵的流露。从目光、语态中可以判断客户的心理动机和购买意向。

（3）衣着打扮。一个人的着装可以表达个人喜好和个性，根据客户所佩戴的装饰品也可以判断客户的消费能力。

在观察过程中，销售顾问切不可以貌取人，有时往往一个衣着不整的客户往往就是一个购买意向极强的客户。观察只是一个初步判断,对客户的进一步了解还需要和客户接触以后才能做更深入的了解。

2. 正确的提问

观察客户只是接待客户的第一步。要想了解和确定客户的真正需求,更多的还是要和客户进行深入的交谈沟通。提问就是挖掘客户需求最有效的方法。

怎样提问才能获得最多、最准确的信息呢?这需要销售顾问正确把握提问的方法和技巧。

1) 提问的目的

(1) 了解信息

通过提问,销售顾问可以了解到自己需要的一些与业务有关的重要信息,如客户的姓名、电话、地址、职业、关注车型和竞品、购车时间、预算等,根据了解到的信息给客户介绍合适的车型和服务。

(2) 引导谈话

一般在双方的谈话中,一定是提问的人决定接下来要谈论的话题,所以,提问可以帮助销售顾问与客户进行有效的沟通,在谈话中,增进客户对销售顾问的信任感和对产品的了解程度,同时也可避免"冷场"的尴尬情况出现。

(3) 让客户感觉被"重视"

通过销售顾问的提问,可以让客户感觉到自己对于销售甚至经销商来说是个重要人物,人们都喜欢谈论自己,销售顾问需要将重点放在客户身上,通过引导性的谈话勾起客户谈论自己的欲望。

(4) 为产品介绍做充分准备

销售顾问通过提问可以了解客户对汽车的特殊要求,特别是对于汽车某些功能上的要求,销售顾问在了解了客户的需求之后,在产品介绍环境,可以更加有重点介绍产品的特点,从而用自己的产品来满足客户的特殊需求。

2) 提问的方法

通常在汽车销售中,最常用的提问方式有开放式提问和封闭式提问两种,如图 5-7 所示。

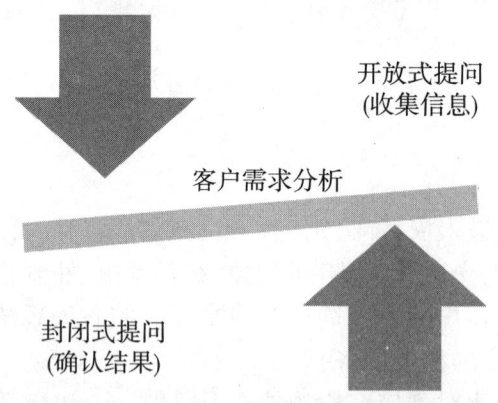

图 5-7 提问的方法

(1) 开放式提问

开放式提问主要是帮助销售顾问来收集客户信息。开放式提问是指提出概括、广泛、范围较大的问题,对回答的内容限制不严格,给对方以充分自由发挥的余地。开放式提问可以帮助客户打开话题,谈论客户自身的一些基本情况和需求。通过开放式提问,既可以帮助销售顾问判断和分析客户的基本需求,也可以拉近与客户的距离。例如:

- 有什么可以帮到您的吗?
- 您对车的要求主要是什么呢?
- 您需要加装一些其他精品附件吗?

……

在需求分析过程中,销售顾问可以用"5W2H"分析法对客户进行提问。

① What(什么)?

如客户来店做什么?客户需要看哪款车型?客户还关注哪些竞品?客户买车做什么等。

② Why(为什么)?

如客户为什么购车?为什么要买我们这款车?为什么来我们店买车等。

③ Who(是谁)?

如谁要买车?谁是购买的决策者?谁是车辆的使用者?谁是购买行为的影响者等。

④ When(什么时候)?

计划什么时候买车?资金什么时候到位?计划什么时候订车?打算什么时候提车等。

⑤ Where(在哪里)?

客户住在哪里?客户的单位在哪里?客户在哪里了解到我们店的相关信息等。

⑥ How(怎么样)?

这款颜色怎么样?客户打算以什么样的方式付款?试乘试驾后对这款车的感觉怎么样等。

⑦ How much(多少)?

客户的购车预算是多少?这款车有多少种颜色可供挑选等。

(2) 封闭式提问

封闭式提问主要是用来帮助销售顾问确认信息。封闭式提问是指提出答案有唯一性,范围较小,有限制的问题,主要用"是"或"不是","要"或"不要","有"或"没有"等简单词语来回答的提问。封闭式提问对于确认、澄清客户的需求是非常有用的,它同时也可以帮助销售顾问获取反馈信息,发现客户的购买动机。例如:

- 先生买车是自己开吗?
- 先生对这款车型还满意吗?
- 先生打算要不要加装大尺寸的轮毂和轮胎呢

……

在销售过程中,要学会配合使用两种提问方式,用开放式提问鼓励客户表达,利用客户的兴趣点、好奇点引导与客户谈话的方向,利用客户的观点、评价、经历来发现客户的需求信息。最后应用封闭式问题得到确定的答案。

在封闭式提问的基础上,人们还延伸出另外一种提问方法,也就是选择性提问。选择性提问也是销售顾问常用的一种方法。

人们一般都有这样一种心理,就是认为说"不"比说"是"更容易和更安全。选择性提问就可以有效解决这个问题。选择性提问就是在问题中提示两个以上可供选择的答案。选择性提问可以限定客户的注意力,掌握主动权。例如:

- 先生您是要银色还是要黑色呢?
- 先生您今天是交 5 000 元定金还是 10 000 元定金呢
- 先生你是上午来还是下午来?

……

选择性提问就是为客户提供两个或以上限定的答案,而且答案其实都是销售顾问想要得到的答案。这样可以帮助销售顾问大大提升自己的工作效率。

除了选择性提问,其他还有探寻式提问、启发式提问、假设式提问等,销售顾问可以在日常工作中综合运用各种提问方法,深度挖掘客户的需求。

【小游戏】

猜 牌 游 戏

道具准备:崭新扑克牌一副。

游戏目的:让学生充分理解什么是封闭式提问。

操作程序:

① 老师首先请两位学生上台,其中一位学生洗牌,并将大小王从整副牌中抽出,另外一名学生从其他 52 张牌中任意抽取一张牌交给老师。

② 老师将抽到的牌展示给其他同学,但不能给抽牌的学生看见。

现在,老师和抽牌的学生将开始精彩的游戏。

抽牌的学生猜对了吗?你从中可以得出什么结论呢?

3)提问的顺序

(1)一般性问题

问过去的问题,了解购买动机。参考过去的经验,通过过去顾客的经验确定现在的情况(顾客想要什么?),如"您过去开的什么车?"

(2)确定性问题

问现在的问题,了解购买需求。了解原因,需求背后的理性动机和感性动机,如"你打算现在买一辆什么样的车?"

(3)联系性问题

问将来的问题,了解购买标准。把顾客的需求和产品的特性利益联系起来,让顾客知道产品的特性利益,并和他的需求结合起来。以此建立客户的信心,如"你觉得这款车怎么样呢?"

3. 积极的倾听

苏格拉底说过:"自然赋予我们人类一张嘴、两只耳朵,也就是让我们少说多听。"对于汽车销售顾问而言,善听其实比善言更为重要。倾听,不仅可以满足客户的社交需求、尊重需求和自我实现需求,还可以了解客户显在和潜在的需求。

"听"是人的感觉器官对声音的本能反应——"听到"。"倾听"是以"听到"为基础,但更重要的是要"听懂"。积极的倾听就是聆听者有责任地获得对说话者想要传达信息的完备和正确的理解。那么我们该如何做到积极的倾听呢?

1)同客户保持稳定的目光接触

与客户保持目光接触是表明你在认真听他说话的一个关键。心理学家认为,谈话双方彼此注视能给双方建立良好的印象。目光的接触是一种无声的语言,能获得他人好感的目光,应该是诚恳而谦逊的,不卑不亢,既尊重他人也尊重自己。但在目光注视中要注意,目不转睛地凝视,会让对方感觉不自在,而游离不定的目光,又会让对方觉得你心不在焉。所以销售顾问一定要注视客户面部的"三角区域"。

2) 要保持正确的倾听姿势

倾听的姿势可以显示你对客户说话及其所谈话的态度。正确的倾听姿势应该是身体稍向前倾并以诚恳、赞美的目光注视着客户。

3) 要参与谈话。

倾听客户说话,不只是被动的接受,还应主动地反馈。也就是说,在倾听的同时,销售顾问要对客户的谈话做出呼应,与客户互动,引发共鸣。例如表示一些听懂、赞同的声音。如"哦"、"是这样啊"、"对的"、"我明白了"、等等,销售顾问还可以适当重复对方的话,例如:"您是说……"、"您的意思是……"等。

4) 要注意听出客户的"弦外之音"。

在实际的销售过程中,客户的很多需求是隐性的,有的是客户不想说的,有的是客户自己都不清楚的。销售顾问在与客户的沟通中应该时常询问自己以下几个问题:

- 客户说的什么?客户为什么这么说?
- 客户的话我能相信吗?
- 在交谈中,客户表达了什么样的需求?什么样的购买条件?

……

学会做一个擅于倾听的销售顾问,总是能够帮助我们更多地了解到客户的需求,为成功销售赢得更多的机会。

小组讨论

1. 案例导入

假如你是上海大众的销售顾问,这时你正在展厅值班,发现外面开过来一辆牌照号为沪A93422的老雅阁,车在你展厅门口的停车场停下来了,不一会,车上下来一个30岁左右的小伙子,另外还下来一个抱着小孩的年轻女子和一对老人,老人的相貌看上去很威武。小伙子带着他们一起走向了你的展厅……

2. 进行讨论

(1) 全班分成3组,并选举小组长;
(2) 各小组成员运用相关知识在5 min以内对客户信息进行初步分析与判断;
(3) 分析完毕之后,小组长推选小组成员陈述讨论结果;
(4) 陈述完毕之后,由指导老师带领大家一同参与点评,并将正确答案填入表5-6中。

3. 学习评估

指导老师根据各小组讨论过程和讨论结果,对各小组学习成果进行评估,评估标准如表5-7所示。

表 5-6 讨论分析表

初步判断客户信息	参考依据

表 5-7 评估标准

评估重点	满分	得分	原因分析
1. 分析时间是否迅速	25		
2. 信息分析是否完整	25		
3. 参考依据是否准确	25		
4. 小组讨论结果综合分析	25		

小组演练

1. 案例导入

客户王先生走进了上海大众 4S 店,你热情接待了他,现在你将运用相关技巧引导客户进入需求分析环节。

2. 演练脚本

(客户进店,邀请客户就座,提供饮料)

销售顾问:先生是来看车的吗?

客户:是的。

销售顾问:您之前到我们店看过吗?

客户:没有

销售顾问:您有和我们这里谁联系过吗?

客户:没有。

销售顾问:那您是打算看三厢车还是两厢车?

客户:三厢车。

销售顾问：您是打算购买10万元左右的车还是购买20万元左右的车？

客户：20万元左右。

销售顾问：那您是看新帕萨特还是看帕萨特领驭？

客户：新帕萨特。

销售顾问：那您打算看1.4TSI还是1.8TSI？

客户：1.4T的。

销售顾问：您打算是看低配的还是高配的？

客户：高配的。

销售顾问：您之前有了解过帕萨特1.4TSI的车型吗？

客户：了解过。

销售顾问：您现在还在比较哪些车呢？

客户：我还在比较新迈腾。

销售顾问：车型颜色是喜欢深色系的还是浅色系的？

客户：深色。

销售顾问：您打算是这个月定车还是下个月定车？

客户：这个月。

销售顾问：您是打算一次性付款还是贷款？

客户：一次性。

销售顾问：那好，我们展厅正好有一辆帕萨特1.4T高配的车型。我带您去看一看？

客户：好的。

销售顾问：那好，请这边请。

（引导客户走向展车方向）

3. 进行演练

(1) 全班分成3组，并选举小组长；

(2) 演练之前，由指导老师扮演客户角色带领同学们进行脚本的朗读；

(3) 朗读完毕之后，各小组利用15 min的时间进行内部演练并分析脚本内容，如表5-8所示；

(4) 内部演练完毕之后，由小组长推选小组成员上台进行演练，时间为5 min；

(5) 演练过程中，其他同学认真听讲，并记录整个演练过程；

(6) 演练完毕之后，由指导老师带领大家一同参与演练效果评估。

表5-8 演练过程及演练脚本分析

销售顾问使用了哪些技巧	
销售顾问获得了哪些信息	

4. 学习评估

指导老师根据小组演练过程和演练结果,对各小组学习成果进行评估,评估标准如表5-9所示。

表5-9 评估标准

评估重点	满分	得分	原因分析
1. 演练内容是否完善	25		
2. 演练时间是否合理	25		
3. 整个演练过程是否一直尊称客户"您"	25		
4. 小组分析是否正确、全面	25		

复习思考题

1. 在客户接待过程中,我们可以观察到客户的哪些信息?
2. 开放式提问和封闭式提问的目的是什么?
3. 在与客户交谈过程中,如何做一个积极的"倾听者"?

学习情境 6　产 品 介 绍

学习目标

1. 能够掌握产品介绍中的相关产品知识；
2. 能够运用正确的的方法和技巧进行产品介绍。

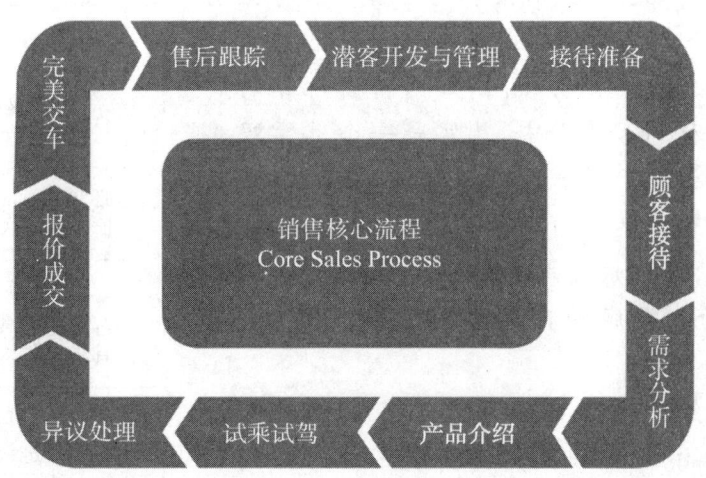

情境导入

小俞在对王先生做了需求分析之后,得知王先生要买一辆20万元左右的中级车,于是小俞推荐了王先生新帕萨特1.4TSI尊荣版这款车,价格和配置都和王先生的要求相符合,关键现在小俞店里正好有这款配置的现车,现在,小俞将要对王先生进行新帕萨特1.4TSI尊荣版的介绍,那么,该如何介绍好这款车才能让王先生下定购买决定呢?通过本情境的学习,你将学会如何进行汽车产品的相关介绍。

岗前资讯

【课堂讨论】

什么样的产品才是好产品?客户想买的又是什么呢?

销售顾问在了解了客户的需求之后,就要引导客户进入产品介绍环节。销售顾问需以客户的需求为出发点,根据客户的实际要求向客户主动推荐适合的产品。产品介绍就是销售顾问针对展厅所展示的车辆,通过对客户的讲解和示范帮助客户全面的了解产品信息,进而使客户产生购买欲望的过程。销售顾问在对其产品进行具体的介绍时,一定要做到紧扣客户需求、有主有次、有条有理、生动形象、通俗易懂。

作为一名汽车销售顾问,如何将自己销售的汽车产品转移到客户手中,其实是一个非常艰难而又复杂的过程。因此,学习好产品知识,用正确的方法向客户展示自己的产品,对销售顾问实现成功销售,提高成交率和缩短交易时间都有着极大的帮助。常规的产品介绍流程如图6-1所示。

产品介绍的主要目的旨在让客户能够深入了解到我们的产品,以及产品所能带给客户的利益。销售顾问一定要在了解客户需求的基础上有针对性的对客户做产品介绍,通过与客户的有效沟通,让客户知道你的产品优势带来的利益和好处是他想要的,增强客户的购买欲望,让客户迫不及待的想要拥有你的产品。从而达成销售顾问成功销售的目的。

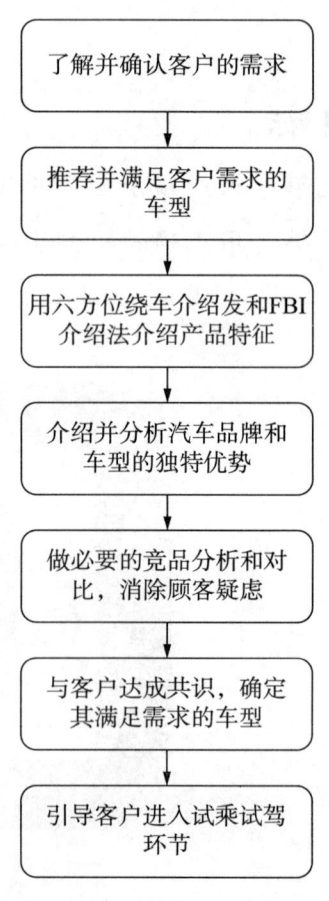

图6-1 产品介绍流程

学习情境 6　产品介绍

任务 1　识别车辆的相关性能

学习目标

1. 能够掌握汽车动力性的相关产品知识；
2. 能够掌握汽车操控性的相关产品知识；
3. 能够掌握汽车安全性的相关产品知识；
4. 能够了解产品介绍中应掌握的一些技术参数。

学习内容

1. 汽车的动力性；
2. 汽车的操控性；
3. 汽车的安全性；
4. 汽车的相关技术参数。

知识准备

销售顾问在日常和客户介绍汽车产品时，常常根据车辆的动力性、操控性、安全性、经济性、舒适性以及车辆外观来对客户做重点讲解。下面主要讲述车辆的动力性、操控性、安全性和和汽车的一些主要参数等方面的汽车专业术语。

1. 动力性

汽车动力性能主要表现在发动机、变速箱的相关特性上，衡量发动机和变速箱的优劣往往可以从一些参数上就可以看出。

1) 发动机

(1) 功率

功率代表发动机的动力，功率越大，意味着动力越强，车辆能跑的最高时速也越高。一般来说，升功率超过 50 kW 的发动机，都算得上是性能比较优秀的。计算升功率的方法很简单，把最大功率除以排量，得到的数值就是升功率。

(2) 扭矩

扭矩代表爆发力，扭矩越大，意味着车辆的瞬间加速性越好，爬坡能力越强。在发动机技术大致相等的情况下，功率和扭矩都是和排量成正比的，排量越大，最大功率和最大扭矩也越大。涡轮增压和机械增压发动机，由于采用了增压技术，汽油燃烧更为充分，相比同排量的自然吸气发动机，可以爆发出更大功率。比如，新君威 1.6T 的最大功率是 132 kW，而新君威 2.4 L 的最大功率也只有 125 kW。目前不少汽车厂家都热衷于推出带 T 的小排量发动机，这样既能响应国家节能减排的号召，又能满足车主对动力的追求。

(3) 转速

一款好的发动机并不是功率和扭矩越大越好，最大功率和最大扭矩都要和发动机转速结合起来看才有意义。无论高速还是市区开车，转速一般在 2 000～4 000 rpm 之间，如果一款车的最大功率能在 2 000～4 000 rpm 表现出来的话，那么可以证明这款发动机调校的很优秀了。

有的车最大功率的数值是很大，可是要在 6 000 rpm 以上才能出现，那么这个数据基本上是个噱头，没有太大意义。例如某款日系车，其 1.8 L 发动机，最高功率为"103 kW/6 300 rpm"，算下来升功率能达到 57 kW，表现相当不错了。可是它的最大功率必须在 6 300 rpm 时才出现，而这个转速我们平时开车是不大可能达到的，因此没什么实际意义。扭矩也一样。一般来讲，最大扭矩在 2 000～4 000 rpm 时能够达到，说明这款车的发动机工艺较好，爆发力比较强。这种低转速高扭矩的车型，比较适合在城市道路行驶。

(4) 百公里加速

百公里加速指的是 0～100 km/h 加速时间，是对汽车动力最直观的体现。一般 1.6 L 紧凑型乘用车百公里加速成绩在 11～13 s 之间，2.0T 的中型乘用车在 7～8 s 之间，而超级跑车的加速时间大都小于 3.8 s。相同排量中装备增压型发动机的车型在百公里加速的项目上都会有明显的优势，因为增压发动机相比自然吸气发动机的功率和扭矩也比较大，能让车辆在很低转速下就发挥出比自然吸气更为强劲的动力。

(5) 百公里油耗

百公里油耗指的是汽车在道路上行驶时每百公里平均燃料消耗量。是汽车耗油量的一个重要衡量指标。例如，某车型的百公里油耗是 7.8 L，也就是说这款车每行驶 100 km 需消耗燃油 7.8 L。但是，销售顾问在平常给客户介绍百公里油耗时，不能简单地说明这款车的油耗是 7.8 L，而是要把它变成真实的数据。如油价是 8 元/L，那么车主每行驶 100 km 需要花掉 7.8×8＝62.4 元，也就是说车主每行驶 1 km 需要花掉 0.624 元的油钱。如果车主从家里到单位的来回路程是 50 公里的话，那么，车主开车上下班大概需花费的油钱是 50×0.624＝31.2 元。这样的话，我们的客户才会对汽车的耗油量有清醒的认识。工信部汽车燃料消耗量标识如图 6-2 所示。

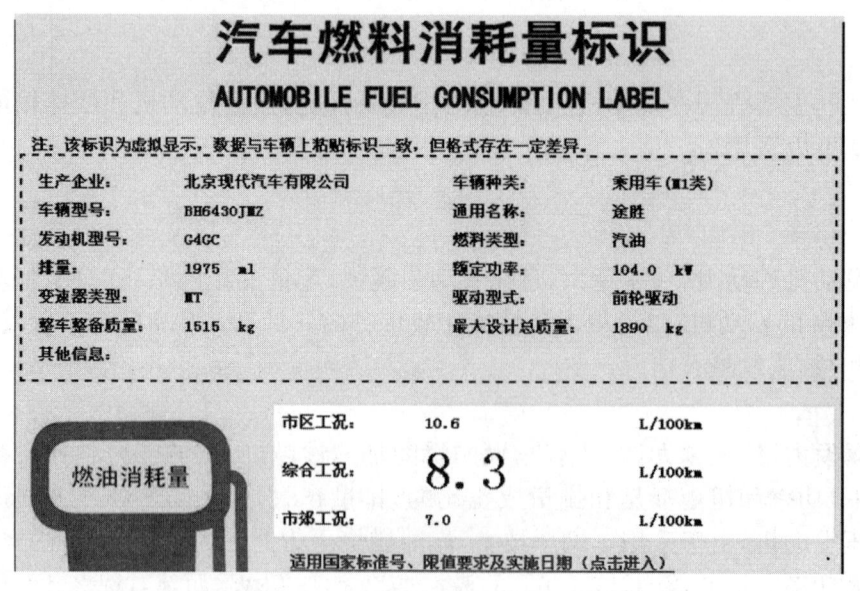

图 6-2 工信部汽车燃料消耗量标识

(6) 最高车速

最高车速是指在无风条件下，在水平、良好的沥青或水泥路面上，汽车所能达到的最高行驶速度。按我国的规定，以 1.6 km 长的试验路段的最后 500 m 作为最高车速的测试区，共往返四次，取平均值。所得的数据即为该款车型的最高行驶车速,如图6-3所示。

图6-3 汽车仪表盘

2) 变速箱

(1) 手动变速箱

变速箱主要有手动变速箱和自动变速箱的区别,手动变速箱一般有5速和6速两种,常见的一般是5速为主,6速手动变速箱在国内一汽的汽车产品上使用较多,如一汽丰田卡罗拉1.8L车型、老款一汽马自达6和如今在售的一汽奔腾B70和B90、一汽大众奥迪A6等都配备了6速手动挡车型,其他如新君威1.6T、东风日产逍客和奇骏、东风本田CR-V、中华骏捷1.8T、奇瑞瑞麒2.0T等也都配备了6速手动变速箱,可以看出,一般也是大功率的车型才会配备6速手动变速箱,如图6-4所示。

图6-4 6速手动变速箱

(2) 自动变速箱

自动变速箱种类就比较多了,各个汽车品牌的自动变速箱也不尽相同。如保时捷技术的Tiptronic 4速和6速手自一体变速箱;大众的DSG 6速湿式和7速干式双离合变速器;福特的Powershift 6速湿式双离合变速器;日韩系车普遍搭载的爱信4速自动变速箱;奥迪、日产、斯巴鲁搭载的无级变速器;奔驰的7速手自一体变速箱;宝马的8速手自一体变速箱等。一般来说,自动变速箱挡位越多则越好,因为挡位越多,则证明车辆行驶时平顺性会更好。从另外一个角度说,挡位越多则越省油。打个比方说,同样长度的梯子,当然6节的要比4节的要好,因为6节的人爬起来会更省力气,对人来说是省力气,对车来说当然也就更省油,如图6-5所示。

图 6-5 大众 DSG 双离合变速器

2. 操控性

决定一辆车操控性的好坏主要是车辆的动力组合(包括发动机和变速箱)，底盘悬架和转向系统，这里主要谈谈车辆的底盘悬架系统和转向系统。

1) 底盘悬架

一般来说，汽车悬架系统大致可分为独立悬架和非独立悬架两种。

（1）非独立悬架

非独立悬架又称半独立悬架，非独立悬架的车轮装配在一根整体车轴的两端，当一边车轮跳动时，会带动整个车身振动或倾斜。乘用车从舒适性和高速行车的稳定性需要出发，非独立悬架一般多用于后轮，而前轮不采用。且多使用在较为廉价的汽车产品上。这种形式实际上也是汽车厂家出于节约成本的角度考虑的。非独立悬架在众多汽车品牌里叫法也不一样，如大众叫扭力梁式半独立悬架，标致雪铁龙叫可变形横梁式悬架，丰田叫拖曳臂式悬架，其实这些都属于非独立悬架，如图 6-6 所示。

图 6-6 半独立悬架

（2）独立悬架

独立悬架的车轴分成两段，当一侧车轮发生跳动时，另一侧车轮不受影响，两边的车轮可以独立运动，提高了汽车的平稳性和舒适性。独立悬架的种类比较多，常见的独立悬架系统有麦弗逊式独立悬架和多连杆式独立悬架两种。

① 麦弗逊独立悬架

麦弗逊式独立悬架一般广泛用于车辆的前悬,主要特点是结构简单、重量轻、响应速度快。并且能自动调整车轮外倾角,让其能在过弯时自适应路面,让轮胎的接地面积最大化。虽然麦弗逊式悬架并不是技术含量很高的悬架结构,但麦弗逊式悬架在行车舒适性上的表现还是令人满意,不过由于其构造为直筒式,对左右方向的冲击缺乏阻挡力,抗制动点头作用较差,悬架刚度较弱,稳定性差,转弯侧倾明显。像大众新款帕萨特、新迈腾、高尔夫等车的前悬架都为麦弗逊式独立悬架。

② 多连杆独立悬架

顾名思义,多连杆式悬挂就是指由三根或三根以上连杆拉杆构成的悬挂结构,以提供多个方向的控制力,使车轮具有更加可靠的行驶轨迹。常见的有三连杆、四连杆、五连杆等。多连杆悬挂能实现主销后倾角的最佳位置,大幅度减少来自路面的前后方向力,从而改善加速和制动时的平顺性和舒适性,同时也保证了直线行驶的稳定性,因为由螺旋弹簧拉伸或压缩导致的车轮横向偏移量很小,不易造成非直线行驶。在车辆转弯或制动时,多连杆悬挂结构可使后轮形成正前束,提高了车辆的控制性能,减少转向不足的情况。如奔驰的C-CLASS、E-CLASS,奥迪A4和A6等前后悬架都是采用的多连杆式独立悬架,中档品牌如大众新帕萨特、新迈腾、高尔夫、速腾GLI、斯柯达明锐、福特福克斯、长安马自达3的后悬架都采用的是多连杆式独立悬架,如图6-7所示。

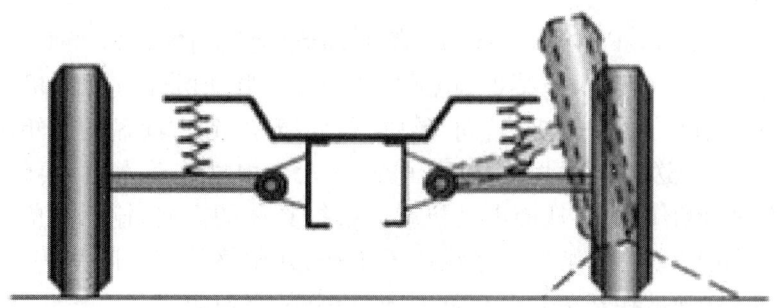

图6-7 独立悬架

2) 转向系统

汽车转向系统一般可分为三类:机械液压助力转向系统(HPS)、电子液压助力转向系统(EHPS)、电动助力转向系统(EPS),如图6-8所示。

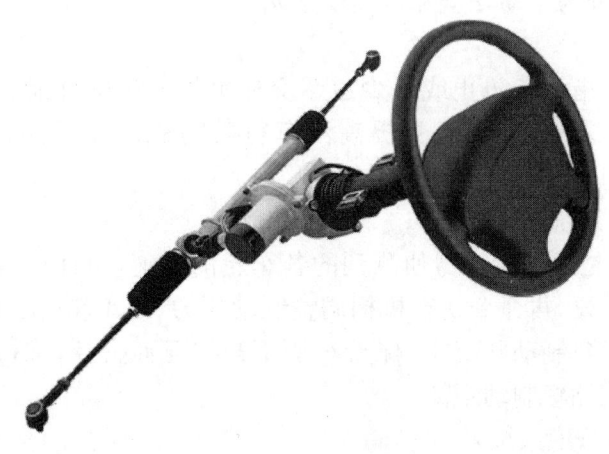

图6-8 汽车助力转向

(1) 机械液压助力转向

机械液压助力转向(Mechanical and Hydraulic Power Steering,简称 MHPS)一般由液压泵、油管、压力流量控制阀体、V 型传动皮带、储油罐等部件构成。无论汽车是否转向,这套系统都要工作,而且在大转向车速较低时,需要液压泵输出更大的功率以获得比较大的助力。所以,也在一定程度上浪费了发动机的动力输出。一般驾驶这样的车,尤其是低速转弯的时候,驾驶员会觉得方向比较重,发动机功率损耗也比较大。而且液压泵出现漏油的故障也比较多。如早期的桑塔纳、神龙富康等老车型均是机械液压助力转向。

(2) 电子液压助力转向

电子液压助力转向(Electronic Hydraulic Power Steering,简称 EHPS)主要由储油罐、助力转向控制单元、电动泵、转向机、助力转向传感器等,其中助力转向控制单元和电动泵是一个整体结构。电子液压转向助力系统克服了传统的液压助力转向系统的部分缺点。它所采用的液压泵不再靠发动机皮带直接驱动,而是采用一个电动泵,它所有的工作的状态都是由电子控制单元根据车辆的行驶速度、转向角度等信号计算出的最理想状态。简单地说,在低速大转向时,电子控制单元驱动电子液压泵以高速运转输出较大功率,使驾驶员打转向省力;汽车在高速行驶时,液压控制单元驱动电子液压泵以较低的速度运转,在不至于影响高速打转向的需要同时,节省一部分发动机功率。

(3) 电子助力转向

电子助力转向(Electronic Power Steering,简称 EPS)是利用电动机产生的动力协助驾驶员进行动力转向。一般是由转矩(转向)传感器、电子控制单元、电动机、减速器、机械转向器、以及蓄电池电源所构成。当汽车在转向时,转矩(转向)传感器会"感觉"到方向盘的力矩和要转动的方向,这些信号会通过数据总线发送给电子控制单元,电控单元会根据传动力矩、要转动的方向等数据信号,向电动机控制器发出动作指令,从而电动机就会根据具体的需要,输出相应大小的转动力矩,从而产生了助力转向。如果不转向,则本套系统就不工作,并始终处于休眠状态等待调用。由于电动助力转向的工作特性,驾驶员在开车时会感觉方向感更好,高速时更稳。也正因为电子助力转向在工作过程中不消耗发动机输出的动力,所以,也是助力转向系统中最为节能的一种。EPS 电子助力转向也将日趋成为汽车转向系统的趋势。

3. 安全性

汽车的安全性一般可分为主动安全和被动安全两大类。

1) 主动安全

汽车主动安全,主要是指汽车防止或减少道路交通事故发生的性能。意思就是在车辆有撞击危险之前可以起到防患于未然的系统,为提高汽车行驶的稳定性,目前一般的主动安全配置有 ABS、EBD、EBA、ASR、ESP、TPMS 等。

(1) ABS(防抱死制动系统)

ABS 防抱死制动系统是通过传感器侦测到的各车轮的转速,由计算机计算出当时的车轮滑移率,由此了解车轮是否已抱死,再命令执行机构调整制动压力,使车轮处于理想的制动状态(快抱死但未完全抱死)。它能在紧急制动状况下,保持车辆不被抱死而失控,维持转向能力,避开障碍物。但在一般状况下,它并不能缩短制动距离。

(2) EBD(电子制动力分配系统)

EBD 必须配合 ABS 才能工作,在汽车制动的瞬间,它通过传感器分别对四个轮胎的地面附着力进行感应和计算,得出摩擦力数据,并根据各个轮胎的摩擦力数值的不同分配相应的摩擦力,避免因各轮制动力不同而导致的打滑,倾斜和侧翻等危险。

(3) EBA(紧急制动辅助系统)

电脑根据制动踏板上侦测到的制动动作,来判断驾驶员对此次制动的意图,如属于紧急制动,则指示制动系统产生更高的油压使 ABS 发挥作用,从而使制动力更快速的产生,缩短制动距离。

(4) ASR(牵引力控制系统)

ASR 牵引力控制系统又称驱动防滑或加速防滑。ASR 的作用是当汽车加速时将滑动率控制在一定的范围内,从而防止驱动轮快速滑动。它具有提高汽车牵引力和保持汽车行驶稳定的功能。当汽车行驶在湿滑的路面上,没有 ASR 的汽车在加速时,驱动轮很容易打滑,后轮驱动的车辆会造成甩尾现象,前轮驱动的车辆则会导致方向失控。有了 ASR 的作用力,汽车在加速时就不会出现或可以减轻这种现象。在转弯时,如果发生驱动轮打滑会导致整个车辆向一侧偏移,ASR 就会使车辆沿着正确的路线转向。

(5) ESP(车身电子稳定程序)

ESP 系统实际就是牵引力控制系统的升级版,它与传统牵引力控制系统相比,不但可以控制驱动轮,而且还可以控制从动轮。如后轮驱动汽车常出现的转向过多情况,此时后轮失控而甩尾,ESP 便会刹慢外侧的前轮来稳定车子;在转向过少时,为了校正循迹方向,ESP 则会刹慢内后轮,从而校正行驶方向。

ESP 是博世公司的专利产品,所以只有博世公司的车身电子稳定系统才可称之为 ESP。在博世公司之后,也有很多公司研发出了类似的系统,如日产研发的车辆行驶动力学调整系统(Vehicle Dynamic Control,简称 VDC),丰田研发的车辆稳定控制系统(Vehicle Stability Control,简称 VSC),本田研发的车辆稳定性控制系统(Vehicle Stability Assist Control,简称 VSA),宝马研发的动态稳定控制系统(Dynamic Stability Control,简称 DSC),等等。

(6) TPMS(轮胎气压监测系统)

TPMS(Tire Pressure Monitoring System)汽车轮胎气压监测系统,主要用于在汽车行驶时,适时地对轮胎气压和温度进行自动监测,对轮胎漏气、低压、高压、高温等危险状态提前进行预警,确保行车安全。

2) 被动安全

汽车被动安全技术是指一旦事故发生时,保护车辆内部乘员及外部人员,使直接损失降到最小的技术。被动安全技术主要包括碰撞安全技术、碰撞后伤害减轻与防护技术等。如安全气囊、溃缩吸能、防撞钢梁、安全车身、安全带及安全带预收紧装置、汽车专用安全调制玻璃、转向柱能量吸收装置等。

有的人觉得车皮薄就不安全,车的质量就不好,其实这是一种片面的看法。车辆的安全性不仅局限于车身钢板的厚与薄。一般来说,一辆汽车立柱和车的后尾部的钢板要相对厚一些,而车辆的前部、车顶、车门钢板要相对的薄一些,这样的设计能够最大限度的吸收撞击能量,既可最大程度地保护自己,同时又可最大限度地保护行人。当车辆碰撞后可以采取钣金或者其他修补措施使车辆恢复原样。

安全气囊对行车安全的作用不言而喻,当汽车发生碰撞时,车内感应模块会快速对信号做出处理,当发生碰撞的冲击力超出安全带的保护能力时,便以 1/100 s 的速度释放气囊,使乘员的头部、胸部与较为柔软的气囊接触,从而减轻撞击对车内乘员的伤害,而且现在汽车安全气囊不仅仅局限于驾驶位置,还被安装于其他各个地方。最大程度地保护车内驾乘人员的安全。

4. 汽车主要参数

1) 尺寸参数

(1) 长/宽/高

长度指的是从前保险杠到后保险杠的长度；宽度指的是从车辆最左边突起到车辆最右边突起的距离，但不包括反光镜；高度指的是从车顶到地面的距离，包含行李架但是不包含天线。一般都是以"mm"为单位的，如2013款本田雅阁的长宽高分别为4 960/1 860/1 480。

(2) 轴距

轴距是通过车辆同一侧两车轮的中点，并垂直于车辆纵向对称平面的二垂线之间的距离，通俗来说是前轮中心到后轮中心的距离。轴距一般代表车内空间，尤其是后排空间（但不是绝对的，后排空间还要由座椅设计等因素决定）。一般来说轴距越大，车厢长度越大，乘员乘坐的座位空间也越宽敞，抗俯仰和横摆性能越好，但转向灵活性下降、转弯半径增大，汽车的机动性也越差。一般来说越野车的轴距都不是很长，这主要考虑到车辆的通过性。

(3) 轮胎

轮胎的规格通常这样表示：205/55R16，其中205代表轮胎宽度（mm），55指扁平比，R为子午线结构，16代表轮胎内径（inch）。轮胎越宽，意味着摩擦力越大，操控性能越好，舒适性也将增加，但油耗会增大。扁平比指的是轮胎断面的宽度与轮圈至胎面距离的比值。高扁平比的轮胎缓冲能力强，但对路面的感觉较差，转弯时的侧向抵抗力弱。反之，则承受的压力大，对路面反应非常灵敏，转弯时的侧向抵抗能力强，操控性大大加强。

2) 通过性及机动性参数

(1) 最小离地间隙

指汽车处于满载状态且静止时，汽车底盘（车轮除外）的最低点与车辆支撑平面之间的距离。

(2) 接近角

接近角是指在汽车满载静止时，汽车前端突出点向前轮所引切线与地面的夹角。即水平面与切于前轮轮胎外缘（静载）的平面之间的最大夹角，前轴前面任何固定在车辆上的刚性部件不得在此平面的下方，如图6-9所示。

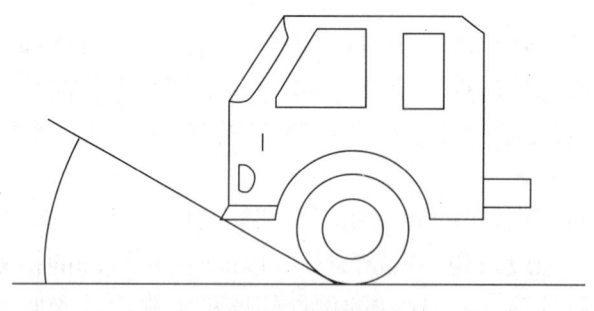

图6-9 接近角

(3) 离去角

离去角是指汽车满载、静止时，自车身后端突出点向后车轮引切线与路面之间的夹角，即是水平面与切于车辆最后车轮轮胎外缘（静载）的平面之间的最大夹角，位于最后车轮后面的任何固定在车辆上的刚性部件不得在此平面的下方，如图6-10所示。它表示汽车离开障碍物（如小丘、沟洼地等）时，不发生碰撞的能力。离去角越大，则汽车的通过性越好。

140

图 6-10 离去角

3) 容量参数

(1) 座位数。是指汽车内含驾驶员在内的座位的个数。乘用车中一般有 5 座、7 座和 9 座的区别。

(2) 后备箱容积。是指汽车后备箱能够放置行李的最大容积。如斯柯达明锐的后备箱容积为 560 L。

(3) 油箱容积。是指汽车油箱所能够装载燃油的最大容积。如奔驰 S350 的油箱容积是 90 L。

其实，关于汽车的一些专业术语还有很多，同学们需要在汽车技术类课程中深入学习并领会，只有掌握了大量的汽车产品知识，当我们在对客户做产品介绍的时候，才能更好的结合产品自身和竞争对手的特点去跟客户做详细的介绍，以增强销售顾问自身的专业性。为提高成交率打下基础。

小组讨论

1. 提出讨论要求

(1) 全班分成 3 组，选举小组长，带领小组成员完成以下任务；

(2) 根据指导老师分配的车型，通过对选定车型的观察和研究，填写表格内容；

(3) 各小组根据老师分配的车型，利用 30 min 的时间对 3 辆车分别进行相关配置和参数的观察与研究。

(4) 请妥善保护好实训室车辆，不得私自拆卸实训车辆的零配件；

(5) 个别有难点的配置可通过网络查询得知；

(6) 各小组观察和研究完毕之后，由指导老师对各小组讨论结果进行点评，并帮助学生针对所列配置进行实车指点。

2. 查找车型相关配置

由指导老师任意选择实训室三辆汽车(最好是同价位的竞争品牌)，各小组成员根据车型依次填写表 6-1—表 6-3。

表 6-1　车型 A 配置表

车型 A：_____

排量		功率（含转速）	
扭矩（含转速）		变速箱类型	
底盘类型	前悬：_____ 后悬：_____	主动安全配置	
转向系统		被动安全配置	
车身尺寸		轴距	
轮胎尺寸		最小离地间隙	
后备箱容积		油箱容积	

表 6-2　车型 B 配置表

车型 B：_____

排量		功率（含转速）	
扭矩（含转速）		变速箱类型	
底盘类型	前悬：_____ 后悬：_____	主动安全配置	
转向系统		被动安全配置	
车身尺寸		轴距	
轮胎尺寸		最小离地间隙	
后备箱容积		油箱容积	

表 6-3　车型 C 配置表

车型 C：_____

排量		功率(含转速)	
扭矩(含转速)		变速箱类型	
底盘类型	前悬：_____ 后悬：_____	主动安全配置	
转向系统		被动安全配置	
车身尺寸		轴距	
轮胎尺寸		最小离地间隙	
后备箱容积		油箱容积	

3. 比较不同车型的性能配置

根据所学知识,比较三款车在动力性、操控性、安全性和主要参数四方面的优点和缺点,填入表 6-4。

表 6-4　不同车型性能参数比较表

车型 评价 车辆性能	车型 A：_____	车型 B：_____	车型 C：_____
操控性			
动力性			
安全性			
主要参数			

4. 学习评估

指导老师根据各小组讨论过程和讨论结果的表现,对各小组学习成果进行评估,评估标准如表 6-5 所示。

表6-5 评估标准

评估重点	满分	得分	原因分析
1. 积极参加车型研究和观察	25		
2. 信息分析准确与完善	25		
3. 时间上的完成率	25		
4. 各车型综合研究分析结果	25		

复习思考题

1. 在产品介绍过程中,我们需要向客户介绍哪些性能?
2. 在动力性方面,我们需要重点介绍哪些配置?
3. 在操控性方面,我们需要重点介绍哪些配置?
4. 在安全性方面,我们需要重点介绍哪些配置?

学习情境6 产品介绍

任务2 运用相关方法和技巧进行产品介绍

学习目标

1. 能够运用六方位绕车介绍法介绍车辆;
2. 能够在产品介绍中,运用FBI和FAB的技巧;
3. 能够在竞品对比中,运用设定购买标准法和ACE比较法。

学习内容

1. 六方位绕车介绍法;
2. FBI和FAB介绍法;
3. 竞品对比。

知识准备

产品介绍是销售顾问完成基本的需求分析之后,向顾客说明提供的产品及服务能带给顾客何种利益,期望顾客能够购买。销售顾问需要通过客户需求的确认以及特性、优点和特殊利益的陈述,引发客户购买产品的欲望。成功的产品介绍特征是销售顾问毫无遗漏以及正确地说出为客户解决问题的办法及改善现状的效果,能让顾客感受到销售顾问是站在客户的立场和角度上,帮助客户解决问题的。其实销售顾问就是要帮助客户"买车"而非推销。

下面介绍汽车销售中三种常用的产品介绍方法:六方位绕车产品介绍法、FBI产品介绍法和FAB产品介绍法。

1. 六方位绕车介绍法

六方位绕车介绍法,是指销售顾问在向客户做产品介绍的过程中,销售顾问围绕汽车的左前方、发动机舱、乘客侧、车辆后方、车内部、驾驶室这六个方位向客户介绍汽车,具体介绍每个方位的产品亮点,如图6-11所示。

六方位绕车介绍,是一个比较规范化的汽车产品展示方法,最早为"梅赛德斯·奔驰"所创,后来被"雷克萨斯"品牌采用并进一步完善。如今各大汽车厂商都会有一套自己的六方位产品绕车话术,意在帮助新入职的销售顾问尽快熟悉产品特点和性能,让销售顾问能够以扎实的专业知识去接待到店的客户。因此,作为一名优秀的汽车销售顾问,必须熟练掌握六方位绕车介绍法。

1) 左前方45°

首先,销售顾问需面向客户并保持1 m左右的距离,引导客户参观汽车。这个方位是容易引起客户兴趣的方位,也是内容最为丰富的方位。因为在这个方位可以使得客户发现被介绍的汽车产品的众多特点。销售顾问在这个方位可以介绍汽车品牌、外观、保险杠、前照灯和雾灯、设计风格、风窗玻璃、刮水器、风阻系数等,如图6-12所示。

2) 发动机舱

打开发动机盖,引导客户参观发动机舱的相关布局、静音设计、发动机的先进技术及其参数、前

图 6-11 六方位绕车介绍

图 6-12 左前方 45°

方碰撞吸能区、电瓶、各种液体加注、发动机下护板等,如图 6-13 所示。

3) 乘客侧

这个方位销售顾问主要介绍的内容有:车辆的长宽高、轴距、车身的设计、车窗玻璃、门把手、腰线、A、B、C柱设计、车窗和车身镀铬饰条、三角窗、后视镜、轮胎轮毂、制动系统和悬架系统等,如图 6-14 所示。

4) 车辆后部

销售顾问引导客户站在距离乘用车约 60 cm 的地方,依次介绍天线、高位制动灯、后窗玻璃加热、后尾灯、后保险杠等。随着自驾游的日趋增多,客户对后备箱的要求也越来越高,因此,销售顾问要在此方位重点介绍车辆的后备箱,其中包括后备箱的开启方式,行李箱的容积,可以放多少东西,后排靠背是否可以放倒放平,等等。介绍后备箱时一定要给客户描述一种场景,让客户亲自体会,和客户进行互动式交流。车辆后部介绍内容,如图 6-15 所示。

5) 车辆后排

销售顾问在为客户做车内部介绍时,应重点介绍:前后排乘坐空间的大小(包含头部空间和腿部空间)、乘坐的舒适度、座椅的折叠程度、车内饰的做工质量、颜色搭配、车内储物空间的数量及用途,头枕和安全带设计等,如图 6-16 所示。

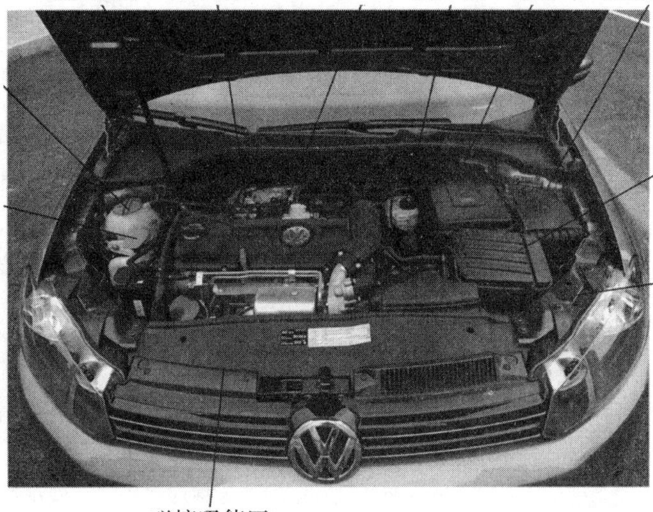

图 6-13 发动机舱

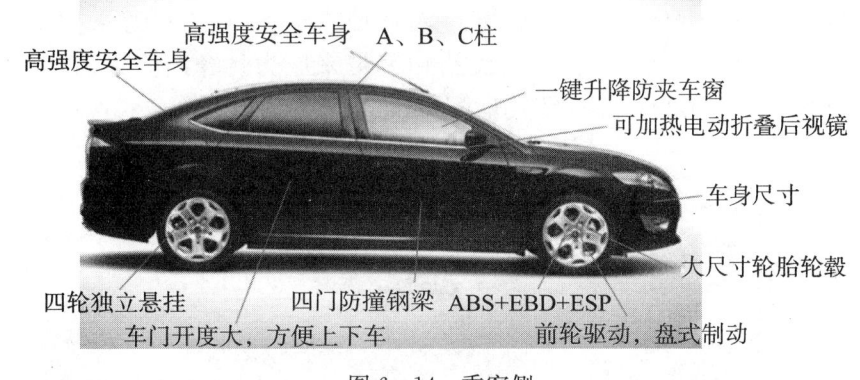

图 6-14 乘客侧

图 6-15 车辆后方

图6-16 车辆内部

6）驾驶室

最后，销售顾问打开主驾驶车门，邀请顾客进入驾驶位坐下，自己最好采用半蹲式为客户介绍主驾驶左边的配置，注意不能离客户太近，以免给顾客带来压力。介绍完毕后，销售顾问应在征得客户同意后进入副驾驶位置再为客户介绍其他配置，如图6-17所示。

图6-17 驾驶室

六方位绕车介绍只是销售顾问展示汽车商品的一种方法，意在帮助销售顾问熟练产品知识，而不是要求销售顾问在向客户做产品介绍时一定要按照这个顺序向客户做产品介绍。销售顾问应根据客户需求，有重点且有针对性地向客户做产品展示，并在介绍过程中不断寻求客户认同，积极鼓励客户亲自动手，以车辆配置、产品特性以及给客户带来的好处来做销售话术的基本架构。介绍过程中，销售顾问要注意眼神跟客户之间的互动，搭配适当的肢体语言，才能显现出一定的效果，切不可忽视客户的感受或一个人夸夸奇谈。

2. FBI 和 FAB 产品介绍法

销售顾问仅向客户讲述产品的配置和功能是远远不够的,优秀的销售顾问是需要通过产品的各种功能为客户描述一种场景,具体讲述该配置和功能所能带给客户的好处和利益,常用的两种方法就是 FBI 和 FAB 介绍法。

1) FBI 产品介绍法

FBI 介绍法又称冲击式介绍法,就是将产品配置的功能(F)表达清楚,再向客户阐述该功能带给客户的好处(B)是什么,然后给客户描述一种场景,以加深客户对该配置的印象(I)。销售顾问常用的销售术语为:"拥有……对您来说……试想……"。

(1) Feature(功能、特性)

指汽车产品的某些特有配置,客户可以亲眼看见的配置。销售顾问也要十分熟悉汽车产品的配置。例如:

××先生,我们这款车配置了先进的自动泊车功能……

(以下都以该配置为例),顺势引导顾客注意,并邀请客户坐下并体验座椅的舒适性。

(2) Benefit(利益)

将产品功能转化为带给客户的某种特定利益,让客户感觉购买这款车或这个配置是值得的。例如:

××先生,购买车辆一定要考虑到停车的方便性和安全性,我们的这款自动泊车技术是在汽车技术中相当领先的,它可以帮助您在日常泊车时实现自动泊车,大大降低了您平常无法安全泊车的烦恼,并为您泊车也提供了一份乐趣。

(3) Impact(冲击)

为客户创造一个场景,让客户自己展开联想,增强配置所带给客户的实际价值。例如:

××先生,试想一下,您买的车要是有这个配置,不但给您平常泊车提供了便利性,降低了泊车的难度和风险,还能让您的朋友感觉到你买到了一辆功能很强大的车啊,您的朋友会不会很羡慕您呢?

用 FBI 产品介绍法综合运用起来。例如:

拥有自动泊车这个配置,对您来说,不但降低了泊车的难度和风险,而且还增添了您日常行车的一份乐趣。试想一下,您买到了拥有这样配置的车,当您的车正在自动泊车时,有人看见您的车有这种功能,您该是多么的自豪啊。

2) FAB 产品介绍法

FAB 产品介绍法也称利益特征介绍法,就是将产品的特征和配置(F)表达清楚,并加以解释说明,从而引出它的优势和好处(A),最终将该产品能够带给客户的最终利益(B)阐述给客户。进而使顾客产生购买动机。销售顾问可用的销售话术为:"因为……所以……对您而言……"。

(1) Feature(特征、特性)

这里的特征特性在汽车产品中可以解释为汽车产品的某一卖点,是指所销售车辆的独特设计、配置和功能特性,可直接被客户观察到的事实情况。经销商和销售顾问可以将这些全部列举出来

做成宣传册或能够让客户看见的地方展示出来,销售顾问可以据此来着重的向客户介绍这些配置和功能。例如:

××先生,我们这款车配备了先进的大灯随动转向系统……

(以下都以该配置为例),并顺势引导客户观看展车前照灯。

(2) Advantage(好处、优势)

这里可以解释为这款汽车配置所能够带给客户的好处和优势。销售顾问需要将产品的特征所能带给客户的好处和优势表达清楚,即产品的优势和好处是否能真正带给客户利益。例如,销售顾问可以这样介绍大灯随动转向系统:

××先生,我们的这套大灯随动转向系统目前在同级车中是不多见的,比如说,在夜间行车的时候,您的车要向左转弯,左大灯的灯头会向左转动8°,右大灯的灯头会向左转动15°,向右转弯同样也是如此,它能够根据行车速度、转向角度等自动调节大灯的偏转,以便能够提前照亮'未到达'的区域,提供全方位的安全照明,以确保您在任何时刻都拥有最佳的可见度。

这样就能使客户对随动转向大灯有了更深入的了解,客户也更容易接受。这样的话,顾客才会接受销售顾问的推荐,实现购买。

(3) Benefit(利益)

指产品的特性和好处能够带给顾客哪些方面的利益通过销售顾问的生动介绍,将能够带给客户的利益表现出来,从而引起客户的共鸣。例如,销售顾问可以这样介绍:

对您而言,购买了我们这款配置的汽车,可以大大提高您夜间行车的安全性,减少夜间因视线不清而造成的事故发生频率。

用FAB产品介绍法介绍随动转向前照灯可以这样介绍:

因为这款车配备了随动转向前照灯,所以它能够在您夜间行车的时候,自动调节前照灯的照射角度和距离,对您而言,拥有这样一款配置的车,无疑为您夜间行车安全带来了一份保障啊。

销售顾问在整个介绍过程中,应该让客户感客户感到自己销售的不只是一辆车,而且还为客户提供了一种崭新的观念、一个成熟的想法、一套合理的方案。

FBI和FAB产品介绍法从某种程度上讲具有很多的相似性,只是FBI在产品特征带给客户的利益基础上,销售顾问需要为客户营造出一种场景,从而加深产品在客户心中的印象,为成功销售打下坚实的基础。

销售顾问需谨记,无论是哪种介绍方法,销售顾问都需要从客户的需求出发,只有熟知了客户的需求,我们才能适当的引导客户,使客户更加了解汽车给他们带来的好处,从而激发客户的购买欲望。

【案例分析】

销售顾问:张先生,您选车主要是为了方便接送孩子,对吧?

客户:是啊,我孩子现在上学了,蛮淘气的,学校离家比较远,有车要方便些。

销售顾问:是的,买个车接送孩子上学确实很方便。但我觉得越是这样,安全越是重要,您想啊,您正开着车,您的孩子在后排一定会动来动去的,如果碰到车窗开关,就很容易被车窗玻璃夹伤。我们的这款车采用的是电动防夹车窗,车窗上升的时候,如果孩子将手搭在玻璃上,车窗玻璃会感觉到压力,从而会从自动从上升改为下降一段行程,可以防止小孩被玻璃夹伤的事故发生啊!

客户:是的,这个设计还真不错。

销售顾问:还不止这样呢,这款车不但有四门防夹车窗和天窗,而且还配备了后门儿童安全门锁,您可以看一下这个位置(儿童安全门锁的位置),当您的孩子在后排时,又是会一不小心地拉动车内开关扳手,如果您能每次带您孩子开车出去之前,都能想到把儿童安全锁锁一下的话,那就完全没有后顾之忧了,您可以试试看的。

客户:哎,还真不错,没想到这款车在这一方面居然还考虑得这么周到啊?

销售顾问:那当然了,我们的产品在安全性上考虑的地方非常多,你再看一下这里……

产品介绍就是这样一种从客户的需求出发,再结合产品的特点向客户做重点的配置介绍,通过使用 FBI 和 FAB 的介绍技巧,以通过传达产品特征以及带给客户的利益为基础,从而加深产品在客户心目中的影响,刺激客户的购买欲望,从而达到销售顾问成功销售的目的。

3. 竞品对比时的处理技巧

客户在选车看车时,经常会拿一些竞品车的优点来跟本品牌的车型比较,因此就更加要求销售顾问在客户需求分析中了解客户已经关注过哪些品牌的车型,以便销售顾问在产品介绍中,可以有针对性的介绍.从而突出自己销售品牌车型的优势,增加成功销售的机会。

1) 设定购买标准

我们作为一名消费者,往往在购物时,导购都会对你说"我来教你怎么判定……",其实这种行为就是设立购买标准,作为汽车销售顾问应该掌握一个竞品对比的原则,即"人无我有,人有我优,人优我新",销售顾问在此基础上,在产品介绍的过程中将产品的独特之处为客户设定购买标准,以增强客户对自己销售的产品产生信息。例如几年前有的品牌销售在发动机上放一根香烟,一汽大众速腾全系标配 ESP,德系法系所有车门都是一次性冲压车门等,这些都是用来为客户设定购买标准的例子。

2) ACE 竞品比较法

往往进入 4S 店的客户一定不会只关注一个品牌或车型,因为有很多客户他们在一开始打算买车之时,就不知道自己该买一辆什么样的车。因此,对于这部分客户群体,销售顾问不但要设立购买标准,而且更加要学会 ACE 竞品比较法,这样才能更好地应对客户对竞品的理解,从而强化自己从事的品牌车型在客户心目中的印象,给客户一个购买自己品牌车型的理由。

(1) 认可(Acknowledge)

销售顾问应该承认客户的判断是明智的,也应该承认竞品车型的优势所在,但销售顾问为了达成销售自己的产品的目的,应该不断挖掘客户的真正需求,发现自己品牌车型相比竞品的其他优势。

(2) 比较(Compare)

销售顾问应该从对客户有意义,而且对自己的公司和品牌都有利的方面展开比较,扩大自己的优势,淡化自己的劣势。销售顾问一般可以从车辆配置、品牌形象、经销商的服务,对销售顾问的印象、他人的评价等方面对客户展开比较。

(3) 提升(Elevate)

销售顾问再次强调自己相对于竞争对手的优势,并对优势如何更加满足客户的期望值展开叙述,让客户真心觉得自己的优势相对于竞争对手的优势有过之而无不及。

以下是一段关于 ACE 的竞品对比话术:

客户说:"VOLVO比奔驰安全性要好!"

销售顾问可以这样回答客户:

① 认可

刘先生,看来您非常懂车,而且对车的安全方面非常重视,的确VOLVO最近这几年在安全的改进方面做得非常努力。

② 比较

相信您也非常了解奔驰车技术发展历史,梅赛德斯-奔驰致力于安全技术的研究已有70多年的历史奔驰,在1966年就发明了安全气囊、安全带收紧器,而VOLVO是在2000年才有的这两项技术,我们比它整整早了34年,您看现在的国际要员的座驾都是奔驰,没有听说哪个国家开着VOLVO去接别的国家总理的,说明我们奔驰车不但安全是一流的,品牌也是高贵的。

③ 提升

不仅这样,奔驰还有所有汽车品牌不及的pre-safe预防性安全系统,它能够在事故发生前大约200毫秒内被激活并自动做出响应,从而确保了安全带和安全气囊在发生车辆碰撞时发挥最大功效。一旦感知事故风险,如严重转向过度、转向不足、突然的转向移动、惊慌失措的制动或紧急制动等情况,相关防护装置将瞬间激活:自动关闭天窗和侧窗、收紧安全带,并将电动座椅调节到一个更合适的位置,从而降低了作用于头部和颈部的冲击力。危险解除后,侧窗会自动打开,安全带将自动释放,座椅位置也将自动还原至用户预定状态,并在必要时再次立即发挥作用。"

当顾客谈到竞争对手时,销售顾问应对自己的产品和服务保持高度的热情和信心,绝不能恶意攻击竞争对手,这样反而会给客户留下不好的印象。销售顾问应该从客户的需求出发,给客户提供合理化的建议和意见,陈述自己的产品哪些方面更加适合客户。销售顾问在表达自己意见的过程中,如遇到客户不同的见解和意见时,我们也绝不与客户发生争辩,而应该让客户自己做决定。如此,既能加深自己和产品在客户心目中的良好印象,还可以帮助我们得到更多的订单。

小组演练

1. 提出演练要求

(1) 不得私自发动车辆及放开驻车制动,以免发生危险;

(2) 请妥善保护好实训室车辆,不得私自拆卸实训车辆的零配件;

(3) 全班分成三组,选举小组长,从组员中选出1名销售顾问和1名客户,按照演练脚本进行2011款凯美瑞的介绍,每组用时15～20 min;

(4) 在六方位介绍过程中,销售顾问需要针对有关配置,运用FBI和FAB的介绍技巧进行配置的介绍;

(5) 扮演客户的同学在适当的时候需要提及竞品(如新帕萨特、新迈腾等),销售顾问应使用竞品处理的方法给出相应话术;

(6) 旁听同学请认真观看演练并做记录,记录相关过程;

(7) 小组演练完毕后,指导老师带领全班同学展开点评;

(8) 全班最好着标准制服参与演练,并在指导老师的统一安排下有序的进行。

2. 准备演练工具

演练工具的准备,如表6-6所示。

表6-6 演练工具的准备

展车准备	其他工具准备
2011款丰田凯美瑞乘用车一辆	接待本、对讲机、耳机

3. 演练脚本

以2011款广汽丰田凯美瑞为例,进行简单的介绍,也便于更好地介绍好凯美瑞这款车的特点,如图6-18所示。

图6-18 2011款凯美瑞

××先生/小姐您好!现在展现在您面前的是全球最畅销车型"凯美瑞"。凯美瑞从1982年上市,至今已有30年的历史了;连续4年荣获北美最畅销中高级乘用车称号;在2005年9月,全球累计销量已超过1 000万辆,是全球销售量最大的中高级乘用车;2006年6月17日上市之后连续16个月夺得中高级乘用车月上牌量冠军;国内销量至今已经突破70万台。

凯美瑞无论从外形、动力各方面都超越了同级别的车型,树立了中高级车型中的新标杆,它的技术更先进,配置更豪华,性价比更高,服务更全面,它的外形尊贵大气、动感时尚,车身造型俊朗线条流畅,整个车身是低重心车身设计,整体造型错落有致。稳重而不失活力,动静之间都流露出非凡的尊贵感。而"尊贵而动感"的设计理念,在带给您非同一般的驾驶感受的同时,还为您带来非同一般的尊贵享受,下面就由我来为您详细地讲解一下这款全新凯美瑞。

(1) 左前方45°

凯美瑞采用了引领潮流的设计外形,前部的"X"造型更富有活力和冲击力,彰显出积极进取的态度;散热前格栅采用横向三条式设计,能唤起一种尊贵和宽阔的敦实感,梯形设计的宽大进气格栅,不仅散热性能好,更显稳重气派而且大小适中,亮丽优雅。中央的丰田标徽呈浮凸感,锐气十足,镀铬环框设计的前雾灯为车头更添进取感。HID疝气前照灯亮度高、使用寿命长,并且带前照灯自动清洗及水平调节和智能随动系统,增加您行车的安全性。

凯美瑞保险杠、侧导流板等大量采用可再生使用的树脂材料,不采用铅、汞等有害金属,实现循环利用,减少了对环境有害物质的生成。

（2）发动机舱

凯美瑞的发动机采用的是丰田独步全球的VVT-I发动机,通过改变进气和排气来实现大功率、强劲动力以及超低油耗的平衡,最大功率123 kW,最大扭距为224 N·m,实现了强劲动力,且降低了油耗,减少排放。丰田直接点火系统(TDI),减少高压损耗,使点火更精确,发动机运行更可靠,动力输出更充分;凯美瑞用曲轴偏置技术和树脂齿轮平衡轴以减少发动机磨损和震动,更有电子节气门控制及直接点火系统,点火更精准更省油。

（3）乘客侧

凯美瑞的车身线条流畅,稳重气派,低重心的车身形体呈前低后高,符合空气动力学,降低整车的风阻系数。整车长4 825 mm,宽1 820 mm,高1 485 mm,轴距达到2 775 mm,提供给您非常大非常舒适的乘坐空间。配合超大的电动折叠的亲水加热后视镜,外后视镜还带倒车辅助系统,提高您的行车安全。整个车身为GOA碰撞吸能式高刚性车身舱,可有效吸收外部的冲击力,避免车厢变形;方向盘可溃缩式转向柱,当发生碰撞时,发动机会自动下沉,转向柱上下部分自动溃缩,从而最大程度避免驾驶员受到的来自方向盘的冲击;凯美瑞全车有6个安全气囊,平时您一定要养成系安全带的习惯,经过事实证明和多个专家确认,如果不系安全带,安全气囊是不会打开的;我们后部采用增加车身刚性的"V型"支撑杆,最大限度地保障驾乘者的安全,还有配合VSC车身稳定系统、TRC牵引力控制系统、EBD电子制动力分配系统、ABS防抱死、BA制动辅助系统,全方位地保护乘客户的安全。轮胎采用215/60R16的大尺寸轮胎,大大增强了抓地力和制动力。凯美瑞的悬架是麦弗逊式独立前悬架和双连杆式的后悬架,乘坐舒适的同时还实现了5.5米的最小转弯半径。

（4）车后方

凯美瑞后大型组合尾灯融合流畅的后部车顶曲线与侧车身、行李厢盖及后保险杠的和谐组合,大大提高了车尾部的整体稳重感和力度。后窗具有自动除雾功能,它可以在雨天除去后窗玻璃上面的积水,提供给您清晰的后方视野,上面还有隐藏式天线,灵敏度好,接收信号清晰。新凯美瑞的尾灯采用了新的设计,采用多功能组合,由原来的圆形改成平行四边形,灯罩微微外凸,LED的尾灯和高位制动灯具有亮度高、反应快、识别好的特点,在夜间行驶容易被后方驾驶者识别,而且提升了车辆的先进感。大型镀铬装饰板结合丰田标志更显豪华气派。行李厢的容积达到504 L,放入4个高尔夫球袋都没问题。凯美瑞尾部还有倒车摄像头及高灵敏度的倒车雷达,它可以将车后情况清晰地反映出来,使您倒车无忧。

（5）车内部

凯美瑞采用创新的平坦化地台(后排地台高度仅50 mm)设计,轴距达到2 775 mm,并且通过灵活的座椅布局,实现了宽阔、平坦的后座腿部空间。您坐在里面像自家沙发一样舒服,而且凯美瑞独有的后排座椅靠背电动调节功能,调节角度可达8度,乘坐更舒适,后侧窗电动遮阳帘与后窗电动遮阳帘为同级别车中首次装备,为乘客提供舒适、私密的空间。中央的大型扶手储物格及弹出式杯架,无不体现凯美瑞的追求完美细节及人性化。

（6）驾驶室

凯美瑞为您配置了智能钥匙进入系统,您只需携带钥匙走近车门0.7 m距离时,轻轻一拉门就开了,坐进车里,轻轻一按,爱车即启动待发,高科技与便利性的完美结合。驾驶座是8方向电动调节及加热、记忆功能座椅,便于您找到并记忆最佳的坐姿,另外,电加热功能使您在寒冷的季节倍感温暖。凯美瑞座椅设计美观,材质上乘。宽大的椅垫和椅背软硬适中,包容性好,提高乘坐舒适性;凯美瑞座椅设计适合最高195 cm的驾驶员身高。前排座椅具有多功能性和人性化便利设计,前排副驾驶员座椅的侧方调整按钮,前排座椅的平展调节设计,方便实用的前排杯架。减缓驾乘人员头部撞击的内饰构造,前排WIL概念座椅设计;凯美瑞采用了立体式自发光仪表盘,使用双环镀铬饰条,三层立体显示,高雅亮丽,而且仪表盘内设有多功能信息显示屏;高品质车载影音系统:采用新型DSP数字信号处理系统,清晰、高保真的效果;收音机调谐器经过数字化处理,大大降低了AM/FM(调频/调幅)的接收噪音;自动声音控制系统(ASL:Automatic Sound Levelizer)针对受干扰的音域进行自动补偿,使音质更加优美,重现现场效果;CD播放机支持MP3/WMA等格式。凯美瑞G-BOOK版本配备的是当前先进的DVD多媒体语音导航系统,具有精确的语音识别功能(23种指令,能识别5种地方口音的普通话)以及32 000色的地图显示,丰富的信息索引以及强大的多媒体播放功能,还有先进的蓝牙免提装置等,使您充分享受"更远更自由"的驾驶乐趣。

方向盘枫木纹装饰、真皮包裹,调节范围分别为上下30 mm和前后40 mm,方便您找到最舒适的驾驶姿势。多功能方向盘集多种常用控制功能于一身,导航系统控制,蓝牙免提控制,定速巡航控制,及音响系统控制,在驾驶途中可以轻松操作各种功能。手自一体五挡变速箱,它具有加速迅猛强劲,换挡顺畅的特点,在保证您享受手控驾驶乐趣的同时,实现低震动、低噪音、低油耗,使您在举手之间轻松体验激情四溢的操控感受;智能坡道控制逻辑还能在车辆前方上下坡时有效控制变速箱换挡,既延长了变速箱的寿命,又提高了驾驶的安全性。凯美瑞采用自动双区独立控温空调,驾驶席与副驾驶席可分别进行温度设置,后排还设有空调出风口,满足了车内乘客的不同需要;加上光触媒空气清新器和等离子发生器,能够杀菌、除异味以及净化车内空气,始终保持车内空气清新、自然。

凯美瑞拥有宽大的双层电动天窗,有斜开与全开两种模式,采光和通风效果都很好,并且具有电动防夹功能,您在驾车外出时可获得极好的开阔感和舒适感。采用LED光源的车顶天窗迎宾照明,营造出如同夜空中星云浮动般安心舒适的车内氛围。

4. 进行演练

1)配置亮点话术制定

演练之前,由指导老师对每个小组指定两个方位,小组从中选择选择三种配置,运用"拥有……对您来说……试想……"和"因为……所以……对您而言……"的语言进行FBI和FAB话术的组织,填入表6-7—表6-9,并将小组研究的话术运用到六方位绕车介绍演练活动中去。

表6-7 不同配置的话术准备(1)

配置1	
FBI话术	
FAB话术	

表6-8　不同配置的话术准备(2)

配置2	
FBI话术	
FAB话术	

表6-9　不同配置的话术准备(3)

配置3	
FBI话术	
FAB话术	

2) 竞品对比的话术制定

扮演客户的同学在聆听销售顾问六方位绕车的过程中,应陈述竞品的产品亮点,销售顾问再运用相应的策略来化解客户的疑问,如表6-10所示。

表6-10　竞品话术

客户异议	"你们这个车不是激光焊接的,大众帕萨特和迈腾都是激光焊接的,凯美瑞的安全性一定不如大众!"
销售顾问应对	"××先生,看来您真对汽车真的很有研究,您说的没错,大众车顶确实采用的是激光焊接(认可),但是您知道吗?大众只是在车顶采用的是激光焊接的技术,而我们丰田的GOA车身在业绩也是有口皆碑。我们凯美瑞的承载式车身全部是一体冲压而成的,没有经过任何的焊接,而大众的车身很多都是采用焊接的,而且激光焊接的车身在经过严重碰撞之后,很难修复。即使修复好了,整车安全性只能达到原来的50%(比较)。再配合凯美瑞的VSC车身稳定系统、TRC牵引力控制系统、EBD电子制动力分配系统、ABS制动防抱死、BA制动辅助系统等安全配置,一定能够全方位地保护驾乘人员的安全的。凯美瑞的销量也是一个见证啊!(提升)"

5. 学习评估

小组在演练的同时,其他小组认真听讲,记录演练过程。指导老师根据有关评估标准对各小组进行评估,如表6-11所示。

表6-11　评估标准

评估重点	满分	得分	原因分析
1. 各方位产品亮点的介绍	25		
2. FBI和FAB话术的运用	25		
3. 竞品对比的话术运用	25		
4. 演练环节的流畅性	25		

复习思考题

1. 汽车六方位是哪六个方位?
2. FBI 和 FAB 的含义是什么?
3. ACE 竞品比较法的含义是什么?

学习情境7　试乘试驾

学习目标

1. 能够结合所学知识进行试乘试驾前的准备工作；
2. 能够运用相关技巧配合试乘试驾流程开展试乘试驾活动。

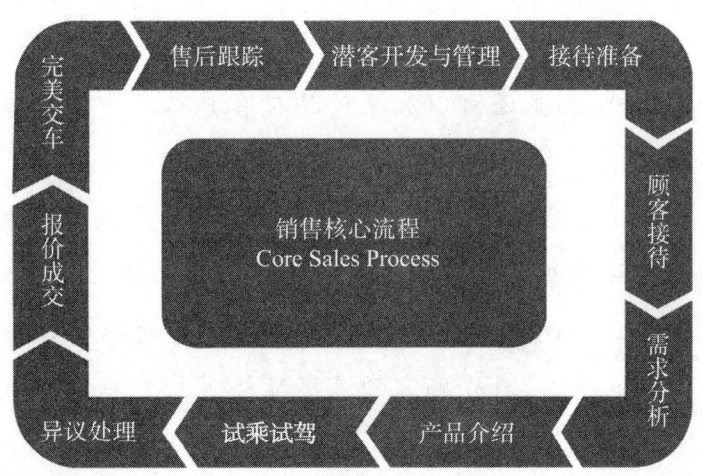

情境导入

销售顾问俞佳佳刚刚用了近 1 个小时的时间,认真地向王先生一家介绍了大众帕萨特 1.4TSI 尊荣版这款车,王先生一家很满意小俞的介绍,暗自佩服她的专业,并且对这款车真的很动心。小俞瞧准了这个时机,对王先生主动提出了试乘试驾的邀请,希望王先生通过试乘试驾环节,更加深入地了解新帕萨特乘用车的卓越性能。通过本情境的学习,我们将学习如何进行 4S 店的试乘试驾活动。

岗前资讯

为了能够让客户更加深入地了解汽车产品,增强产品在客户心目中的信心,各大汽车主机厂都会要求各个经销商配备不同车型和排量的试乘试驾车,以此来满足客户深入了解所关注车型的相关动态性能。客户通过切身的体会和驾乘感受,不但可以验证销售顾问在做产品介绍时所说的产品静态性能,而且还可以加深产品在客户心目中的印象,增强客户的购买信心。

在产品介绍结束后,销售顾问应该主动邀请客户进行试乘试驾,并针对客户需求和购买动机适时地进行解释说明,从而建立客户对产品的信心。试乘试驾的目的也就是让顾客对产品有切身的感受,通过试乘试驾建立顾客对产品的信心,激发顾客的购买欲望。

1. 试乘试驾的含义

所谓试乘试驾，是指客户在经销商工作人员的陪同下，沿着指定的路线驾驶指定的车辆，从而全面了解车辆的相关动态性能（主要是体验车辆的动力性、操控性、安全性和舒适性）。经销商工作人员通常是接待客户的销售顾问或指定的试乘试驾专员，而指定的车辆是指专门的试乘试驾车，未经上牌和保险的车辆一般是不能作为试乘试驾车的。

试乘一般由销售顾问或试乘试驾专员亲自驾驶汽车，客户可坐在副驾驶或后排位置来体验车辆的舒适性，如底盘的软硬、音响效果、静音效果、座椅的舒适性等。而试驾则是由客户本人或陪同客户一起前来的同事、朋友来驾驶车辆，以此来检验车辆的动力性，操控性等，如发动机动力是否充沛，变速箱换挡是否平顺，车辆转弯时，转动方向盘是否轻便或车辆是否有侧倾等。

2. 试乘试驾的目的

1）树立客户信心

通过销售顾问在试乘试驾过程中的动态介绍，可以建立顾客对目标车型的信心，激发客户的购买欲望。如果仅仅凭借销售顾问的展厅介绍和车辆的静态展示，往往很难让客户有切身的体会，只有通过试乘试驾才能让客户真正感受车辆的各方面性能，才能真正建立客户对车辆的信心。试乘试驾能够充分调动客户的触觉、听觉和视觉效果，从而让顾客全面体验驾驶的感受，更加感性的认识车辆，并最终激发客户的购买欲望。

2）确认客户需求

销售顾问在展厅做产品介绍时，已经掌握了客户的一部分需求信息，那么，试乘试驾环节更是确认客户需求的一个重要机会。通过试乘试驾的演示，客户能够对车辆的动态性能有了更深的了解，此时，销售顾问在和客户讲解的过程中，可以更加方便了解和确认客户的需求，从而在接下来的销售过程中有针对性地进行再进行重点介绍。另外，销售顾问可针对客户担心的问题，有针对性地在试乘试驾过程中进行讲解，让客户亲身体验，消除客户的疑虑，增强客户信心，为促进成功销售奠定基础。

3）强化客户关系

因为试乘试驾一般在户外进行，而且只有销售顾问和客户单独进行。正因为环境的特殊性，因此，销售顾问可以在相对私密的环境中和客户畅谈汽车以外的一些内容，客户也因此会放下戒备心理，没有在展厅那么拘束。所以，销售顾问可以通过试乘试驾环节拉近与客户的距离，增强彼此互信的关系。

4）创造成功销售机会

通过试乘试驾环节，不但可以让客户对车辆的动态性能有了更深入的了解，而且还让客户体会到了暂时拥有的感觉，试乘试驾结束后，销售顾问可试探性地促成成交，激发客户购买的冲动，从而为自己创造成功销售的机会。

3. 试乘试驾流程

试乘试驾是当今汽车销售中极为重要的一个流程，且被很多主机厂和经销商管理人员所重视。作为一名优秀的销售顾问，熟练试乘试驾流程是十分必要的。试乘试驾流程如图 7-1 所示。

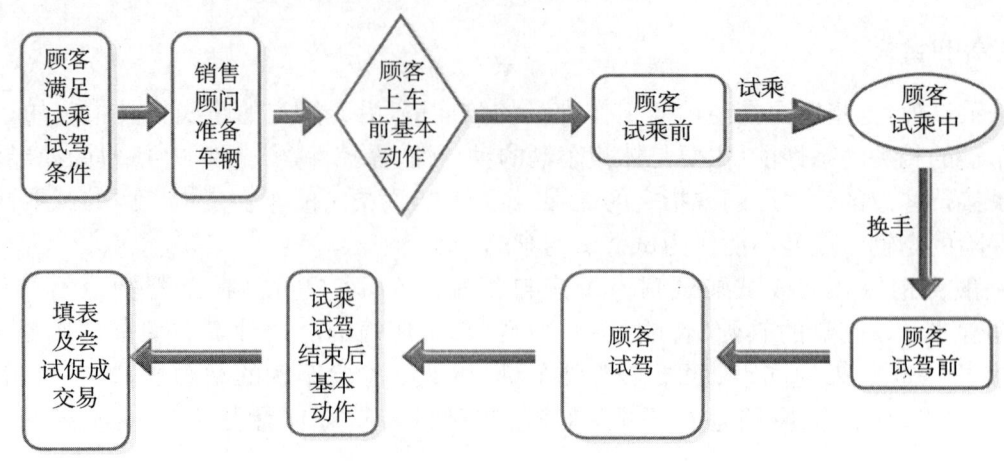

图 7-1 试乘试驾流程

任务 1　完成试乘试驾前准备

学习目标

1. 能够熟练完成试乘试驾前的相关准备工作；
2. 能够运用相关的流程和技巧完成试乘试驾前的准备工作。

学习内容

1. 试乘试驾前工作准备；
2. 试乘试驾前的流程和技巧。

知识准备

销售顾问在邀请客户试乘试驾之前，需要确保试乘试驾的准备工作已经安排妥当，这样不仅能够节省大量的时间，而且还可以增强销售顾问和经销商在客户心目中的印象，增大销售成功的可能性。一般 4S 店试乘试驾的准备工作包括人员的准备、试驾路线的准备、试乘试驾车辆的准备和其他文件的准备。

1. 试乘试驾前准备工作

1）试乘试驾人员的准备

在汽车 4S 店里，一般都由销售顾问陪同客户试乘试驾，条件好的 4S 店，一般还会配置试乘试驾专员，以保证客户随时都能得到试乘试驾的体验。销售顾问或试乘试驾专员必须持有合法的驾驶执照，并且具有一定的驾龄，驾驶技术熟练，同时熟悉试乘试驾路线，懂得试乘试驾中介绍车辆的技巧，熟悉产品特点和竞品的特性及优缺点，良好的表达能力。还要具有处理突发事件以及避免交通事故的机敏性等。当然，参与试乘试驾的客户也应具备一定的条件，如实际驾龄至少满足一年以上等条件。

2）试乘试驾路线的准备

试乘试驾路线的设计应能够体现车辆动力性、操控性、安全性和舒适性的特点,能够让客户在试驾路线上充分体会到车辆的动态性能。试乘试驾路线应尽量避免交通拥堵路段,以选择车流量较少,平直的路面为宜。另外,还应根据车型的特点,安排能够重点测试车型相关性能的其他路线。

常规的试乘试驾路线设计及试驾要求,如表7-1所示。

表7-1 试乘试驾路线的测试重点和注意事项

九种路线	测试重点	注意事项
市区路况	发动机起步、加速、前中段动力性、灵巧性、市区变换车道	市区交通复杂易出车祸、小心驾驶、时间不宜太久
快速路	0~100 km加速能力、急制动、制动能力	急制动时前后各200 m内无人、车和动物,左右也无
高速路	中高速巡航能力、超车、风噪、隔音	遵守高速公路时速限制,提前告知胎噪会较大
爬坡路	发动机负重、扭矩、操控性	小排量、小马力、和低扭矩的车,试乘的人不宜太多
弯路	转向性能、抗侧倾能力以及操控性	FF前置前驱及Turbo的车型70 km/h以上过弯必须松开油门,并需经过专门训练后才可高速过弯
泥泞湿滑路	主、被动安全配置、抗湿滑能力	宜慢速通过,一般20~40 km/h为宜
颠簸路段	舒适性、操控性	视路面状况,车速也应保持20~40 km/h为佳
大桥路	风噪、车辆稳定性	Turbo车型因提前说明发动机声音较大
乡间小路	车辆的制动性能、换挡是否顺畅	因路狭小,人车也少,需注意弯路会车的安全,尽量不要超出自己的车道

试乘试驾所选择的路线至少要满足5~8 km左右的驾驶里程,并应避开建筑工地和交通流量较大的地区,在途中还应该具有便于换手的地方。试乘试驾路线图应摆放在展厅醒目的位置,便于销售顾问在试乘试驾前向顾客进行路线的介绍和说明。同时,销售顾问接待本和试乘试驾车内也应准备一张试乘试驾路线图,以便于销售顾问随时可以向客户介绍试乘试驾路线和试驾测试重点。试驾路线,应该选择车流量较少的平坦路面,同时再选择一些坑洼、爬坡路段等不同的路面,以便于客户体验车辆的各种性能。

3）试乘试驾车的准备

（1）PDI检测

汽车4S店一般都会根据主机厂的要求配备相应数量和规格的试乘试驾车辆,并安排专人负责管理。一般4S店会对试乘试驾车进行每周一次的PDI检查,主要包括发动机、变速箱、制动系统、音响、空调、座椅、雨刮器、轮胎等方面的检查,如发现问题应及时进行调整和维修,确保车辆始终处于最佳状态。试乘试驾车管理人员每天都要检查油箱中燃油是否充足,不足时应及时补充,以确保试乘试驾里程的燃料需要。销售顾问虽不需要亲自对试乘试驾车进行PDI检测,但也应该清楚PDI检查的内容,如表7-2所示。

表 7-2　上海大众 PDI 检查表

上海大众经销商 PDI 检查表

1. VIN 码：LSV _____
2. 发动机号：_____
3. 车型代码：_____
4. 检查日期：_____

检查内容	检查人员	检查内容	检查人员
静态检查项目		集控门锁、倒车雷达、行李箱及油箱开启	
钥匙、遥控装置		电动摇窗机、手动摇窗机、天窗控制	
发动机盖的开启及保险钩，刮水器		刮水控制及风窗洗涤控制，前照灯清洗控制	
合格证、铭牌等内容一致，盖章完整、清晰		仪表指示（含后窗加热），转向及转向灯	
冷却液、发动机润滑油、制动液、动力转向油、玻璃水		远近光灯变化，前照灯高低调节	
油管、气管、油罐及接头，卡箍		雾灯、制动灯、高位制动灯、双跳、倒车灯	
线束、操控管线的线束固定		顶灯、阅读灯、杂物箱等、化妆灯、门灯	
发动机室其他部件（皮带等）		行李箱照明灯、牌照灯	
发动机		底盘检查项目	
离合器、变速箱及挂挡系统		挡泥板、动力转向系统、制动系统	
转向盘及操纵系统，转向柱调节		发动机、变速箱、排气管、消声器	
动态检查项目		传达、制动、行驶、转向、换挡机构	
里程、转速、时速、水温、燃油等仪表指示		燃油管	
喇叭、转向机构、制动系统（含驻车制动）		附件检查项目	
发动机、变速箱启动平稳性，异响和震动		行李箱密封条、地毯、内饰、备胎	
内饰检查项目		随车工具（千斤顶、天线、警告牌）	
内饰板、密封条检查		随车文件（合格证、说明书，地图）	
车顶饰板、遮阳板、车顶拉手、地毯、踏脚垫		外观检查项目	
仪表、仪表板、安全气囊外盖、车内后视镜		全车油漆	
车内饰条、空调操作面板，各种开关及面板		外后视镜、开门把手	
座椅外观、头枕、座套、前后中央扶手、安全带		所有装饰条、徽标、字标、倒车雷达	
杂物箱及座椅抽屉、窗帘		前后风窗玻璃、橡胶密封条	
点烟器、烟灰缸、出风口、饮料架		门窗玻璃，导向槽、天窗、天线插座	

(续表)

检查内容	检查人员	检查内容	检查人员
功能检查共位项目		前后车灯、侧转向灯、反光板	
时钟调整		车门限位器和固定销	
外后视镜调节装置、空调系统、出风口控制		轮胎、轮毂及气压	
收音机、CD机、车内音响控制		故障查询及设定项目	
头枕和座椅调节、加热		VAS5052故障查询及模式更改	

缺陷详细说明：

（2）手续齐全

试乘试驾车必须上正式牌照，且证照齐全，保险至少包含交强险和车上人员责任险，有条件的经销商应保证试乘试驾车辆在工作时间内随时可以让客户试驾，而不能将试乘试驾车辆作为工作用车，特别应该禁止使用库存的新车作为试乘试驾车，以免造成无可挽回的后果。

（3）试乘试驾车的清洁

此外，试乘试驾车应定期进行外观和内饰的清洁（最好每天进行一次，雨雪天气除外），确保清洁标准与展车一致。销售顾问或试乘试驾专员在每次使用完试乘试驾车后，应及时清理车内物品及整理车辆座椅、头枕、安全带等，以便下一位客户使用。整洁的车辆能让客户心情愉快，并对经销商产生良好的印象。

（4）试乘试驾车的展示

试乘试驾车必须粘贴"试乘试驾"的标贴，并停放在特定的停车区域内，车头朝外，既能体现经销商良好的管理和服务能力，也能方便车辆出入，如图7-2所示。试乘试驾车停放区域一定要能在客户看得见的区域，这样也方便客户一眼就能见到试乘试驾车，从而引发客户试乘试驾的兴趣，甚至会主动向销售顾问提出要求试乘试驾。

图7-2 东风标致试乘试驾车

(5)季节性的特殊准备

如遇到夏天或冬天时,在试乘试驾出发之前,销售顾问还应该主动提前发动车辆,打开空调,以方便客户一进入试乘试驾车,就有一个好的环境,对经销商和销售顾问的服务水平也是一个极大的认可。

(6)试乘试驾车内物品的准备

试乘试驾车内应该放置经销商设定的试乘试驾路线图,以便于客户再次清晰的了解试驾线路;车内也应该配置足够的瓶装水,以便于客户试驾时使用。最好能够在试乘试驾车内放置一套儿童安全座椅,以便于客户的孩子使用(但最好不要带小孩或老人上车)。试乘试驾车也可以进行适当的装饰,如精品装潢等,以便于增加销售精品附件的可能性。试乘试驾车内也应该同展车一样,配备3种不同风格的CD,以便于客户在试乘试驾时可以体验到车辆的音响效果。另外,有的主机厂还要求试乘试驾车内必须要有瓶装水,以便客户在试乘试驾时饮用。

每天经销商管理人员会安排专人按照主机厂的要求检查试乘试驾车,如发现不符要求的地方会要求相关人员立即实行整改。"试乘试驾检查表",如表7-3所示。

表7-3 试乘试驾车检查表

试乘试驾车检查表

编号	检查内容	是否执行		责任人
1	迎接顾客试车时,车头向外停在展厅前方,方便试驾车开出	是	否	
2	每天早上清洁车辆,标准与展厅展车一致(参考展车检查表)			
3	户外车辆应当停放成一条直线,同一车型的试驾车保险杠要对齐			
4	始终保持油箱内燃油充足			
5	每次出车后检查车况,第一时间汇报/联系修复车辆的任何缺陷及车身的损伤			
6	每次出车后将所有设置恢复到试车前的原始状态,并清理车辆内部。如有时间还需清洗外部			
7	每部展车配有顾客所选择的试乘试驾路线说明			
8	接到销售顾问试乘试驾通知后,确保顾客进入时车内温度令人舒适,必要时试车前打开空调			
9	试驾车回来后,重新准备时间控制在10 min内			

4)试乘试驾文件的准备

试乘试驾文件的准备包含试驾路线图的准备,试乘试驾安全说明书、试乘试驾协议书和试乘试驾意见表等文件,缺一不可。销售顾问应事先准备好这些文件,可以减少客户等待的时间,以防止客户热情的降低,也可以避免遗忘其他一些必要的手续。

(1)客户驾驶证的复印

客户在试乘试驾前,销售顾问应该查验客户驾驶执照(驾龄至少满1年以上)并复印,如果没有驾照、忘带驾照、或缺乏驾驶经验的客户参加活动,只能建议客户试乘,由销售顾问或试乘试驾专员驾驶,让客户坐在后排或副驾驶位置体验车辆的舒适性。

【想一想】

客户驾驶证原件是在复印完交给客户好,还是等试乘试驾整个流程结束后再交给客户好?为什么?

_____

_____

_____

(2) 签署"试乘试驾协议书"

参加试驾的客户应邀请签署"试乘试驾协议书",销售人员应该根据车辆和人员的多少依次安排。"试乘试驾协议书"实际上是一份明确界定双方权利和义务的文件,尤其是规定客户方的责任和义务,对经销商和销售顾问也是一种保护,因此,销售顾问必须在试乘试驾之前要求客户签署"试乘试驾协议书"并和驾驶证装订在一起归档。"试乘试驾协议书"如表7-4所示。

2. 试乘试驾前的流程和技巧

1) 确认试乘试驾车是否可用

4S店每天都会有客户登门看车,尤其是周末或节假日的时候,看车的客户更是络绎不绝,因此,试乘试驾的人也就会比较集中,销售顾问在邀请了客户试乘试驾之后或客户主动要求试乘试驾时,一定要确认试乘试驾车是否可用,以免耽误客户的时间。

(1) 试乘试驾车可用

如果销售顾问确认有合适的试乘试驾车,应主动邀请客户试乘试驾。销售顾问可以这样说:

张先生,刚才跟您交流了这么久,看来您比较关注车辆的动力性和操控性,刚好,我们今天有您关注的这款车型的试乘试驾车,我根据您的需求也帮您挑选了合适的试乘试驾线路,现在您可以亲自试乘试驾一下,以感受我们这款车的独特魅力,您看这样好吗?……嗯,好,请出示您的驾驶执照,我来为您办理相关手续。

(2) 试乘试驾车暂时不可用

如试乘试驾车暂时不可用,销售顾问应该陪同客户去客户休息室休息,也可以继续做产品介绍或陪同客户参观4S店其他区域,切不可把客户扔在一边,不管不顾,而是应该始终保持热情,加深自己在客户心中的印象。销售顾问可以说:

张先生,这款车的试乘试驾车目前正在被其他的客户试乘试驾,您需要稍等几分钟,等车回来了,我立马为您安排试乘试驾,现在,您可以先出示您的驾驶执照,我先来为您办理试乘试驾的相关手续。

(3) 试驾车不可用或客户当天不愿意试驾时

如果试乘试驾车当天无法安排试驾或客户不愿意当天试驾,销售顾问也不应该耽误客户的时间,第一时间应该对客户说:

张先生,实在抱歉,今天没有办法为您展示我们这款车卓越的动态性能了,您看我是否能帮您预约一下,在您方便的时候,尽情体验这款车的相关性能……您看这个周六上午9点可以吗?……我会在周五下午给您去电(或短信),到时再跟您确认一下,这是我的名片,您的电话是……

2) 向客户做概述

出发前,销售顾问应主动对客户做概述。例如:

张先生,我马上就要带您去试乘试驾,这是我为您安排的试驾路线。整个试乘试驾过程大概需要 15～20 分钟的时间,首先由我先驾驶,您可以坐在副驾或后排试乘以感受车辆的舒适性;到××地点,就由您驾驶,您可以尽情感受车辆的动力性和操控性,整个过程是限速 80 km/h,没有什么问题的话,我们现在就出发,好吗?

3) 出发前需要给客户展示的项目

销售顾问由于在展厅很少会拿钥匙对客户做产品介绍,因此,销售顾问可以借助试乘试驾的机会,向客户展示一些如电动门窗的开启与关闭、天窗的开启与关闭、后备箱的开启与关闭、空调制冷或制热效果,除霜能力、后视镜或后挡风玻璃电加热功能、怠速情况下发动机的声音、车辆在外场的外观展示等项目,以便加深产品在客户心目中的印象。

小组演练

1. 提出演练要求

(1) 全班分成 3 组,选举小组长,并推选 2～3 名代表,其中一名扮演销售顾问,其他人员扮演客户;

(2) 参与演练的小组成员请按照演练脚本进行演练,其他小组成员对照演练脚本按照表 7-5 的内容进行对比;

(3) 各小组准备时间为 15 min,准备完毕后,上台脱稿进行脚本演练;

(4) 各小组演练时间为 10 min,在演练的同时,其他小组认真听讲,记录演练全过程;

(5) 小组演练完毕后,由指导老师带领其他小组成员对演练结果展开点评;

(6) 所有同学不得无故动用实训室设备和车辆,应该在指导老师的统一安排下进行。

2. 准备演练工具

演练工具的准备,如表 7-5 所示。

表 7-5 演练工具的准备

工具准备	文件准备
展车一辆(最好能进行适当的清洁和装饰,并停放在实训室门外)、瓶装水、洽谈座椅	试乘试驾协议书、驾驶证、试乘试驾路线图

3. 演练脚本

小俞:王先生,关于我们新帕萨特 1.4TSI 尊荣版这款车您应该大致了解了吧?

王先生:嗯,小俞,您讲的真好,作为一个女孩子,能知道这么多汽车知识,确实很棒啊!

小俞:呵呵,您过奖了,这也是我的本职工作啊,这样吧,刚刚您了解的都是新帕萨特的静态性能,我看时间还早,要不您就试驾一下我们这款车怎么样啊?正好我们试驾车空着。

王先生:好的啊,我也正想试驾一下呢!

小俞：嗯，那您今天带驾驶证了吗？

王先生：哦，驾驶证在我外面的车里，我去拿一下吧！（王先生走出展厅取驾驶证）

小俞：好的，王太太您这边坐一会吧，喝点饮料。（引导王太太就坐）

王太太：好的，谢谢。

（小俞走向展厅门口，等待王先生的驾驶证）

王先生：小俞，给！（王先生向小俞交付驾驶证）

小俞：嗯，王先生您先坐一会，我去给您办理试乘试驾的相关手续。

王先生：好的。

（小俞拿着王先生的驾照走向销售顾问办公室进行驾照的复印，然后又开始进行试乘试驾车的相关准备，5分钟之后，又来到王先生的身边）

小俞：王先生，这是《试乘试驾协议书》，需要您签一下，请按照内容填写。

王先生：好的。（王先生填写《试乘试驾协议书》，填写完毕交给小俞）

小俞：王先生，我马上就带您去试乘试驾了，在出发之前，您先看一下我为您安排的试乘试驾路线（展示试乘试驾线路图给王先生看）首先由我先驾驶汽车，我将为您演示新帕萨特的相关操作。您和您的太太可以分别坐在副驾驶位置或后排位置，你们可以体验一下我们新帕萨特乘用车的舒适性，我开到这个位置的时候（在试乘试驾路线图上指出换手的位置）由您开始驾驶，然后一直把我们的试驾车给开回来。在这个过程中，您可以体验一下新帕萨特的操控性和动力性，但是试驾过程中最高时速不能超过 80 km/h。整个试驾过程大概需要 15～20 分钟的时间。如果没什么疑问的话，我们现在就出发？

王先生：好的，那走吧。

小俞：嗯。

（王先生、王太太和小俞一起走向展厅门口已经准备好的新帕萨特 1.4TSI 试乘试驾车）

4．进行演练

将演练过程记入表 7-6。

表 7-6 演练表

演练过程记录	
小俞使用的相关动作	
小俞使用的相关技巧	

5. 学习评估

各小组演练完毕之后,由指导老师带领其他小组一起参与演练过程的讨论和点评,相关评估标准如表7-7所示。

表7-7 评估标准

评估重点	满分	得分	原因分析
1. 演练时间的合理性	20		
2. 主动邀请客户试乘试驾	20		
3. 试驾文件和试驾车辆准备的熟练程度	20		
4. "试乘试驾协议书"填写的规范程度	20		
5. 试乘试驾概述项目运用的熟练程度	20		

复习思考题

1. 试乘试驾前,需要准备哪些内容?
2. 试乘试驾路线应该体现哪些要素?
3. 试乘试驾车需要做哪些准备工作?

任务 2　完成试乘试驾全过程

学习目标

1. 能够掌握试乘试驾环节的相关动作要领；
2. 能够使用相关流程和技巧完成试乘试驾全过程；
3. 能够运用相关技巧完成试乘试驾后的相关流程。

学习内容

1. 客户试乘环节；
2. 换手环节；
3. 客户试驾环节；
4. 客户试驾后的流程和技巧。

知识准备

试乘试驾在整个汽车销售过程中相当重要，它是客户了解产品动态性能和 4S 店服务的最好时机，当然也是销售顾问展示车辆动态性能和自身服务水平的重要机会。试乘试驾整个流程包括客户试乘、换手和客户试驾三个环节。销售顾问应该让客户先试乘后试驾。若有试乘试驾专员，销售顾问还需首先介绍试乘试驾专员给客户认识。对于驾驶不够熟练的客户，建议客户只做试乘。

【想一想】

为什么要由销售顾问先驾驶？

_____

_____

_____

1. 客户试乘

客户试乘阶段主要是让客户体验车辆舒适性和部分安全性的特点。下面以上海大众新帕萨特试乘试驾来表述。

1）车辆启动前的执行要点

（1）引导顾客上车前，要对试乘试驾车型给客户做简单的介绍；

（2）客户上车后，要引导客户调节好座椅并系好安全带；

（3）询问客户喜欢何种风格的音乐，将音响打开；

（4）出发前，就车内各项配置的使用，给顾客做简单的介绍；

（5）再次跟客户讲述试乘试驾路线图和换手的地点；

客户试乘前的相关沟通话术，如表 7-8 所示。

表7-8 客户试乘前的沟通话术

引导重点	沟通话术
车型介绍	"王先生,这是我们帕萨特1.4TSI DSG御尊版的试驾车。"
外观介绍	"你看这款车停在外面看起来更加尊贵大气,我想您要是拥有它,一定能够体现出您的高贵生活品质的。"
遥控钥匙	"我们大众的钥匙采用内齿式折叠设计,而且巧妙地设计了这三个按键(锁车键、后备箱开启键、开锁键),而且还具有远程控制门窗的开关和天窗的关闭的功能,我来跟您演示一下。"
进入车内	"您先坐在副驾驶位置……,这边请……我帮您调节好座椅……嗯,请系好安全带。"
内饰仪表台设计	"帕萨特的内饰继承了大众车的一贯特色,简约而不简单,相比日韩美系车来讲,大众车的仪表台设计正是体现出一种简洁美。"
音响效果	"帕萨特音响采用了8个喇叭的设计,每门上都设有高低音喇叭,并且在CD机上也可调节,使您在开车时也有美妙音乐的陪伴。(同时也可演示SD卡播放功能)"
试驾路线	"张先生,您在看一下试驾路线,在这个路段您可以体验一下车辆的起步加速性能和制动性能,然后这个路段您可以体验一下40km急速转弯,从而感受一下我们帕萨特卓越的操控性能。"

2)车辆启动后的执行要点
(1)车辆启动后,让客户在车内感受发动机怠速时的声音;
(2)起步阶段,讲解发动机低转速高扭矩的设计特性;
(3)通过试乘,让客户感受车辆的音响效果;
(4)通过试乘,让客户感受车辆的空调效果;
(5)通过试乘,让客户感受车辆的隔音效果;
(6)通过试乘,让客户感受车内乘坐的舒适性(车内空间、底盘悬挂);
(7)通过试乘,让客户感觉车辆的安全性和操控性(急加速、急减速、30 km/h 过弯);
客户试乘时的相关沟通话术,如表7-9所示。

表7-9 车辆启动后的沟通话术

引导重点	沟通话术
发动机怠速	"这款车采用的是大众先进的1.4TSI涡轮增压缸内直喷技术,发动机怠速维持在750 rpm左右,您听,在车内,我们几乎听不到发动机的声音。"
起步	"当我将挡位挂在'D'位置时,变速箱输送出的动力就立刻有了响应,无需踩油门,只要松开制动踏板,车子就可以自由前行了。"
低速行驶	"正是因为1.4TSI的强劲动力,即使打了冷空调,车辆的动力性丝毫没有受到影响。"
直线加速	"下面这段路大概有500 m的直线路程,现在我将进行急加速,一直到前方红绿灯我会右转,您可以感受一下帕萨特的加速性能。"
弯道驾驶	"前面红绿灯我将右转,我会以40 km/h的速度过那个匝道口,王先生您可以体验一下车辆过弯的性能和侧倾感。……正因为帕萨特采用的4轮独立悬挂,才可以保证车辆在转弯时侧倾杆没那么明显。"
中段加速	"虽然刚刚进过匝道的时候减速了,但我现在只要轻踩油门,发动机就能够立刻给出回应,保证您在日常驾驶时动力源源不断。"

(续表)

引导重点	沟通话术
高速驾驶	"王先生,您可以看一下仪表板,现在车速已经达到80 km/h了,但发动机转速只有2 000 rpm,这也是大众发动机低转速高扭矩的特性,它能够保证您在高速行驶时更低的燃油消耗。"
制动性能	"现在我将踩下制动踏板,王先生、王太太你们请坐好。……怎么样,帕萨特的制动效果还可以吧?有人经过专门测试,帕萨特100 km/h的制动距离只有40 m,这样的成绩已经相当不错了,而且,我刚刚在制动时,车内驾乘人员的前倾动作很小,而且转向盘和车身也无抖动现象吧?"

【想一想】

在客户试乘环节,销售顾问可以向客户展示的项目有哪些?

_____

_____

2. 换手

1) 换手时的执行要点

(1) 行驶一段距离,达到预定换手地点;
(2) 选择安全的地方停车,并将发动机熄火;
(3) 取下钥匙,由销售顾问自己保管;
(4) 帮助客户入座驾驶位,确保客户乘坐舒适;
(5) 提醒客户调整后视镜、系好安全带;
(6) 请客户亲自熟悉车辆操作装备;
(7) 销售顾问请客户再次熟悉试驾路线;
(8) 再次提醒安全驾驶事项。

【想一想】

为什么要将发动机熄火,由销售顾问保管钥匙?

_____

_____

换手阶段,是顾客即将体验驾驶乐趣的开始,建议销售顾问利用相关话术提示客户,再次带给客户冲击。例如:

王先生,通过您刚才的试乘,相信您对这款车有了一定的了解,接下来您将亲自驾驶这台新帕萨特,相信它的表现一定会给您带来全新的驾驶体验,从而让您对新一代帕萨特有一个全新的理解和认识。

2) 换手时的沟通参考重点

换手时的沟通参考重点,如表7-10所示。

表 7-10 换手时的沟通话术

引导重点	沟通话术
交钥匙的 MOT	"王先生,这台车现在就属于您的了,您可以按照我们之前指定的试驾路线安全驾驶。"
调整位置	"王先生,您可以按照我在展厅跟您说的方法调整座椅和内外后视镜,好了的话请系好安全带。"
告知操作方法	"王先生,请踩下制动踏板,把挡位由'P'拨到'D',然后松开手刹和制动踏板,车就可以前行了。"
路线及安全的再次提醒	"张先生,您现在可以慢踩油门,注意整个过程车速不要超过 80 码,遇到弯路请松开油门踏板并缓踩制动踏板,注意安全驾驶。"

3. 客户试驾

1) 客户试驾时的执行要点

(1) 起初让客户充分体验试驾,避免过多的说明;
(2) 引导客户体验车辆性能,强化动态优势;
(3) 适当的指引线路,陈述体验感觉;
(4) 适当称赞客户的驾驶技术;
(5) 观察客户的驾驶方式,了解客户的关注点;
(6) 若客户有危险驾驶动作,及时提醒并在必要时干预(主要是拉驻车制动);
(7) 在客户驾驶过程中介绍车辆的性能和特点,重点讲解与竞争对手的差别和优势;
(8) 引导体验并寻求客户对性能优势和差别的认同。

2) 试驾时的沟通参考重点

客户试驾时,销售顾问不仅需要掌握客户的关注点,而且更要学会的是要寻求客户认同,常用的话术是"……是不是……"如"××先生,我们这款车在低速转弯时,方向是不是很轻呢?"等。试驾时的沟通话,如表 7-11 所示。

表 7-11 试驾时的沟通话术

引导重点		沟通话术
赞美客户		"张先生,您开得还真不错,看来这款车真的很适合您哎。"
起步(让顾客感受轻松的转向)		"帕萨特配备了先进的 EPS 电子助力转向,您看起步打方向是不是很轻松?而且方向感很清晰?"
直线行驶(让客户感受发动机的平稳运转)		"您觉得在直线行驶时,发动机是不是运转很平稳?降噪静音效果是不是很不错?"
加速(感受加速性能)		"当您加速时,是不是感觉动力很不错,没有吃力的感觉?"
转弯(感受底盘)		"您在转弯时,是不是感觉车的侧倾不大,整个底盘很扎实,给车以足够的支撑?"
特殊路段	中断加速	"您觉得这台车的中段加速能力怎么样?"
	急速转弯	"前面即将右转,您可以尝试一下 40 码转弯,我相信您一定会感觉车会很平稳的。"
	颠簸路面	"下面会有一段颠簸路段,您可以感受一下帕萨特四轮独立悬挂的舒适性和路面传递到车厢内的路感。"
	坡道	"马上即将上一段大概 30°的坡道,您可以感受一下帕萨特低转速高扭矩的发动机的特性,让您轻松应对上、下坡路面。"

4. 试乘试驾后的流程和技巧

试乘试驾结束后,销售顾问和客户一同返回4S店,引导客户回到洽谈区域休息一会,并为客户递上饮料,舒缓一下客户驾车时的紧张情绪,让客户回味一下试乘试驾时的感受,对于驾驶技术熟练、试乘试驾非常顺利的客户,还需要再一次的赞美客户的驾驶技术,表示出"这款车非常适合您"的意思,引导客户再一次对车辆产生强烈的兴趣。

1) 客户回店时的流程和技巧

(1) 客户回店

试乘试驾结束后,销售顾问应主动引导客户回店,当然对于感兴趣或意向强烈的的客户可邀请客户沿试驾路线再一次进行体验,以加深产品和服务在客户心目中的印象。如是试驾专员带客户去试驾,销售顾问没有全程陪同的话,在试驾车即将回到4S店时,试驾专员应该主动通知销售顾问在店门口迎接客户,恭候客户归来。

试乘试驾结束后,销售顾问或试乘试驾专员应主动询问客户是否需要代为泊车,如客户想直接回展厅,销售顾问可先邀请客户回到展厅并提醒客户注意携带随身物品,以免遗忘在车内,然后再将试乘试驾车停放在试乘试驾区域或请同事代为泊车;若客户希望自己泊车,销售顾问可以告知客户泊车的方法(如自动泊车功能,如何挂入倒档,倒车雷达的使用,助力转向的轻巧及精准等),适时突出产品的优势。为防止车辆出现碰擦,销售顾问在必要时需下车指挥,引导客户泊车。

(2) 总结试乘试驾感受并填表

试乘试驾结束后,销售顾问应主动征求客户对车辆的感受,并对客户关心或疑虑的问题给予重点说明。然后邀请客户填写"试乘试驾意见表"(表7-12),也可以由顾客口述意见,由销售顾问执笔填写,然后由顾客签字确认。填写"试乘试驾意见表"的目的主要是趁客户刚试驾完车辆还处于兴奋状态时,取得客户对车辆的认同,销售顾问用此表诱导客户给予车辆较高的评价,从而建立信任感,促成交易的实现。

(3) 赠送小礼品

填写完"试乘试驾意见表"后,销售顾问可以适当地赠送给客户一些纪念品,如钥匙扣小挂件等,既给予了客户意外的惊喜,同时也给客户留下了深刻的印象,让客户认同所提供的服务,这样,成交的几率也在无形中增加了。

(4) 适时进行交易促成

试乘试驾结束后,销售顾问应趁热打铁,根据客户意向尝试进行成交。例如:

王先生,我想您对我们的车还是很满意的吧?我们这款车也确实很符合您的要求,我们也希望您能成为我们大家庭的一员,以便我们为您提供更好的服务,正好我们店里有一台1.4TSI尊荣版黑色的现车,您看今天就先定下来吧?

对于试乘试驾结束后购买意向强烈的客户,销售顾问应趁势将客户引入下一环节——报价成交环节,和客户就如何实现成交展开相关的洽谈。

(5) 参观售后

不管客户是否成交,销售顾问都应该邀请客户参观售后维修部门,介绍售后服务区域和维修车间,以带给客户买车后的服务保障,消除客户的后顾之忧。

2) 客户离店后的流程和技巧

(1) 客户离店

客户欲离店时,销售顾问应起身将客户送至展厅门外,目送客户离店并致告别辞。例如:

××先生/小姐,感谢您的光临并参与我们为您安排的试乘试驾,希望我们能够保持联络。欢迎您再次光临本店,请慢走。

然后挥手示意,直至客户消失在自己的视线范围内

（2）短信问候

客户离店后,销售顾问应主动发送一条短信给客户,不仅可以防止客户将自己的名片丢失,而且还给客户留下了美好的印象。例如:

尊敬的××先生/小姐,感谢您光临××经销商,我是刚刚接待您的销售顾问×××,您在购车中如遇到任何问题,随时都可以联系我。欢迎您再次光临本店！祝您工作顺利,生活愉快！

（3）整理试乘试驾有关资料

送别客户后,销售顾问应将客户驾驶证复印件、试乘试驾协议书、试乘试驾意见表装订在一起,并检查表单内容填写是否完善,然后摆放在公司指定的位置,以便于相关人员及时收集并归档。

（4）记录或更新客户信息

对于试乘试驾的客户,销售顾问都应该对客户信息进行及时记录或更新,为下一步的客户跟进和成交做好准备工作。

试乘试驾工作目前在各个4S店都存在或多或少的问题,如销售顾问不存在试驾资质,销售顾问不主动邀请客户试乘试驾,试乘试驾车不整洁,试乘试驾路线短、时间短,试乘试驾线路不合理等。因此规范合理的试乘试驾流程是十分必要的。经销商如果认真地执行和完善试乘试驾标准流程,对提高销量、客户满意度和经销商服务水平都是有极大帮助的。试乘试驾不但是汽车经销商形象的体现,也是客户在选车和购车的需要。

小组讨论

1. 提出讨论要求

（1）全班分成3组,选举小组长,对讨论内容组织小组成员实施讨论；
（2）各小组讨论时间为10 min,讨论完毕后,组长推选小组成员陈述讨论内容；
（3）陈述完毕后,指导老师带领全班同学参与点评；
（4）同学们将正确的意见填写到表格空白处,如表7-13所示。

2. 进行讨论

请结合试乘试驾车,根据该车辆动力性、安全性、操控性和舒适性方面的特点,计划在试乘试驾过程中让客户体验的项目,以及具体体验方法。

表7-13 讨论表

关注的性能	体验项目	如何体验
动力性	1.	
	2.	

试乘试驾协议书

编号：

经销商(店)名称	
试乘试驾车辆型号	
试乘试驾车牌	
试乘试驾路线	
试乘试驾时间	

本人于_____年____月____日在_____(地点)自愿参加××汽车特许经销商(公司名称见以上表格)举行的汽车试驾活动，为此作如下陈述与说明：

本人在试驾过程中，将严格遵守国家及地方有关行车驾驶的一切法律和法规要求，并只在试乘试驾路线图规定的试驾范围内行驶，并服从上述特许经销商提出的一切指示，做到安全文明驾驶，以尽最大努力和善意保护试驾车辆的安全和完好。否则，对试驾过程中造成的对自身和/或他人的人身伤亡，以及上述特许经销商和/或他人财产的一切损失，本人将承担全部责任。

试驾人签名：_____

身份证号码：_____

驾驶证号码：_____

驾驶证有效期：_____

联系地址：_____

联系电话：_____

日期：_____

表 7-12　上海大众试乘试驾意见表

试乘试驾意见表

尊敬的阁下：

　　感谢您试乘或试驾上海大众汽车，如对产品及配置有任何意见，敬请填写此表告诉我们，您的意见将成为我们追求卓越的目标！

顾客填写	基本情况： 贵宾姓名：　　　　　　　　　　　　　驾龄： 您现在使用的车：　　　　　　　　　　您预备购买的上海大众车型： 您试乘试驾的车型：　　　　　　　　　您还在考虑的其他车型：
	试乘试驾感受： 通过试乘试驾，请您对我们的车型进行评价： 　　　　　　满意　　　好　　　一般　　不满意　　　原因 外观　　　　□　　　　□　　　　□　　　　□　　　_____ 操控　　　　□　　　　□　　　　□　　　　□　　　_____ 配置　　　　□　　　　□　　　　□　　　　□　　　_____ 车内空间　　□　　　　□　　　　□　　　　□　　　_____ 加速性能　　□　　　　□　　　　□　　　　□　　　_____ 舒适性　　　□　　　　□　　　　□　　　　□　　　_____ 安全性　　　□　　　　□　　　　□　　　　□　　　_____
	对比： 与其他品牌相比，我们的产品哪些占明显优势，还是其他品牌占优？ 　　　　　　上海大众汽车　　　　其他_____车型　　　原因 外观　　　　　　□　　　　　　　　　□　　　　　　_____ 操控　　　　　　□　　　　　　　　　□　　　　　　_____ 配置　　　　　　□　　　　　　　　　□　　　　　　_____ 车内空间　　　　□　　　　　　　　　□　　　　　　_____ 加速性能　　　　□　　　　　　　　　□　　　　　　_____ 舒适性　　　　　□　　　　　　　　　□　　　　　　_____ 安全性　　　　　□　　　　　　　　　□　　　　　　_____
销售顾问填写	销售顾问姓名：　　　　　　　　　　　试乘试驾协议书编号： 起始公里数：　　　　　　　　　　　　结束公里数： 时间：____月____日 从____时 至____时

（续表）

关注的性能	体验项目	如何体验
操控性	1.	
	2.	
安全性	1.	
	2.	
舒适性	1.	
	2.	

3. 学习评估

指导老师根据各小组讨论过程和讨论结果，对各小组学习成果进行评估，评估标准如表 7-14 所示。

表 7-14 评估标准

评估重点	满分	得分	原因分析
1. 讨论时间的合理性	25		
2. 内容分析的准确性	25		
3. 知识点的掌握程度	25		
4. 团队协作能力	25		

小组演练

1. 提出演练要求

（1）全班分成 3 组，选举小组长，并推选 2～3 名代表，其中一名扮演销售顾问，其他人员扮演客户；
（2）演练之前，由指导老师扮演客户带领全班同学进行脚本的朗读；
（3）朗读完毕之后，各小组利用 15 min 的时间进行小组内部的演练和对脚本的分析；
（4）小组演练完毕之后，各小组在老师的安排下轮流上台进行脚本演练；
（5）演练过程中，其他同学认真听讲，并记录演练全过程；
（6）演练完毕后，由指导老师带领其他小组成员对演练结果展开点评。

2. 准备演练工具

演练工具的准备,如表7-15所示。

表7-15 演练工具的准备

工具准备	文件准备
试乘试驾车一辆、瓶装水、纸杯、洽谈座椅、小礼品	"试乘试驾协议书"、驾驶证、试乘试驾路线图、"试乘试驾意见表"、"展厅客户信息登记表"

3. 演练脚本

小俞:王先生,这是我们新帕萨特1.4TSI的试驾车,首先我来为您演示一下钥匙的功能。长按开锁键,车窗玻璃会全部降下(小俞长按开锁键,新帕萨特乘用车车窗前部打开),这个功能在夏天特别实用,当您上班时将车停在单位停车场,如果外面的温度是35℃的话,那么车内的温度将会达到50℃甚至更高,我想您开车这么久了,应该知道吧?

王先生:是的,到了夏天,车内确实很热。

小俞:对啊,有了这个功能确实很实用的,您可以在上车之前就先把车窗全部降下来,以保证车内热量全部散去,这样就能保证车内车外温度一样了,当您进入车内后,也可以通过空调很快将温度降下来,达到省油的目的。

王先生:哎,这个功能倒是蛮好的。

小俞:还有呢,您看一下这个锁车键,长按它可以将车辆的车窗和天窗全部关闭。您看一下(小俞长按锁止键,新帕萨特乘用车车窗玻璃全部上升)。这功能也特别实用。试想一下,如果您将您的车停在你家楼下,结果到家后发现车窗或天窗没有关闭,您总不可能再从楼下跑下来关吧?我们大众车的这个功能就能解决这个问题。而且使用的有效距离长达100 m呢!是不是很先进呢?

王先生:是的,确实很先进。日本车好像就没有这个功能。

小俞:日本车当然没有,因为这得益于我们大众先进的Can-Bus总线设计。您还可以看一下我们大众钥匙的设计,它是采用的内齿式设计,跟日本车的外齿式钥匙也是不一样的。(将钥匙展示给客户看)

王先生:有什么特别的功能吗?

小俞:王先生您家里一定去外面配钥匙的地方配过钥匙吧?

王先生:嗯,配过的。

小俞:那就是啊,外齿式配起来就比较方便,而像我们大众的内齿式设计防复制性就比较好,您说是不是?

王先生:嗯,有道理。

小俞:呵呵,其实大众还有很多先进的地方,我们还是先去试驾吧。(引导客户走向试驾车右侧,帮助王太太打开右后门,引导王太太进入车内,王先生自己主动打开副驾驶车门,坐上副驾驶位置,小俞进入主驾驶位置)

小俞:王先生,您可以试着调节一下副驾驶的座椅(王先生开始调节座椅),好了吗?

王先生:好了。

小俞:嗯,请王先生和王太太系好安全带(王先生、王太太开始系安全带)。这款车是我们

1.4TSI中的顶配,相对于你们看重的尊荣版只是少了电动座椅、座椅加热、安全气帘、导航功能这几样配置,但价格要相差10 000元的,我也建议你们考虑尊荣版的就可以了,这些配置好是好,只是不怎么实用,我们的客户一般也都是购买尊荣版的。

  王先生:嗯,我在论坛里也看过了,买尊荣版的确实比较多。

  小俞:张先生,你要不要再看一下试乘试驾路线图?(小俞从仪表台上拿出试乘试驾路线图)

  王先生:不用了,我对这个地方很熟的,而且你刚才也说得很仔细了。

  小俞:那好,那我们现在就出发,好吗?

  王先生:嗯,那走吧!

  (小俞将挡位挂入"D"档,驶出试乘试驾停车区域,上了大路以后,开始慢慢提速了)

  王先生:网上都说1.4T的动力比较弱,我看还可以嘛!

  小俞:呵呵,这要看怎么开了,1.4T的相对1.8T的,动力当然会弱一点,但对于日常驾驶者的需要来说,这个动力已经足够了,而且我刚才急加速的时候,我们在车内也几乎听不到发动机的"咆哮声"啊,我们帕萨特的静音效果还是很不错的。

  王先生:哎,还真是的。

  (小俞开始打开音响,将音量开到适中位置)

  小俞:您再听一下我们这款车的音响效果,它采用8喇叭高保真音响设计,而且还可以根据驾乘人员的需要自由调节高中低音和前后左右声道,这在同级别车中都是很少见的。

  王太太:是的,音响还真不错,比我们那个老车好多了。

  王先生:是的,是不错。

  小俞:王先生,前面500 m我将进行一段急加速和急减速,你们坐稳了啊!顺便感受一下这款车的加速性能和制动性能。

  王先生:好的。(同时手握住车顶拉手)

  (小俞急加速和急减速动作完毕)

  小俞:怎么样?还可以吧?

  王先生:还可以。

  小俞:王先生,前方右侧匝道处我将以40 km/h的车速过弯,您可以体验一下新帕萨特稳定扎实的底盘。

  王先生:好的。

  (小俞过弯结束)

  小俞:王先生,感觉怎么样?是不是没有一点侧倾感?

  王先生:嗯,底盘效果确实不错。

  小俞:这正是我们帕萨特四轮独立悬架所带来的效果。王先生,过了前面的红绿灯,我将靠右停车,由您来驾驶。

  王先生:好的。

  (到达换手地点,小俞将发动机熄火并拔出钥匙,王先生走向主驾驶位置。小俞帮助王先生调节座椅位置和后视镜位置,然后拿着钥匙走向副驾驶位置。)

  小俞:王先生,请系好安全带,这是您的钥匙,现在这辆车就暂时属于您了,您可以按照我们之前约定的驾驶线路继续行驶。

  (王先生接过钥匙,发动车辆,挂挡继续前行)

  王先生:嗯,动力还可以,我觉得是够了。

小俞：是啊，1.4TSI相当于2.0T的动力了，而且扭矩相比2.0T排量的来说要大的多，动力自然不会差。

王先生：我发现这个转向盘还是挺轻巧的，我刚刚转弯时几乎没用什么力嘛？

小俞：这就是我在展厅里跟您提起的，我们帕萨特采用的是EPS电子助力转向，相比传统液压助力来说，不但轻巧，而且还可以节省燃油消耗和维护保养费用。

王先生：看来这款车还确实不错啊。

小俞：您还可以仔细观察一下仪表板，目前车速是80 km/h，但是发动机转速只维持在2 000转左右，这也是我们大众发动机低转速高扭矩的特性，这可以保证车辆行驶在高速上更加的省油。

王先生：嗯，确实不错，动力还可以，底盘也很扎实，你觉得怎么样？（王先生回头看了看王太太）

王太太：我觉得也不错，关键要看小俞给什么价格了。

小俞：呵呵，价格嘛，好说啊！我们回展厅再谈吧。

王先生：好的。

（王先生试驾结束，试驾车开到展厅门口）

小俞：王先生，您的驾驶技术还真是不错，不愧是一名老手啊，您看要不你把车停放在那个位置吧？（小俞用手指向试乘试驾停车区域一个空的停车位）

王先生：好的，放心吧，没问题。

小俞：呵呵，我当然放心了！

（王先生将试驾车停放在制定的区域，熄火，拉驻车制动，解开安全带，三人同时下车，王先生将钥匙交予小俞。）

小俞：那我们先进去休息一会吧，请……

（三人进入展厅，小俞邀请王先生在洽谈区坐下，递上饮料）

小俞：按照我们公司的规定，还得劳烦您帮我们填一下这张表（小俞将《试乘试驾意见表》交予王先生，王先生仔细看了一遍）。

王先生：好的，没问题。

（王先生将填好的表交给小俞）

小俞：谢谢。这是我们赠送给您的小礼品。（小俞将一个大众的钥匙扣递给了王先生）

王先生：你们想的还真是周到，谢谢啊。

小俞：没关系的，你要想要，我到时可以多给你弄几个的。

（小俞将驾驶证复印件、试乘试驾协议书和试乘试驾意见表一同放在了文件夹里，并归还了王先生的驾驶证）

小俞：王先生，通过刚才的试乘试驾，我想您对我们新帕萨特1.4TSI这款车也应该了解得差不多了，您看今天要不要就把这定下来吧？正好我们公司有一辆黑色的现车，这样的话，您就可以早点提车了。

王先生：我们今天只是出来看看的，具体我们回去还是要商量商量的，但我们估计会买你们这款车的

小俞：我们店里正好有一台现车啊，您还是早点定，不然给别人定了，说不定会影响您的提车时间的。

王先生：我们还是回去商量商量，我们会尽快与您联系的。

小俞：那好吧。要不我带你们去看看我们的售后吧？你们顺便了解一下我们的售后服务。

王先生：不用了，下次吧，今天还有点事，我们就先走了。

小俞：那好吧，您要尽早跟我联系哦，我可以跟我们领导说一下，暂时为您保留一下这台现车。

王先生：好的，万分感谢。

（小俞送王先生、王太太走出展厅门口，挥手告别。小俞回到展厅后，收拾洽谈区域，到前台登记王先生信息，15 min后，给王先生发了第一条短信。）

4. 进行演练

演练过程中，其他成员结合演练脚本内容和演练人员的表现，根据表7-16的内容进行概括。

表7-16 演练表

演练过程记录	
小俞演示了车辆的哪些性能？	
小俞还可以演示车辆的哪些性能？	
小俞使用了哪些销售技巧？	

5. 学习评估

各小组演练完毕之后，由指导老师带领其他小组一起参与演练过程的讨论和点评，相关评估标准如表7-17所示。

表7-17 评估标准

评估重点	满分	得分	原因分析
1. 演练时间的合理性	20		
2. 是否在对话过程中始终尊称客户"您"	20		
3. 脚本内容的熟练程度	20		
4. 对演练过程和演练脚本的总结程度	20		
5. 小组的团队协作能力	20		

复习思考题

1. 在试乘阶段，销售顾问可以向客户展示的项目有哪些？
2. 换手阶段，销售顾问应该注意哪些动作细节？
3. 客户试驾阶段，销售顾问应该把握哪些技巧？
4. 试乘试驾结束后，销售顾问应该做哪些工作？

学习情境 8　异 议 处 理

学习目标

1. 能够正确识别客户的异议；
2. 能够认真分析客户的异议；
3. 能够细心处理客户的异议。

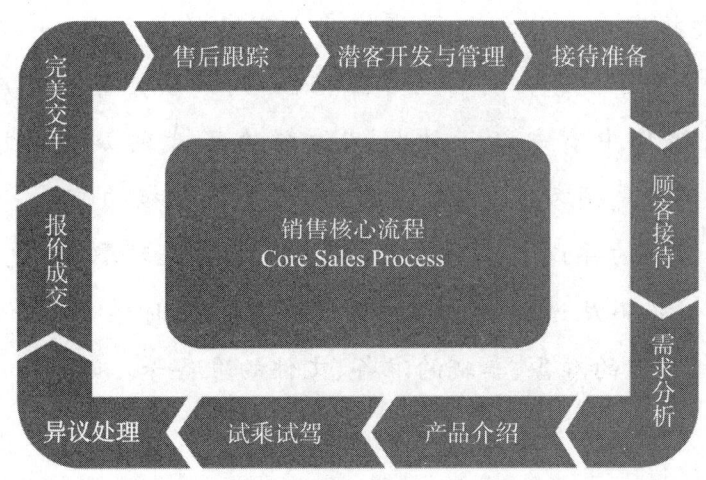

情境导入

销售顾问小俞在接待客户王先生时，王先生就产品提出了很多问题，对于刚做汽车销售的小俞来说是个不小的考验，现在，她已认识到自己的问题：自己不光要学好产品知识，更要就客户对产品提出的问题和异议做出相关处理。通过本情境的学习，她将学会如何在客户接待中处理客户的异议。

岗前资讯

异议处理其实并不是销售流程中的一个单独的动作，而是贯穿于整个销售流程当中，在销售顾问与客户接触的每一个环节都会遇到客户的异议。从某种程度上讲，异议处理是销售顾问的"鬼门关"，闯的过去就一切海阔天空，闯不过去就前功尽弃，客户流失往往就是产生在异议处理这道难关上。因此，销售顾问一定要学会如何处理客户的异议。

客户出现异议也并不是一件坏事，汽车销售顾问在面对客户的异议时，不仅要正面接受，更要积极的去欢迎。不要将客户的异议视为销售的阻碍，而是要将客户异议视为引领你完成交易的指示灯，并从中调整方向。销售顾问为了使客户对自己建立信任，则必须具备为客户解决问题的能力。在销售中有句话说的好："你解决了我的疑虑，我就可以考虑……"，其实这是顾客异议传递最重要，也是最积极的信号。实际上，有时候并不是客户的异议太离奇古怪，也不是客户无理取闹，更多时候，而是销售顾问准备不足造成的。销售顾问在更多的时候，应该做好各种准备工作，包括知识的准备、车辆的准备、文件的准备等。

任务1 识别客户的异议

学习目标

1. 能够理解客户异议的含义；
2. 能够认识客户异议的两面性；
3. 能够熟知客户异议的类型。

学习内容

1. 客户异议的含义；
2. 客户异议的两面性；
3. 客户异议的类型。

知识准备

1. 客户异议的含义

异议是客户对销售顾问本人所销售的产品、价格、服务、质量等方面提出质疑或不同的意见，如："你们的车噪音太大了"、"你们价格太贵了，同城的××店比你们还便宜呢！"，等等，如图8-1所示。销售活动是从处理客户异议开始的，且客户异议的处理贯穿于整个销售过程的始终。汽车销售工作是否顺利进行，完全取决于汽车销售顾问、产品和客户之间能否保持协调一致。一般来说，客户在接受销售的过程中，不提任何异议就从销售顾问手中购买产品的情况是不多见的。特别在汽车销售过程中体现的尤为明显。客户在购买某一品牌车型前，首先要考虑的是该品牌汽车的使用价值，即该汽车能否满足客户某方面的需求。否则，客户不会对该汽车产生兴趣的。

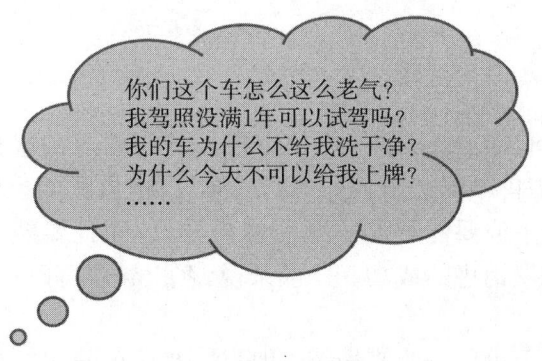

图 8-1 客户异议的典型问题

此外，客户在权衡产品时还会受到经济条件、心理因素、环境条件、汽车品牌等多方面因素的影响，因而对价格、质量、售后服务等提出一系列的异议。"不提任何异议的客户往往是没有购买欲望的客户"，这句话在一定程度上是有道理的。因此，客户异议是汽车销售活动中的一种正常现象，是经销商和销售顾问都难以避免的。作为一名汽车销售顾问特别是那些刚刚从事汽车销售工作的人员,必须做好应付和消除客户异议的准备。

2. 客户异议的两面性

客户异议具有两面性,如图8-2所示。首先,客户的异议是成交的障碍。如果销售顾问不能很好地处理客户的异议,就会直接影响客户的购买行为;其次,客户的异议也为成交提供了机会。如果销售顾问对客户的异议处理得当,客户得到了满意的答复,对销售顾问的产品和服务有了充分的了解和认同,就有可能产生购买意向。因此,了解客户异议的类型,分析客户异议的形成原因,并掌握处理客户异议的方法和技巧,是达成交易和客户满意的关键。

图8-2 客户异议的两面性

【想一想】

你是否喜欢异议较少的客户?为什么?

_____

_____

3. 客户异议的类型

在不同的销售环境、时间、地点条件下,汽车销售人员所面对的客户也不尽相同。他们因各种因素的影响,会向经销商和销售顾问提出各种不同的异议,销售顾问也就成了处理客户异议的第一责任人,因此,汽车销售顾问不但要能够准确判断客户异议,而且要熟悉并善于应对客户的种种异议,才能有效地说服客户,取得销售的成功。一般来说,客户异议可以从性质和内容上来区分。

1) 从性质上分

客户异议的类型从性质上可以分为真异议、假异议、隐藏的异议三种,如图8-3所示。

(1) 真异议

顾客认为目前没有需要,或对你的产品不满意,或对你的产品持有偏见,例如顾客从他人那里得知你的产品故障率很高。对于此类"真异议",销售顾问必须视情形考虑是立刻处理还是延后处理。

立即处理有以下几种情况。

① 当顾客的异议属于其关心的重点时;

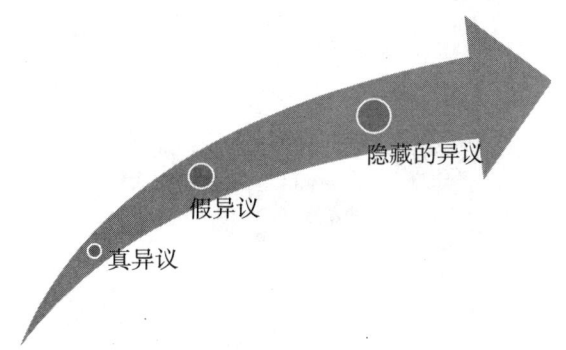

图 8-3 客户异议性质上的分类

② 当你必须妥善处理后才可能继续进行销售时；
③ 当你处理异议后能立刻获得订单时。
可以延后处理有以下几种情况。
① 当碰到你权限外或你不确定的事情时；
② 当顾客在还没有完全了解产品特性及利益前提出价格问题时；
③ 当顾客的异议在后期可以清楚地得到证明时也可以暂缓处理。

(2) 假异议

假异议通常可以分为两种，一种是指顾客用借口、敷衍的方式应付销售顾问，其目的是不想和销售顾问会谈或不想真心介入销售活动；另外一种是顾客提出很多异议，但这些异议并不是他们真正在意的地方，如"这款车内饰看起来不是很漂亮……"、"这款车空间看起来有点小"等，虽然听起来也是异议，但不是顾客真正的异议。也有的异议其实并不是客户真正在意的地方，有时客户仅仅只是说说而已，销售顾问不必太在意。

出现异议时，销售顾问要先区分是真异议，还是假异议。有些异议，顾客仅是想表现自己的看法高人一等，或表现自己在这方面很专业，并不真的想要得到你的解答。而且如果对成交没有影响，销售顾问可以采取默许、认可、不回答或夸讲他很专业，你应该向他学习等方式。当你为客户提供解决异议的确凿答案时，留心观察客户的反应。如果客户无动于衷的话，一般来说，他并没有告诉你真实的异议；当客户在短时间内提出一系列毫不相干的异议时，他们可能在掩饰他们真正的异议所在。有时候销售员不妨直接问，如"刘先生，我相信这款车很适合您，并且您对这款车也有了很大的兴趣，但是我觉得您好像有什么顾虑不肯说出口。您能告诉我真正的原因吗？我将尽全力为您解决！"

(3) 隐藏的异议

隐藏的异议指客户并不想提出的异议，而是提出其他各种真异议或假异议。目的是要借此假象达成隐藏异议解决的有利环境。例如客户希望降价，但却提出其它如品质、外观、颜色等异议，以降低产品的价值，而达成降价的目的。

2) 从内容上分

客户异议从内容上总体分为需求、产品、价格、服务、购买时间、销售顾问、支付能力方面的异议，如图 8-4 所示。

(1) 需求方面的异议

需求方面的异议是指客户认为产品不符合自己的需要而提出的异议。当客户对你说"我不需要"之类的话时，表明客户在需求方面产生了异议。客户提出需求异议的原因一般有两种：一是客

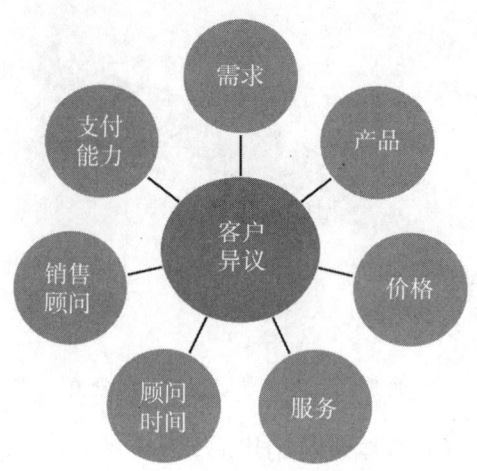

图 8-4 客户异议内容上的分类

户确实不需要或已有了同类产品,在这种情况下销售顾问应该立即停止销售行为,避免不必要的资源浪费;二是顾客想摆脱销售顾问或是在谈判中占有主动的一种托辞。在汽车销售实践中第一种情况相对比较少见,第二种情况出现的可能性比较大,因此汽车销售顾问应运用有效的异议化解技巧来排除障碍,从而深入开展销售活动。

(2) 产品方面的异议

产品方面的异议是指客户针对产品的质量、性能、规格、颜色、包装等方面提出的异议,即产品异议。这是一种常见的客户异议,其产生的原因非常复杂,有可能是由于产品自身存在的不足,也可能源于客户自身的主观因素,如客户的文化素质、知识水平、消费习惯等。例如,有的客户骨子里就认定了日本车的安全性肯定要比欧美车差,买日本车就一定不安全等。在汽车销售实践中,此种异议是汽车销售顾问面临的一个重大障碍,因为客户一旦形成这种观念,销售顾问就很难去说服或改变。

(3) 价格方面的异议

价格方面的异议是指客户认为价格过高或与价值不符而提出的异议。在销售过程中,汽车销售人员最常碰到的就是价格方面的异议,因为客户一旦进入展厅,基本上大部分客户都是对产品做过一部分的了解,而他们想要得到的就是一个合理的价格。因此价格问题也就成了销售顾问与客户之间谈判的焦点。一般来说,客户进入展厅之后,往往在产品介绍之前就会询问销售顾问关于车辆的价格问题,因为价格与客户的切身利益密切相关。只有价格满足了客户的购买力之后,销售顾问才能高效地进行产品介绍和试乘试驾等流程。因此,销售顾问在听取了客户价格方面的异议之后,一般会对客户做个简单的报价。但是,不管销售顾问报的价格是否合理,客户永远是"你们的价格太高了!"或"能不能再便宜一点?"等。在客户看来,讨价还价是天经地义的事。对于有经验的销售顾问来说,顾客提出价格方面的异议,也是表示客户对产品感兴趣,这是客户产生购买意愿的信号。怕就怕客户从一进店,片言不发或沉默寡言,一切听从销售顾问安排,销售顾问花了 2 个小时走完了流程,但客户在试乘试驾完了就表示要离开。因此,销售顾问应适当把握机会,引出价格促销活动,从而引发客户的关注点和兴趣,或从产品的材料、工艺、售后服务来证明产品的价值,说服客户接受其价格。

(4) 服务方面的异议

服务方面的异议是指客户针对购买前后一系列服务的具体方式、内容等方面提出的异议。这类异议主要源于客户自身的消费知识和消费习惯。例如,客户在买车前,销售顾问对客户显得尤为热情,可一旦客户提车回家了,有的销售顾问懒到连跟客户打个跟踪回访电话都觉得是多余的。这样的话,客户怎么会没有异议呢?处理此类异议,关键在于提高服务水平。在当今激烈的汽车销售模式下,很多经销商和客户都比较注重服务,有时服务做好了,客户反而会在出价高的销售顾问处买车。对于经销商而言,提高自身的服务水平尤为重要,许多品牌和经销商如今为了抢占市场占有率和客户资源,都在日益提高自身的服务水平。

(5) 购买时间方面的异议

购买时间方面的异议是指客户认为现在不是最佳的购买时间或对销售顾问提出的交货时间表示的异议。当客户说"我回去再考虑考虑"或"我下次再来看看吧"之类的话时,表明客户在这方面提出了异议。但需要注意的是,客户提出这些异议的真正理由往往不在于购买时间,而是对价格、质量、付款能力、需求等方面存在着问题。在这种情况下,销售顾问应该抓住机会,认真分析异议背后真正的原因,并进行说服或主动确定下次见面的具体时间。此外,在汽车销售实践中经常会碰到由于主机厂生产安排和运输方面的原因,或正处于销售旺季,可能无法保证产品的及时供应。在这种情况下,客户有可能对交货时间提出异议。面对此种异议,销售顾问应诚恳地向客户解释缘由,并力争得到客户的理解。

(6) 销售顾问方面的异议

销售顾问方面的异议往往是由销售顾问自身原因造成的。在当今的4S店内,由于某些销售顾问素质相对较低,服务意识不强,或自吹自擂,过分夸大产品的特点,或销售准备不到位等都会引起客户的反感,从而拒绝购买产品。这些都是作为一名销售顾问应该极力避免的情况。出现上述情况对销售的打击往往都是致命的。有句话说的好:"要想成功推销你的商品,首先就得先把自己推销出去"。因此,汽车销售顾问务必要提高自己的综合素质,增强服务意识,争取在销售过程中给客户留下美好的印象,以便于顺利开展销售工作。

(7) 支付能力方面的异议

支付能力方面的异议是指客户由于无钱购买而提出的异议。在现实销售过程中,这种原因往往并不直接地表现出来,而是通过其他形式表现出来。销售顾问应当具备敏锐的判断能力,一旦察觉客户确实缺乏支付能力的情况,可以积极向客户推荐相关金融贷款等优惠信息。如果客户不接受贷款购车的行为,销售顾问应立即停止销售,以避免不必要的资源浪费。但销售顾问不能因为客户没钱购买而对客户产生情绪,而是应该态度和蔼,以免失去成为未来客户或介绍他人购买的机会。

小组讨论

1. 案例导入

你的客户李先生今天来店提车,在验车时发现真皮座椅上有一点脏污,你在观察后表示没什么问题,并且你也帮李先生清除了脏污。但李先生却要求你重新换一辆,但该配置和颜色的现车公司只有这一辆,李先生于是向你提出退车要求,你果断拒绝了李先生。于是李先生要求你赠送一次保养作为安抚,并且要求你的销售经理出面解决此事。你认为李先生的异议在哪里?

2. 提出讨论要求

(1) 全班分成3组,选举小组长,对讨论项目展开讨论,时间为10 min;
(2) 小组讨论完毕之后,各组长推选组员进行讨论结果的陈述;
(3) 指导老师将各组讨论结果记录在黑板上;

（4）指导老师对讨论项目展开分析，并引出正确结果；
（5）同学们将指导老师给出的正确答案填入表格空白处，如表8-1所示。
（6）指导老师对各小组学习情况展开学习评估。

3. 进行讨论

请按照表8-1的内容识别客户李先生的异议。

表8-1 客户异议分析表

客户异议类型	从性质上分	
	从内容上分	
为什么会发生这样的异议？		
如何避免此类异议的产生？		

4. 学习评估

指导老师根据各小组讨论过程和讨论结果，对各小组学习成果进行评估，评估标准如表8-2所示。

表8-2 评估标准

评估重点	满分	得分	原因分析
1. 讨论时间的合理性	25		
2. 内容分析的准确性	25		
3. 知识点的掌握程度	25		
4. 团队协作能力	25		

复习思考题

1. 客户异议的含义是什么？
2. 客户异议的两面性是什么？
3. 客户异议的类型从性质和内容上划分，各有哪些内容？

任务 2　分析客户的异议

学习目标
能够分析客户异议产生的各种原因。

学习内容
1. 客户方面的原因；
2. 产品方面的原因；
3. 价格方面的原因；
4. 服务方面的原因。

知识准备

销售顾问在日常工作中会遇到各种各样的客户,因此顾客异议产生的原因也就多种多样,销售顾问正确认识客户提出的种种异议及其产生的根源,是有效处理这些异议的前提条件。客户异议产生的原因主要体现在客户、产品、价格、服务这四个方面,如图8-5所示。

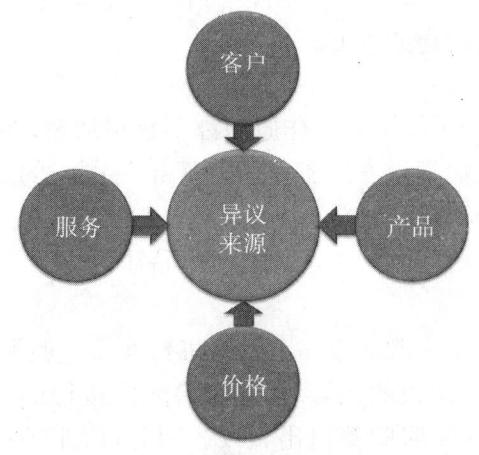

图 8-5　客户异议产生的原因

1. 客户方面的原因

客户方面的原因主要表现在客户的偏见、购买能力、购买习惯、产品知识和购买权力这五个方面,如图 8-6 所示。

1) 客户的偏见

客户由于自身经历等方面的原因,往往会提出一些不合理的异议,这往往是由客户的偏见造成的,比如有些客户对美国车在燃油经济性上的评价总是油耗较高。偏见导致客户在看问题时十分片面,缺乏整体观念,而且偏见一旦形成就很难改变。因此无论是经销商还是销售顾问,在进行产品介绍或其他销售行为时务必要谨慎,不要轻易让顾客产生偏见,即使客户已有了偏见,销售顾问

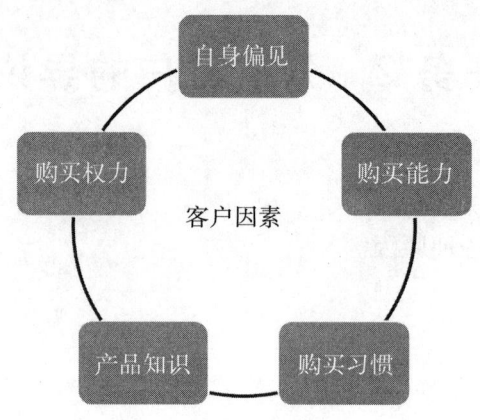

图 8-6 客户方面的因素

也应该采取相关话术说服客户,或将焦点转移到其他方面。

2) 客户的购买能力

即使客户对产品存在需求,但如果客户的购买力不足,当然也不会选择购买。作为销售顾问可以向顾客提出一些建议,如优惠的金融贷款政策,或建议客户购买价格低一些的车型等,当然销售顾问需有敏锐的判断能力和观察能力,以避免无效的销售行为。同时对于此类客户,销售顾问也要注意自己的态度,不放弃成为自己未来客户或介绍他人前来购买的机会。

3) 顾客的购买习惯

在很多情况下,客户拒绝购买产品,是由其购买习惯决定的。客户在长期的购买活动中会形成一些固有的习惯,而这些习惯是很难改变的。所以,当销售活动与客户的购买习惯不一致时,客户就会提出各种各样的异议,增加销售的难度。

4) 客户的产品知识

大多数客户对汽车产品的相关技术和工作原理都不是很清楚,在客户心中,汽车只是一个交通工具或面子的象征,许多客户在购买汽车时都是听从了销售顾问的介绍之后才对汽车有了一点了解。正因为如此,如果销售顾问不能详细深入的介绍自己的产品特点,就会导致客户的异议产生,甚至导致客户直接离开。因此,销售顾问一定要加强产品知识的学习。

5) 客户的购买权力

一般来说,客户购车无非是家庭购车或一个组织机构购买。但无论是谁买车,他们当中都会有一个决定购买的人,也就是俗称"拍板的人"。如果销售顾问接待的客户无权决定购买什么样的产品,他就可能借故对购买条件、购买时间等提出异议。因此,汽车销售顾问在判定客户是否具有决定权时,一定要认真仔细,在必要的时候可主动向客户询问。这也是实现成功销售的前提。

2. 产品方面的原因

产品方面的原因表现在客户对产品的功能、利益、质量和外观提出各种各样的异议,如图 8-7 所示。

1) 产品的功能

功能是指产品或配置给客户带来的利益或好处,这就决定了产品能给客户带来多少的使用价值。所以功能的多少也是客户选择汽车产品时的一个重要依据。功能太多或太少,或功能不符合客户的需求,客户当然也会提出异议,甚至拒绝购买该产品。

2) 产品的利益

产品利益是个范围较广的概念,客户购买产品,并不是单纯为了产品本身和产品所带来的基本

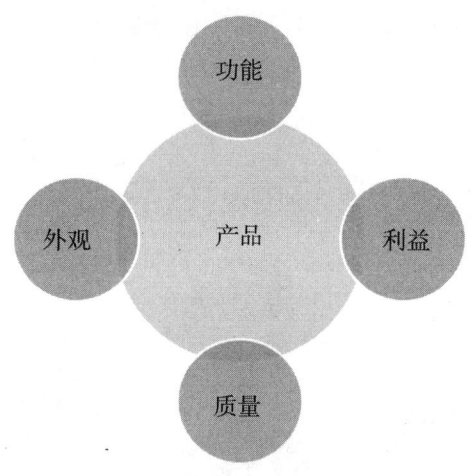

图 8-7 产品方面的异议

利益,只有当你的产品能相比其他产品而言,能给客户带来更多的利益和好处时,如动力强劲,价格低,油耗低,服务更加完善等,顾客才有可能放弃购买其他产品而选择购买你的产品,否则,客户就会提出异议。

3)产品的质量

产品的质量是产品因素中最重要的属性,它是产品的生命,汽车产品质量的好坏直接影响到客户的购买行为。客户对产品的功能、造型等方面的选择都是以产品质量为前提的,质量不好的汽车产品即使价格相对便宜或配置较高,也很难打动客户,客户一般对此类商品的异议也较大,销售顾问需花费的时间和精力也会增加。

4)产品的外观

随着汽车市场竞争的日益激烈,每年都有各种各样的汽车产品投放市场,产品之间的差异性也就成了经销商、销售顾问、关注的焦点。但不同品牌却定位相同的产品在质量、做工、配置、安全性等方面也存在着差异性,在这种情况下,客户对产品的造型、包装、式样的重视程度也就越来越高,客户在购车时,也会对这几方面产生很多的异议。

3. 价格方面的原因

价格方面的原因主要表现为客户对产品的价格过高、过低和讨价还价这三个方面,如图 8-8 所示。

图 8-8 价格方面的异议表现

在现实的销售活动中,价格方面的异议已经成为销售顾问与客户之间谈判的焦点,价格方面的原因是客户在销售过程中提出异议是比较常见的。一般表现为顾客认为价格过高,从而与销售顾问进行讨价还价。因此议价也就成了销售顾问要掌握的最重要的能力之一。

1) 价格过高

客户认为价格过高的原因主要有以下几种情况,如图8-9所示。

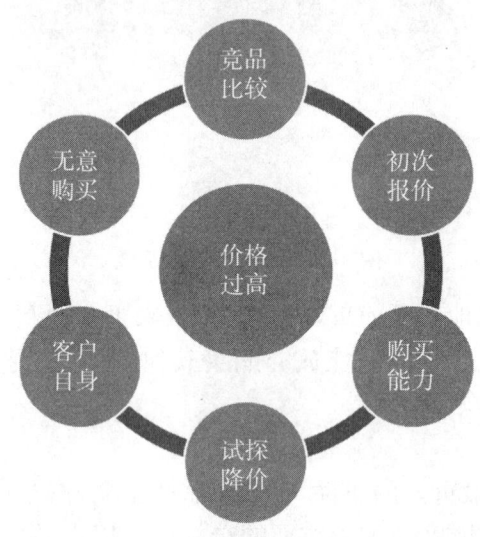

图8-9 价格过高的原因分析

(1) 通过竞品比较

一般而言,客户在购买汽车产品之前,会通过各种渠道先了解到目前的优惠促销情况,或者客户对市场上同类产品的价格已形成了自己的看法,将此产品的价格与之相比较,认为你的产品价格过于昂贵。

(2) 销售顾问初次报价

有的客户会通过销售顾问初次报价后的推算,心中确定了一个自认为合理的价格,然后再和销售顾问谈判。

(3) 客户自身购买力有限

客户由于购买力原因,虽然对产品有需求,但缺乏足够的支付能力,因而认为产品价格过高。

(4) 客户试探性询价

客户以价格贵为由来试探销售顾问,看是否仍有进一步降价的可能,以实现自身利益的最大化。

(5) 客户自身原因

有些客户无论对什么产品,都觉得对方报价贵,因而无论对方报什么价,都要讨价还价。

(6) 客户无意购买

客户根本无意购买产品,只是以价格高为借口摆脱销售顾问,对这种情况,销售顾问应能有所判断,避免销售资源的浪费。

2) 价格过低

在某些情况下,客户因销售商品的价格过低而拒绝购买产品,这种情况一般较为少见,且一般发生在冲动且感性的客户身上。主要受以下因素的影响。

(1) 客户经济条件较好,没必要购买价格低廉的商品,认为购买价格低的产品会影响其社会地位或品味等。

（2）客户心理有种"便宜没好货，好货不便宜"的想法，产品价格低，就担心产品会在制造成本、安全性、工艺水平、质量等方面存在一定的瑕疵而拒绝购买。

3）讨价还价

对于客户认为价格过高的产品，但确实对该款车型存在购买欲望的话，必然要与销售顾问进行讨价还价。客户讨价还价主要出于以下动机，如图8-10所示。

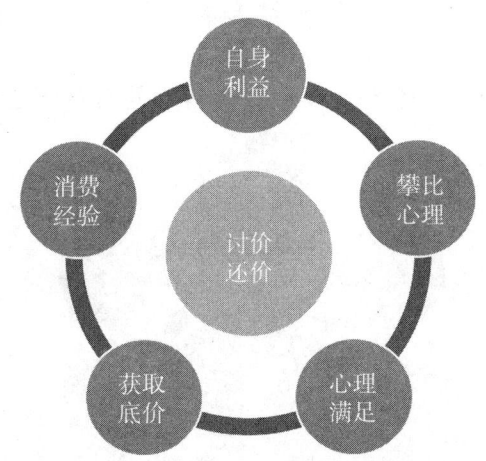

图8-10 客户讨价还价的动机

（1）自身利益

一般而言，客户往往出于自己利益的考虑，大多希望购买到物美价廉的产品。

（2）攀比心理

有的客户出于攀比的心理，希望自己购买到的产品总比其他人的价格更低些。

（3）心理满足

在日常的汽车销售活动中，客户希望在自己的购买行为中，通过与销售顾问讨价还价，以显示自己高超的谈判能力，从而获得心理上的满足。

（4）获取底价

有的顾客虽然和销售顾问谈判谈的情真意切，但此类客户最终并不会在这里购买产品，而是通过讨价还价获得较低的价格，做到心中有数。然后拿着获得的底价到同城其他店内向销售顾问施压，从而占领谈判中的主导地位，同时获得比之前更低的价格。

（5）消费经验

有的顾客根据自己的消费经验，认为销售顾问初次报价大多都有"水分"，希望通过讨价还价，迫使销售顾问给出更低的价格或获取更多的赠品。

4．服务方面的原因

服务方面的异议目前在汽车销售活动中也是最常出现的原因之一。在汽车销售竞争激励的今天，如果4S店不提高自身的服务水平，那么就会引发客户诸多方面的抱怨和投诉。服务方面的原因主要表现在经销商和销售顾问两个方面。

1）经销商方面

经销商方面的原因主要出现在有关管理人员身上，主要体现在以下几个方面。

（1）有些经销商的行政管理很不到位，责任心严重缺失，比如冷热天不开空调，提供给客户的饮料品种较少，展厅清洁不到位等都会引起客户的异议产生。

（2）销售管理部门有时也经常出错，比如客户订购的车型迟迟不到，或颜色、配置有别，还有出现一车两卖等情况，从而引发客户异议。

（3）当有的销售顾问无法解决客户的异议之后，有时会请管理人员出面解决，但有的管理人员姿态过高，对客户的异议不引起重视，因而引起客户更大的异议。

（4）有些经销商在信誉方面存在严重的问题，主要表现在承诺客户的无法兑现或存在拖、赖、推等现象，给客户留下不好的印象，从而引发客户异议。

2）销售顾问方面

目前在4S店出现的客户投诉与抱怨多发生在销售顾问自身问题上，如图8-11所示。

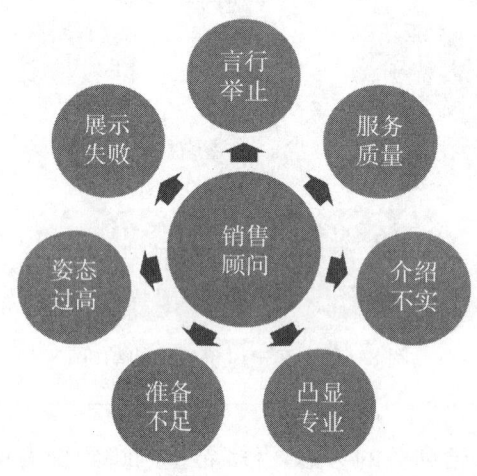

图8-11 销售顾问原因分析

（1）言行举止

指销售顾问的言行举止不能获得客户的好感而引发的客户异议。如言语过于激烈而顶撞客户，着装不整齐使得客户缺乏信任感等。

（2）服务质量

指销售顾问服务不周而引发的客户异议。如对客户提出的要求置之不理或缺乏一个汽车销售顾问应有的基本素质等。

（3）介绍不实

指销售顾问故意夸大产品特点或故意隐瞒事情真相而引起的客户异议。如某款车型的某个配置根本不具备某种功能或特点，销售顾问在介绍时故意夸大产品的功能特点。

（4）凸显专业

销售顾问在介绍产品时过多的使用了专业术语，完全不理会客户的感受和心情，从而引发的客户异议。如销售顾问在做产品介绍时过于死板，没有口语化介绍或使用专业的术语过多，如RBS、CBC等。

（5）准备不足

指销售顾问因销售准备不足而引发的客户异议。如客户来提车时，销售顾问没有做好待交车辆的准备工作，等客户到店里了才去准备。这样不仅浪费了客户的时间，万一车辆某个部位受损或脏污，必然会引起客户的严重不满。

（6）姿态过高

指销售顾问因姿态过高而引发的客户异议。有些销售顾问自认为自己从事的品牌很高端或自己的工作比客户要体面，导致自信心过于膨胀，完全漠视客户的种种言行，从而引起的客户异议。

(7) 展示失败

指销售顾问因不熟悉自己销售的产品,在产品介绍中无法回答客户的疑问或无法介绍本产品的特殊优点而引起的客户异议。

小组讨论

1. 案例导入

【案例 1】

某客户到你店里看车,结果进店 5 分钟了仍没有工作人员上前服务,此刻,你正好从旁边经过,客户对你抱怨说:"你们这里人都到哪去了?我来了这么久怎么没有人来接待我?"

你作为销售顾问,该作何回答?

【案例 2】

某客户来到你们店,与你交谈之后,对你说:"同城的另一家店比你们的价格还要优惠,送的东西也比你们多哇!小伙子你太不诚实了,赶紧给我一个最低价,不然我就走了"。

遇到这种情况,作为销售顾问的你该如何处理?

【案例 3】

假如你是丰田凯美瑞的销售顾问,某客户进店后拿大众帕萨特和别克新君威和你的凯美瑞做对比,并抱怨说"凯美瑞的安全性不如帕萨特和君威啊!"

你该如何应付?

2. 提出讨论要求

(1) 全班分成 3 组,并选举小组长,带领组员参与各案例的讨论;
(2) 全班用时 15~20 min,对各案例展开内部讨论和研究;
(3) 讨论完毕之后,各小组推举 1 位同学进行讨论结果的陈述;
(4) 每讨论一个案例之后,指导老师应该对小组讨论结果展开分析,并公布正确答案;
(5) 案例全部分析完毕之后,由指导老师对各小组的最终讨论结果进行评估。

3. 进行讨论

根据客户异议产生的原因,请分析案例导入中客户异议的形成原因以及如何避免这些异议。

针对案例 1,请根据表 8-3 的内容分析这位客户的异议。

表 8-3 客户异议分析表

客户异议来自哪个方面?	
产生此类异议的根本原因有哪些?	
你该如何回答这位客户?	

针对案例2,请根据表8-4的内容分析这位客户的异议。

表8-4 客户异议分析表

客户异议来自哪个方面?	
产生此类异议的根本原因有哪些?	
你该如何回答这位客户?	

针对案例3,请根据表8-5的内容分析这位客户的异议。

表8-5 客户异议分析表

客户异议来自哪个方面?	
产生此类异议的根本原因有哪些?	
你该如何回答这位客户?	

4. 学习评估

指导老师根据各小组讨论过程和讨论结果,对各小组学习成果进行评估,评估标准如表8-6所示。

表8-6 评估标准

评估重点	满分	得分	原因分析
1. 案例讨论的时效性	25		
2. 案例分析的准确性	25		
3. 知识点的掌握程度	25		
4. 团队协作能力	25		

复习思考题

1. 客户异议产生的原因有哪些?
2. 客户方面的原因有哪些?
3. 产品方面的原因有哪些?
4. 价格方面的原因有哪些?
5. 服务方面的原因有哪些?

任务3 处理客户异议

学习目标

1. 能够运用正确的态度处理客户异议;
2. 能够运用正确的步骤处理客户异议;
3. 能够掌握正确的方法和技巧处理客户异议;
4. 能够避免使用错误的方法处理客户异议。

学习内容

1. 处理客户异议的态度;
2. 异议处理的4大步骤;
3. 异议处理的4种方法;
4. 异议处理的10个技巧;
5. 异议处理的5种错误。

知识准备

客户异议无论何时发生,都是客户拒绝产品和服务的理由,销售顾问要想实现销售的成功,就必须要解决客户的疑难问题,说服客户购买自己的产品。因此,销售顾问必须学会如何正确处理客户提出的各种异议。

1. 处理客户异议的态度

我们已经知道客户在购买过程中出现异议往往是不可避免的。客户异议有时虽然是成交的障碍,但同时我们也应该看到,客户产生异议是对产品发生了兴趣,若异议处理恰当,反而能促使销售活动进一步进行下去。所以处理好客户异议往往被认为是销售成功的关键。销售顾问在处理客户异议时应持以下态度。

1) 情绪轻松,不要紧张

销售顾问要认识到客户异议是客观存在的,在心理上应有足够的承受能力。当客户提出异议时,我们应冷静思考且积极应对。最忌讳有些心理不成熟的销售顾问在遇到客户异议时情绪波动较大,有的怨天尤人,有的甚至对客户采取不友好的行为。这样极有可能导致交易的失败。即使侥幸成功了,那也无法保证客户的完全满意,最后还是失去了一位忠诚客户。严重的还会影响到客户对公司产生不好的印象。

2) 认真倾听,积极配合

客户产生异议后,销售顾问应该接受客户的意见并表示对客户的尊重。即使有的客户异议不是很合理,销售顾问也不应该置之不理,而是应该积极的表示欢迎和感谢,并仔细聆听客户的意见。这样,当你回应客户异议时,客户也会比较容易接受你的意见。

3) 重述异议，证明了解

由于汽车产品的特殊性，客户对问题的描述有时不尽准确，销售顾问应向客户重述其所提出的异议，表示已理解客户所要表达的意思。必要时可询问客户，确认异议内容是否准确，并对某些异议予以诚恳的赞同。

4) 谨慎回答，保持友善

一般来说，销售顾问应以沉着、坦白、直爽的态度，必要时要以有关事实、数据、资料或证明来回答客户所提出的异议。措辞须恰当，语调须温和，并在和谐友好的气氛下来解决客户的异议，千万不能信口开河，胡编乱造或掩盖事实真相，以免激怒客户。

5) 尊重客户，灵活应对

销售顾问切忌不可忽略或轻视客户的异议，以避免客户产生不满或怀疑，使销售活动无法继续下去。销售顾问也不可生硬地直接反驳客户，如果粗鲁地反对客户的意见，甚至指责客户愚昧无知，则会引起客户的极度不满，以至于交易的失败或客户满意度的降低。

6) 及时避开，保留退路

由于销售顾问的素质参差不齐，所以，并不是所有销售顾问都能解决每一个客户的异议，但销售顾问在洽谈时所持的态度及采用的方法，对未来能否继续和客户交流都有很大的影响。如果根据谈判的情况认为一时不能成交，那就应该保留一些客户的异议，可以作为跟进或回访客户的理由。同时销售顾问还应该具备时刻面对挫折的心态。

2. 异议处理的四大步骤

销售顾问在处理客户异议时，应遵循一定的步骤，才能更好地解决客户产生的异议，如图8-12所示。

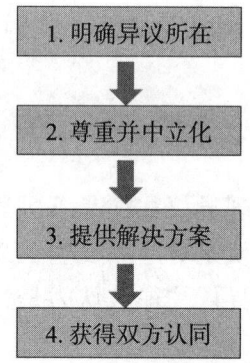

图8-12 处理客户异议的步骤

1) 明确异议所在

在客户向销售顾问提出异议时，要正确认识客户的异议。在销售过程中，由于买卖双方的价值观、立场、态度、利益及其需要的各不相同，异议自然而然就产生了。而且客户的异议是汽车销售过程中必不可少的环节。客户异议是一种客观存在的现象，尤其对汽车这种商品更是必不可少的一个环节，销售顾问需要正确理解，正确对待。

2) 尊重并中立化

美国心理学家马斯洛认为，每个人都有受尊重的需求，都希望得到别人的尊重。销售过程同时也是一个感情、思想交流的过程，销售顾问要尊重客户的价值判断，尊重对方的异议。即使你认为客户的异议是不符合实际的或无理的，甚至是错误的，也不要打断客户陈述他的意见，而是应该认真地听下去。待客户叙述完了,销售顾问再根据客户的异议给出自己的意见。

3) 提供解决方法

客户既然提出了异议,一定有他的理由。销售顾问对持有异议的客户,除了要明确、尊重之外,最重要的就是要帮助客户解决异议。在解决客户异议之前,销售顾问应该时刻洞察客户的言行举止,把握好客户真实的异议在哪里,只有这样,才能对症下药,有针对性地处理,为接下来的销售工作做准备。

4) 获得双方认同

销售顾问为客户提供解决方法之后,首先应征得客户同意,即使客户不同意你的解决方案,销售顾问也应该尽力说服客户。只有客户认同了你的解决方案,客户某方面的异议才会结束,然后才能推动销售活动进一步进行,继而推动销售成功的可能性。

3. 异议处理的四种方法

常规异议处理的方法有四种,即预防、拖延、回答、否定,如图 8-13 所示。

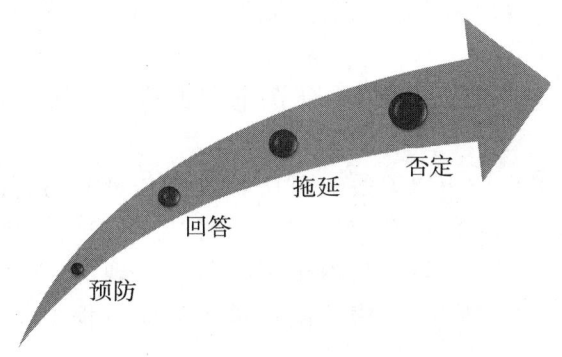

图 8-13 异议处理的方法

1) 预防

预防是销售顾问日常最应该做的工作,这就要求销售顾问在日常工作中一定要积极主动,而不应该消极怠慢。例如着装的准备、销售工具的准备、产品知识和销售流程的熟练掌握,交车前的准备,等等。这都是销售顾问应该具备的基本素质,销售顾问在接待每一个客户之前,必须做好这些准备工作,防止在接待客户时,出现一些本可以避免的客户异议。

2) 拖延

在日常销售活动中,有些客户异议,销售顾问无法(当场)回答的,销售顾问应尽量拖延客户,并委婉地告知客户,这个问题现在无法回答您,等自己问清楚了,可以再告知客户。如有销售顾问对产品某些特点不清楚,客户要求在已谈妥的价格基础上再额外索要赠品,客户订购的车型迟迟不到等。遇到此类情况,销售顾问应尽量稳住客户,待客户异议有了明确的答复之后再告知客户,切不可随便糊弄客户了事,这样反而会引起客户更大的异议。

3) 回答

面对客户提出的异议,销售顾问在什么时候回答最合适呢?其实,销售顾问回答异议的时机也是非常有讲究的。销售顾问应该根据销售环境的不同、客户的性格特点、客户异议性质等因素,来决定是否提前回答、立即回答、稍后回答、或是不予回答。

(1) 提前回答

提前回答指在客户提出异议之前就回答。一个经验丰富的销售顾问往往能预测到客户有可能会提出哪些意见,并在销售过程中及时察觉。这时,销售顾问应抢在客户前先把问题提出来,自己先进行问题的解答。比如你在销售大众品牌的车型时,一般大众车的仪表台都相对的比较简单,不像日韩车或美系车的仪表台那么复杂,有的客户一般就会对此提出异议。因此销售顾问在做产品介绍时,可以这样跟客户介绍:"××先生,您看,我们这款车的仪表台非常简单,其实简单的往往有时候就是最美的,这样不但看上去不烦琐,更重要的操作起来极为方便,相比日韩系的车或美系车来说,我们这款车的功能可是一个不少哦,您觉得是不是这样的设计更好一点呢?"

提前回答至少有以下几个优点。

① 销售顾问主动提出客户可能提出的异议,可以先发制人,避免纠正客户或反驳客户而带来的不快,提高销售的成功率。

② 使客户感到销售顾问考虑问题非常周到,确实是站在客户的立场上为客户的利益着想,从而对销售人员产生好感,营造出友好、和谐的销售氛围。

③ 使客户感到销售顾问非常坦率,将产品的优点和缺点完全摆出来让客户判断,并没有刻意隐瞒缺点。故对销售顾问所介绍的产品的优点,甚至对销售顾问本身的信任也增加了。

④ 同一种异议,若由客户提出来有可能会百般挑剔,若由销售顾问主动提出并婉转地加以解决,则会大事化小,小事化无了。

⑤ 销售顾问主动提出异议并自己回答,可以节省时间,提高销售的效率。

(2) 立即回答

立即回答指对客户的异议立即予以答复。对比较重要并且容易解决的问题,销售顾问应立即予以回答。一方面是显示销售顾问重视客户,并能立即消除客户的疑虑;另一方面,若任客户提出异议而不予回答,顾客的异议增多,异议还会引出别的异议出现,以至于客户对产品和服务会越来越不信任,导致销售行为的失败。因此,销售顾问在销售洽谈过程中应有选择性地解决一些问题,避免留下后患。

(3) 稍后回答

稍后回答指对客户提出的异议,稍后再给予回答。稍后回答主要出于以下几点原因:

① 销售顾问认为客户提出的异议比较复杂,不是一两句话可以解释清楚的。

② 销售顾问无法回答客户的异议,或需要搜集资料,故需要暂时放下,以后再选择恰当的时间或另找恰当的人来回答。

③ 销售顾问认为随着销售业务的进一步深入,客户提出的异议将会自动化解。

④ 销售顾问认为若立即回答客户的异议会影响销售工作的顺利进行,故先放下问题,稍后作答。不然,若任客户在这一问题上纠缠下去,销售顾问将无法进行接下来的工作。

⑤ 销售顾问认为客户的问题无关紧要,希望避免客户以为销售顾问总是与其作对,唱反调,回答了反而会引起客户的不愉快,阻碍销售工作的进一步发展。

(4) 不予回答

不予回答指对客户提出的异议置之不理,不予回答。对于客户由于心情欠佳等原因而提出的一些异议,或与购买决策无关的异议,销售顾问可以不予回答。

4) 否定

当客户提出一些与事实不符或一些过分的异议时,销售顾问可以当场否定或拒绝客户的无理要求。在实际销售活动中,销售顾问有时也会遇到一些非理性的客户对自己提出一些过分的或自己根本无法办到的要求。遇到此类客户时,销售顾问应根据实际情况判定,若客户的某种行为对自己没有任何利益好处或根本无法推进销售工作的进一步进行,当客户提出异议时,销售顾问可当面对客户进行否定或拒绝，以保护自己的正当利益。

4．异议处理的10个技巧

正因为客户异议的多种多样，因此处理的技巧也是千差万别，销售顾问必须因时、因地、因人、因事而采取不同的方法。在实际的销售工作中，常见的处理技巧有以下10种。

1）忽视法

销售顾问在对于那些无关紧要或客户并不是真的要解决的异议可以采用此法。如"你们这个车怎么不叫成龙代言啊？"或"要是这款车有蓝色的就好了"，一般采用忽视法的都是一些无法改变的客观现象，客户也并不是真的很在意。

2）反问法

反问法可以帮助销售顾问获得更加精准的信息和赢得谈判的时间，并用来判断异议是否是由于客户的原因引起的，有时也可以引导客户自己否定自己的异议。例如：

客户：我再考虑考虑吧！

销售：××先生，那您现在还需要考虑什么问题呢？如果您还有什么问题，您尽管说出来，能帮到您的我一定会帮您的。

客户：我还得和家人商量一下！

销售：嗯，是的，买车确实是比较大的投资，是需要好好商量商量的，不过，我想请问，您本人对我们这款车的款式、颜色、配置还有什么疑虑吗？

客户：我本人觉得还行吧，只是需要跟家里人商量过后才能决定啊。

销售：嗯，看来××先生是个很有家庭责任心的人啊，那好，那我等您的好消息吧，真的很希望您能成为我们××品牌的车主啊！

客户：嗯，好的，我会和您联系的

销售：嗯，期待您的好消息！再见！

3）缓冲法

有时当销售顾问在回答客户的异议时，客户不会接受一个对立的观点，作为销售顾问来讲，而是应该对客户的观点进行延伸和补充。销售顾问应该用"是的……如果……"进行谈话连接。例如：

客户：我听说你们这款车油耗比较高啊？

销售顾问错误的应对：谁说的，我们这款车的油耗一点都不高……

销售顾问应该这样说：××先生，看来您一定对我们这款车做过研究了，我非常理解您这么说，如果我给您做个测试，您就不会有这种想法了，来，您这边请……

4）转移法

有时客户对我们的产品或服务提出异议时，我们可利用负面的异议，转变成对销售工作有帮助的一面。例如：

客户：这款车的轮胎好像要比我昨天看到的××车的轮胎要窄一点。

销售：是的，这款车相对××车的轮胎确实要窄一点，但是这款车配备这种尺寸的轮胎已能够确保足够的抓地力了，而且轮胎窄一点可以做到更加省油。××先生您看，我们这款车还配备了……它可以……

5）预防法

预防法指预防客户可能提出的异议,做到防患于未然。例如:

客户:你们这款车好像要比别的车要重 100 kg 左右的嘛?

销售:××先生,您观察的还真仔细,确实,我们这款车相比同级车来说是要重一点的,车身重开起来当然更加平稳啊,但我想您一定会担心车子的油耗会增加是吧?我来为您重点介绍一下我们这款车的动力组合……

6）补偿法

因为汽车产品的特殊性,如今没有一款产品能够给客户带来100%的满意,销售顾问在为客户做产品介绍时,当客户提及产品某方面的劣势或相对竞争对手而言无法相比的产品优势时,应积极地用自己产品的其他优势来补偿。例如:

客户:你们这款车怎么还采用的是4速的变速箱,人家××车早就用6速变速箱了!

销售:××先生,您说的一点都没错,虽然我们这款车采用的是4速的变速箱,但我们这款车配备了××车不具备的其他特点,我来为您介绍一下……

7）证明法

销售顾问可利用消费者的从众心理,陈述第三者的评价和观点。例如:

客户:你们这款车到底怎么样啊?我有点担心啊。

销售:××先生,我很能理解您的心情,毕竟买车也是一件大事,不过,您放心好了,我们这款车目前在市场上的销量还是很好的,上个月我一个客户和他同事就在我这里买了两辆,他们公司就是做汽车零配件生意的,这款车有很多零配件都是他们公司提供的,他们也对我们这款车有很高的评价,如果您还不信的话,待会我带您参观一下我们售后,您可以仔细地问一下我们的老用户好了。

8）主动法

销售顾问有时可以在接待客户的时候,为了某种目的可以故意激起客户的疑问,主动提出客户肯定会提出的异议。例如试乘试驾时:

销售:××先生,您是否会觉得我们这款车的胎噪会有那么一点大啊?

客户:好像是有那么一点大哎。

销售:其实我们这款车的胎噪还好了,我们的轮胎表面采用了特殊材质,橡胶内加入了二氧化硅的成分,使得轮胎的硬度要大一些,因此胎噪会大那么一点点,不过,这样做的好处时可以增加轮胎的抗磨性,提高轮胎的使用寿命啊,我们这款车的轮胎相比其他同尺寸的轮胎可以多使用1年呢!

9）延缓法

当客户提出一些不便于回答或暂时无法回答的异议时,销售顾问应该给出延缓的理由,以表明你已经注意到了客户的异议,并在承诺客户的时间内答复客户。例如:

客户:这款车能便宜多少?

销售:××先生,价格当然很重要,但我觉得您更应该选一款您喜欢的车,等您选中这款车的配置和颜色时,我们再详细谈谈价格,您看可以吗?

10）衡量法

衡量法也称富兰克林法,主要用于竞品对比或价格商谈时使用,以此方法对客户做出竞品对比或向客户展示产品的价值。有经验的销售顾问经常会使用这一招来促进销售的成功。

富兰克林成交法又称理性分析成交法,就是鼓励潜在客户去考虑事情的正、反面,突出客户的购买行为是正确的一种方法。顾客在面临作决定的关键时刻,总犹豫不决。这时你拿出一张纸,在一张纸上画出两栏,呈"T"字形,将购买产品的优点写在左边,不买这种产品的缺点写在右边,然后让顾客一一分析优缺点。例如:

客户:你们这款车没有 ESP 电子稳定程序啊!速腾就有!

销售:对,××先生您看的很仔细,我们这款车虽然没有 ESP,但是价位差不多的速腾却没有真皮座椅、定速巡航、中央扶手箱、8喇叭音响等配置啊,而且我们优惠后的价格还比速腾少了5 000元呢!不是性价比更高吗?

5. 异议处理典型的5种错误

1) 直接反驳

- 不。
- 那是不正确的。
- 我闻所未闻。
- 你这样看问题的方法是错误的。
- 让我来告诉你事实是怎样的。

2) 无端指责

- 你应该更仔细的阅读用户手册。
- 如果我是你,我会再看看说明书。
- 如果你是内行,你就应该知道。

3) 自我狡辩

- 我已经尽力了。
- 你必须相信事实。
- 对此我无能为力。
- 我已经说得够清楚了。

4) 盲目同意

- 你是对的!
- 放心吧,有我在!
- 包在我身上!
- 好的,没问题!

5) 轻视

- 究竟是谁告诉你的?
- 我不知道你从哪里听来的这些?
- 站在你的立场上,你当然这么说!

小组讨论

1. 提出讨论要求

(1) 全班分成3组,选举小组长,对讨论内容组织小组成员实施讨论;
(2) 各小组讨论时间为15~20 min,也可由指导老师分配讨论任务;
(3) 讨论完毕后,组长推选小组成员陈述讨论内容;
(4) 陈述完毕后,指导老师带领全班同学参与总结与点评;
(5) 同学们将正确的意见填写到表格空白处,如表8-7所示。

2. 进行讨论

根据异议处理的10个技巧,请结合之前学习的知识,写出客户在产品介绍和试乘试驾过程的有关异议,并使用相关技巧写出应对客户的话术填入表8-7。(写6点即可)

表8-7 讨论表

客户异议	使用的技巧	话术应对
1.		
2.		
3.		
4.		
5.		
6.		

3. 学习评估

指导老师根据各小组讨论过程和讨论结果,对各小组学习成果进行评估,评估标准如表8-8所示。

表8-8 评估标准

评估重点	满分	得分	原因分析
1. 讨论时间的合理性	25		
2. 内容分析的准确性	25		
3. 知识点的掌握程度	25		
4. 团队协作能力	25		

学习情境8 异议处理

小组演练

1. 案例导入

北京现代悦动的高性价比赢得了不少客户的青睐,但是客户对于韩国品牌质量的担忧也确实是影响销售的一个重要因素。下面为大家分别介绍了失败的案例和成功的案例,其中有很多值得大家学习的地方,望大家能够活学活用,共同提高;对于失败的案例中,销售顾问所犯的错误也极具普遍性和典型,望大家引以为戒。

2. 提出演练要求

(1) 全班分成3组,选举小组长,并推选2~3名代表,其中一名扮演销售顾问,其他人员扮演客户;
(2) 演练之前,由指导老师扮演客户带领全班同学进行脚本的朗读;
(3) 朗读完毕之后,各小组利用15 min的时间进行小组内部的演练和对脚本的分析;
(4) 小组演练完毕之后,各小组在老师的安排下轮流上台进行脚本演练;
(5) 演练过程中,其他同学认真听讲,并记录演练全过程;
(6) 演练完毕后,由指导老师带领全班成员对各小组演练结果进行点评。

3. 演练脚本

1) 失败的案例演练脚本

【场景描述】

客户是两名男性,客户A是上班一族,也是购车的决策者和使用者,客户B是A的朋友,因B比较懂车,因此被A邀请来作为参谋(影响者)。C是销售顾问,从事汽车销售工作半年,产品知识尚可,人也很外向、热情。以下是他们的对话内容。

客户进店……

C:您好,欢迎光临北京现代店,请问二位是来看车的吗?

B:我们来看看悦动。

C:好的,这边请……这是我们悦动2011款1.6 L手动豪华型,售价是10.98万元。

A:你们这个车油耗怎么样啊?

C:我们这款伊兰特悦动采用的是CVVT的发动机,最大功率达到90.4 kW,您要知道,这款发动机可是同排量中功率最大的,但是我们百公里综合油耗连7 L都不到,非常省油。(优点陈述)

B:那实际油耗肯定不止的吧?

C:我们实际油耗也很低啊,手动挡的在城市工况一般不超过8 L,在同级别车中已经算是很优秀的了。(优点陈述)

B:真的有那么低吗?(招致异议)

A:你们这款车保养费用贵不贵啊?(引起另一种异议)

C:我们保养一点也不贵,常规保养一次还不到200元。

A:嗯,还可以。只是我听说现代车在质量上还不是很过硬,是不是啊?(自发异议,顾客实际

上只是寻求销售顾问给予关于质量方面的介绍,而他本人只是对此表示关心一下)

C:这个您尽管放心,我们北京现代的车非常有保证的。我们不但有 2 年/6 万公里的整车质保,而且还特别推出了动力总成的 5 年/10 万公里超长质保。您使用起来可以尽管放心

B:动力总成都包括哪些啊?

C:就是发动机和变速箱啊!

B:唉,这个就是噱头了,我开那么多年车了,有几个能把发动机和变速箱开坏的啊?这个也没什么意思,况且如果要享受这个质保的话,我 5 年内保养都要到你们 4S 店保养了,这个车要是到外面保养的话才 100 元左右。(招致客户异议,客户对销售顾问介绍不认可。)

C:呃,这个……(销售顾问无言以对)

2)成功的案例演练脚本

【场景描述】

客户王先生和老婆前来看车,王先生比较懂车。因为老婆刚换了工作单位,准备给老婆买个车作为代步工具,王太太之前用丈夫的朗逸练过手。

销售顾问小李已从事汽车销售工作 3 年多了,在客户接待和需求分析环节,小李已经了解到了王先生夫妇的需求,并建立了融洽的沟通氛围,现在正在推荐给王先生夫妇的是 2011 款悦动 1.6 L 自动豪华型车型,王先生提出了试乘试驾的要求……

小李:真不好意思,我们试驾车正在被别的客户试乘试驾,需要你们等一会,大概需要 15 分钟左右吧,要不我先介绍介绍其他方面吧?

王先生:没关系,不着急。哎,小李啊,北京现代车的质量是不是比大众或通用的车的质量要差一点啊?(对于质量的自发异议,代表客户对于质量的关注,客户暂时占据了销售过程的主动)

小李:王先生,看来您买车考虑的还挺全面的。其实不管买什么东西,大家肯定最关心的就是质量。要不然车子再漂亮,功能再多,老出毛病谁也受不了,您说是吧?(异议处理第一步:明确异议所在。在接受事实的基础上赞美客户,属于基本但又非常实用的沟通技巧)

我接触过这么多客户,大家其实多汽车质量都是非常关心的,但是我发现有的客户,特别是那种开了很多年的老驾驶员,他们觉得一款车要是质量好的话,应该是可以开个十几年的,或者什么几十万公里无大修。只是现在的人又有哪个买车能开到十几年或几十万公里呢?况且汽车的正常换购周期在 5 年左右,家用车一般 1 年也最多开个 2 万 km,您说一辆新车在这个几年家里开开的,又能出什么质量问题呢?(异议处理第二步:同意并中立化。分解客户异议,关注客户真正需求点)。你要是不放心的话,我们北京现代厂家还推出了一项同级车所不具备的服务。

王先生:什么服务啊?

小李:王先生,我想您也知道,厂家对汽车的质保期一般也就 2 年/6 万公里是不是?(寻求客户认同)

王先生:是的,我的朗逸就是 2 年/6 万 km 质保,我马上就要到期了。

小李:对啊,可是我们北京现代在整车 2 年/6 万公里质保期的基础上,还对我们车辆的动力组合实行 5 年/10 万 km 的超长担保,其实汽车上最贵的也就是发动机和变速箱了,有了这个保障,您还有什么好担心的呢?(异议处理第三部:提供解决方案。为客户消除异议。)

王太太:哎,还真是不错,我一个同事就开的这款车,她对这款车的评价还不错。(异议处理第四部:获得双方认同。客户获得利益,才能消除异议,化解异议才是销售工作的助推器)

王先生:那小李你看我们试驾一下,如果满意的话我们今天就在你这把车定了!

小李：好的，王先生，请出示一下您的驾照，我来为您办理一下试乘试驾的相关手续……

4. 开始演练

1) 失败案例的演练

在失败案例演练过程中，其他成员结合演练脚本内容和演练人员的表现，根据表8-9的内容进行概括。

表8-9 演练分析表

演练过程记录	
销售顾问C在接待客户的过程中犯了哪些错误？	

2) 成功案例的演练

在成功案例的演练过程中，其他成员结合演练脚本内容和演练人员的表现，根据表8-10的内容进行概括。

表8-10 演练分析表

演练过程记录	
销售顾问小李做的好的地方有哪些？	

5. 学习评估

各小组演练完毕之后，由指导老师带领其他小组一起参与演练过程的讨论和点评，相关评估标准如表8-11所示。

表8-11 评估标准

评估重点	满分	得分	原因分析
1. 演练时间的合理性	20		
2. 是否在对话过程中始终尊称客户"您"	20		
3. 脚本内容的熟练程度	20		
4. 对演练过程和演练脚本的总结程度	20		
5. 小组的团队协作能力	20		

复习思考题

1. 销售顾问在处理客户异议时，应持怎样的态度？
2. 异议处理的四大步骤是什么？
3. 异议处理的 4 种方法是什么？
4. 异议处理的 10 个技巧是什么？
5. 异议处理的 5 种错误是什么？

学习情境9 报价成交

学习目标

1. 能够运用正确的方法和技巧与客户进行价格商谈；
2. 能够运用正确的方法和技巧促成交易。

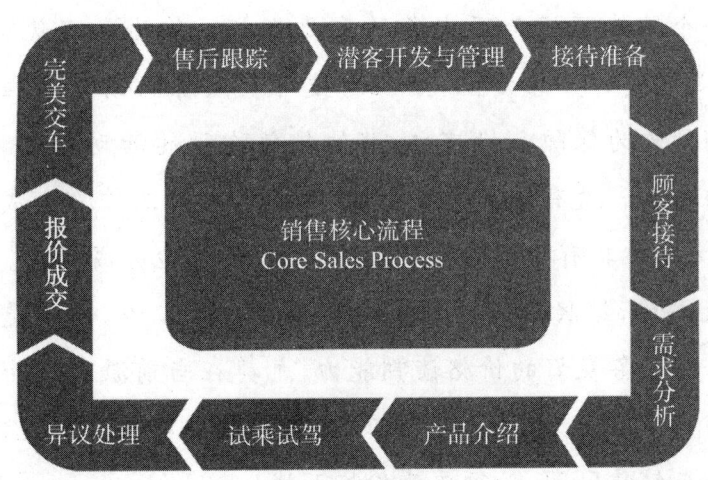

情境导入

通过小俞对王先生的各种异议的处理和售前的跟踪回访，王先生今天再次来到了小俞的店里，准备和小俞就价格进行商谈，如果价格合适的话，王先生就打算和小俞签订购车合同了。此刻小俞已经和王先生坐在客户洽谈室，就大众新帕萨特1.4TSI尊荣版展开价格商谈。通过本情境的学习，小俞将学会如何与意向客户展开价格商谈并促成成交。

岗前资讯

汽车销售经过客户接待、需求分析、产品介绍、试乘试驾和售前跟踪等环节之后，就进入了报价成交阶段。所谓成交，是指客户接受销售顾问的建议及销售演示，并且进行购买商品的行动过程。

在汽车销售过程中，成交是一个关键的阶段，它既决定了销售顾问先前的工作是否准确有效，是否获得了客户的认可，同样也是整个销售工作的最终目的。没有成交，销售顾问也就没有业绩，在当今4S店里，销售业绩是衡量一个销售顾问是否出色的重要指标。作为一名优秀的销售顾问，除了需要过硬的产品知识，专业的技巧和熟练的销售流程，更加需要足够多的销量作为保障。换言之，其他销售阶段的活动都是为客户最后的成交做准备的。没有成交，销售顾问所做的一切工作都会成为徒劳，因此，销售顾问应该具有明确的销售目的，千方百计地促成交易。

在成交之前，销售顾问还需要做一项重要的工作，那就是价格商谈，销售顾问必须具备良好的价格谈判能力，尤其在当前激烈的市场竞争中，掌握好价格商谈的能力，对我们的工作、生活都是有极大好处的。作为一名优秀的汽车销售顾问，必须要为价格而战！

任务1 价格商谈

学习目标

1. 能够掌握询价和议价的区别；
2. 能够理解价格与价值之间区别；
3. 能够运用掌握正确的时机与客户展开价格商谈；
4. 能够运用一定的原则和技巧与客户进行价格商谈；
5. 能够对客户的购车费用进行预算。

学习内容

1. 询价和议价的概念；
2. 价格和价值的区别；
3. 价格商谈的时机；
4. 价格商谈的原则；
5. 价格商谈的技巧；
6. 价格的预算。

知识准备

好的开始是成功的一半，在你第一次向客户做出报价时，的确需要花费一些时间来进行全盘思考。价格虽然不是谈判的全部，但毫无疑问，有关价格的争议依然是谈判的主要组成部分。在销售顾问解决了客户产品方面的异议之后，通常有关价格的谈判会占据谈判过程70%以上的时间。因为销售顾问和经销商都希望以较低的价格卖给客户，从而获取更大更多的利润；而站在客户的立场上，又总是希望能够以较低的价格买到自己理想的产品。正是因为这种矛盾的存在，就需要销售顾问具备良好的价格商谈的能力。

价格商谈不仅仅是"讨价还价"，客户要求进行价格商谈，就表示客户对产品或服务感兴趣，客户很可能会在价格商谈之后和销售顾问实现成交。但价格商谈没有"常胜将军"，销售顾问会经历很多的失败与挫折。销售顾问只有通过不断的学习、实践、交流和总结，才能提高自己的成交率。

1. 询价和议价的概念

图9-1中所提出的问题，哪些是询价，哪些又是议价呢？

有些刚入职的销售顾问，往往在客户询问某款车的价格时，有的人就会认为客户想进入价格商谈的阶段了，有的甚至直接跳过了产品介绍和试乘试驾等环节，自己主动和客户谈起了价格。其实当客户询问汽车价格及优惠时，销售顾问需要沉着冷静，并仔细分析客户的关注点，搞清楚客户到底只是问问价格还是想得到合适的价格从而实施购买行为了。从而根据客户需求正确的引导客户。

询价是指客户有意或无意地询问某款车的价格或优惠，而并非马上购买或有购买的意向，甚至客户对询问的这款车都不是很了解。此时销售顾问应该做出常规报价即可。例如客户会问："这款

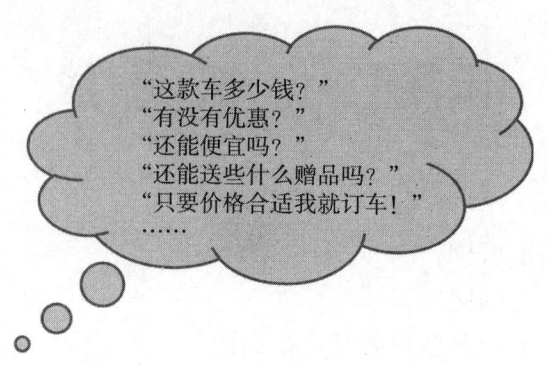

图 9-1 询价和议价

车多少钱？"或"这款车现在优惠多少？"，销售顾问可以回答："您好，这款车目前的售价是 159 800 元。"或"这款车目前可以优惠 5 000 元（当然实际可以优惠的一定是大于 5 000 元，其实这也是客户的想法。）"。议价是客户已经对你的产品或服务产生兴趣，想和你确认购买产品或服务所需花费的价格。议价阶段的客户才是我们和客户进行价格商谈的重要阶段。客户经常会问"还能再便宜点吗？"或"还有什么赠品送吗？"等。此时，销售顾问最常用的也最实用的一句话就是："只要您选定车型，价格是没问题的"或"没事，我一定帮您争取一个好的价格。"等。

因此，销售顾问在接待客户的过程当中，一定要区分清楚客户是询价阶段还是到了议价阶段了，这样才能正确把握客户的心理，引导客户适时进入价格商谈阶段。从而提高自己的工作效率。

2．价格与价值的区别

价值（value）和价格（price）之间的关系及本质区别是：价值是物的真实所值，是内在的，是相对客观和稳定的，它是价格的波动"中心"；而价格是价值的外在表现，围绕着价值而上下波动，是实际发生、已经完成并且可以观察到的事实，它因人而异，时高时低。现实中由于定价决策、个人偏好或者交易者之间的特殊关系和无知等原因，时常会出现"低值高价"或者"高值低价"等价格背离价值的情况。在实际的汽车销售活动中，价格与价值的主要矛盾表现，如图 9-2 所示。

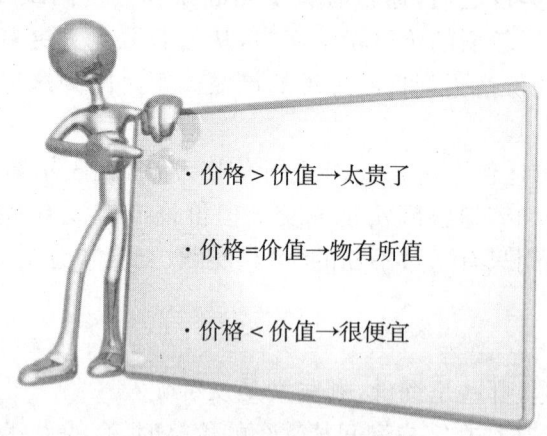

图 9-2 价格和价值的关系

建立价格与价值之间的平衡，是所有价格商谈的目标所在。因此，销售顾问在价格商谈时，一定要突出产品的价值所在，而不能一味地和客户去讨论价格，尤其在做竞品对比时，更是应该突出自己所销售的产品相比竞争对手的价值所在。

在日常销售活动中，大部分客户都会对产品的价格表示足够的关注，而销售顾问又经常困惑在与客户的"讨价还价"中,如图9-3所示。那么,我们该如何应对客户"太贵了"的心态呢?

图9-3 "太贵了"示意图

【想一想】

如果客户讲"太贵了",你认为客户的真实想法是什么?

_____

_____

作为一名汽车销售顾问,必须要保持汽车价格的正常稳定,而不是胡乱的和客户进行价格商谈。俗话说的好"不会谈车的人只会谈价格",这种现象在目前汽车销售行业里普遍存在。其实,汽车价格完全取决于销售顾问自身,优秀的汽车销售顾问必须为他的价格而战!

3. 价格商谈的时机

当客户对产品和服务都满意时,客户唯一能够关心的就是价格问题了。价格问题也是一直萦绕在客户、销售顾问、经销商三者之间的最敏感的问题,客户想以最低的价格购买到自己中意的产品;销售顾问既想完成销量指标,同时也想获取溢价的佣金;经销商同样也是如此,既想完成主机厂的销量指标,同样也希望销售顾问为公司赚取更多的利润。正是由于销售中这种矛盾的存在,才会有价格商谈的存在。

【想一想】

客户通常会在什么时候要求进行价格商谈呢?销售顾问又在什么时候开始和客户进行价格商谈才是最有利的呢?

_____

_____

1) 客户的购买信号

通常我们认为当客户露出购买信号时就是价格商谈的最好时机,如图9-4所示。客户的购买信号,主要表现在以下三个方面。

(1) 提问的变化

提问的变化主要体现在客户从产品的异议过渡到价格的异议上。通常客户觉得在产品上的"挑刺"已经给了销售顾问一定的压力,他们往往认为产品的不足就需要更低的价格来弥补,因此在

图 9-4 客户的购买信号

即将进入价格商谈阶段,客户通常会问:"订车需要多长时间?"、"这种型号的有现车吗?"、"买车还能送些什么呢?"等,销售顾问在接待客户时,一定要重视客户提出的此类问题。

(2) 叙述的变化

在产品介绍和试乘试驾环节,客户总是会提出各种各样的异议,但当客户接受了销售顾问的产品和服务之后,客户说话的方式和语气也都产生很大的变化。尤其是对销售顾问的表现会显得较之前熟悉一些。因此,在客户接待中,销售顾问应该仔细聆听客户的讲话,从客户的陈述中了解客户的真正意图,以判别客户是否想进入价格商谈阶段了。如:"这款车的确不错,我同事强烈推荐我买这款车。"、"你帮我算算价格吧,看看我需要花多少钱?"等。

(3) 肢体语言的变化

肢体语言包括客户的表情和动作,在即将进入价格商谈阶段时,客户通常会表现出点头、微笑、仔细研究展车、产品宣传资料或合同,有的还会自己单独核算价格等行为,销售顾问应该仔细观察客户的一言一行,抓住机会主动出击。

2) 价格商谈之前的话术举例

- 您今天是想先看看再比较比较呢,还是想今天就付定金把车定下来?
- 您今天定下来的话,是付现金还是刷卡?
- 这款车(款式、配置、颜色)卖得最好,现在只有一台了,要是您今天带钱了,先付点定金,我可以帮您先留下来。
- 银行四点半就关门了,您要是付支票的话,最好赶在四点半之前,这样您今天就可以把车提走了。
- 你昨天来我们展厅所看到的那辆黑色样车,今天已经给顾客提走了,现在该车型在仓库里只有5台,其中3台已经预定了。

4. 价格商谈的原则

【想一想】

客户购车关心的因素有哪些?

_____

_____

1) 控制价格商谈的时机,避免让客户开始价格商谈

销售顾问一定要把握好销售的节奏,仔细观察客户的行为,在客户露出购买信号时,应当主动

出击,主动和客户进行价格商谈,以避免客户的流失。切不可让客户首先提出价格商谈,否者销售顾问则会失去谈判的主动权。

2) 不要过早地将客户引导到价格商谈阶段

很多没有经验的销售顾问往往就犯了这样的错误,认为客户买车价格是最重要的考虑因素,其实不然。消费者在购买产品的时候,价格只是在排除了产品质量、服务、功能、外形、利益等因素之后才会考虑的重要因素。因此,销售顾问需要在解决了客户产品上的异议之后,才能和客户进行价格商谈。不然在一番讨价还价之后,客户还对产品产生异议导致不能购买,那销售顾问所做的一切都白费了。

3) 绝不在价格面前投降

在价格商谈中,有时销售顾问为了完成销售指标或获得订单,会在客户的"威逼利诱"下一退再退,其实这种做法是完全错误的。因为有时价格一降再降,很多客户也是不会买账的。相反,客户会觉得其中有很大的水分,反而会造成交易的失败或失去更多的利润。销售顾问应该在了解客户心理价位和公司优惠政策的基础上,运用恰当的报价和谈判技巧和客户积极地进行价格商谈。

4) 极端情况下的价格让步

在实际销售活动中,往往经销商为了完成任务指标也会做出一些极端情况下的价格让步,此种情况下,销售顾问应该时刻关注客户的各种行为,在必要的情况下需要给客户一个台阶下,否者很容易造成交易的失败。

5. 价格商谈的技巧

价格商谈之前,销售顾问必须邀请客户进入洽谈区域坐下,为客户奉上饮料茶水,销售顾问本人也应该坐下和客户进行价格方面的协商。没有一笔汽车交易是在双方都站着的情况下完成的,如图9-5所示。

图9-5 销售顾问洽谈示意图

客户的需求多种多样,因而价格商谈的方法也就多种多样,根据销售顾问与客户谈判时间的长短,我们从价格商谈的初期、中期、后期这三个阶段来学习价格商谈的技巧,如图9-6所示。

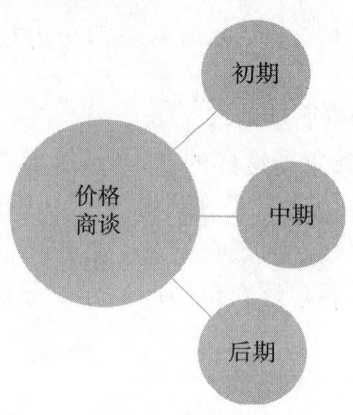

图9-6 价格商谈的阶段

1）初期谈判技巧

（1）提出比你真正想要的价格还要高的价格

在刚刚和客户进行价格商谈的时候，销售顾问的报价一定是比实际成交价要高一些，这样做的好处主要是给双方一点谈判的余地，避免谈判僵局的出现。在双方讨价还价的过程中，销售顾问还可以提及其他如产品、服务等方面的优势。如果成交了，客户也会认为是自己赢得了谈判的成功。切忌销售顾问"一竿子到底"式的报价，不然销售顾问则无法掌握谈判的主动权。如一款车的优惠低价是5 000元，则销售顾问对一般的客户最多报价3 000元。

（2）报价的对半法则

指在价格商谈过程中，销售顾问要主动探寻客户期望的价格，并在自己的报价和客户期望的价格之间寻找中间点，运用对半法则，寻求双方接受的平衡点。即使该车型的优惠幅度可以满足客户的期望值，销售顾问也不应该立即答应客户，而是应该采取迂回的方式和客户进行谈判。如一款车的底价是5 000元，销售顾问给出的最后底价是4 500元，但客户要求是优惠6 000元，则销售顾问也不能灰心，应当争取和客户采取"两凑凑"的对半法则，最多在5 000元的基础上加送一些价格低廉的赠品。

（3）千万不要接受对方第一个提议

若客户要求的心理价位高于销售顾问可以出售的价格（即底价5 000元，客户要求4 000元），销售顾问也不能立即接受，否者客户会产生"我还可以拿到更好的价格"的想法，因而会在后来的过程中不停地挑毛病或索要其他赠品，甚至终止谈判过程。

（4）适当的时候表示惊讶的态度

销售顾问在客户提出过分的价格要求时应表示惊讶，因为客户也知道，你不会立马接受他的提议，但是如果你不表示惊讶，等于告诉对方他的价格你愿意接受，而且客户的态度会更加强硬，附加条件会更多。

（5）扮演勉为其难的销售顾问

这是一个在谈判开始之前先压缩对手议价范围的绝佳技巧。当销售顾问与客户议价时，对客户提出的过分要求进行一而再，再而三的询问和为难，让客户深知价格真的已经到底了。

（6）适当的时候应坚定立场，紧咬不放

当今汽车销售活动中，有的客户甚至已经知道了底价，但客户还是想在底价的基础上再优惠一些，在这种情况下，销售顾问应该以坚定的态度应对客户的杀价，然后让客户给出一个更合适的报价。若此时客户同样坚定立场，则销售顾问应反其道而行之，表现出很为难或陈述其他优势来降低客户的心理价位。

2) 中期谈判技巧

(1) 借助公司高层的威力

如果客户要求的价格超出你想要成交的价格,你在两次让利之后客户还是要求再让,你可以借助高层的力量,表明自己实在无能为力,将决定权推给上层,由公司领导来决定给予客户的最终价格。

(2) 避免对抗性的谈判

如果客户一开始就反对你的意见,不同意你的报价。销售顾问也不要和客户争辩,以免造成对抗的氛围。而是应该使用"了解"、"我明白"、"我同意"、"感受到"、"发现"等字眼来化解对方的敌意,用转化的方法消除对方的抗拒。

(3) 条件换条件

当客户提出过分的条件时,销售顾问应该慎重考虑,运用富兰克林法来衡量彼此的利弊。当发现条件可行时,销售顾问也应适时向客户提出条件,以增加销售的附加值。如保险、贷款等其他增值服务。

3) 后期谈判技巧

(1) 好人/坏人法(红脸/白脸)

当你和同事一起采用这样的方法的时候,可以很好地向客户施压,同时还可以避免局面尴尬,"逼单"往往是销售顾问必须采取的措施之一。

(2) 鲸吞蚕食法

当客户基本决定差不多的时候,销售顾问可让他同意之前不同意的事情,比如购买保险、精品装潢等。销售顾问在和客户达成最终成交价之前,必须做出进一步的努力,争取获得更大的附加值。

(3) 取消之前的议价

当销售顾问给出的底价依然达不到客户的心理价位时,销售顾问可以告知客户,这次如果不买的话,以后再考虑购买,那现在谈的价格需统统作废,必须从新谈起,并不保证这个价格下次还会再有。这个方法风险性很大,客户很有可能因为赌气而离开。销售顾问需谨慎使用。

(4) 价格让步的方法

价格让步应遵循一定的规则,以下列举一些常见错误的让价步骤,以优惠1 000元为例。

- 错误一:避免等额让步250元、250元、250元、250元;
- 错误二:避免让价过快600元、400元、0元、0元;
- 错误三:避免先少后多100元、200元、300元、400元;
- 错误四:避免全部让光1 000元、0元、0元、0元。

一般合适的让价步骤为400元、300元、200元、100元或500元、300元、100元、100元,这样的报价方式优点在于先让价大一点,给客户有继续价格协商的希望,然后客户讨价还价,最终达到1 000元的优惠。客户也会很有成就感,而作为销售顾问,既在公司优惠的基础上卖出了产品,又避免了客户的流失或公司利润的进一步损失。

(5) 拟定合同法

拟定合同法也是销售顾问经常使用的一种方法。销售顾问在和客户洽谈的时候,如果觉得时机已经成熟或将要成熟,可顺势将已准备好的合同拿出来并询问客户个人信息,逼迫客户提出有关价格方面的要求。

6. 几种常见的价格商谈案例

1）电话砍价

【客户的话术】

- 价格谈好了，我再过来，否则我岂不是白跑一趟！
- 你太贵了，人家比你还……，如果你在这个基础上还可以……，我马上就过来！
- 你只要同意我这个价格，我肯定过来！
- 你要是做不了主的话，去问问你们经理，如果可以的话，我这两天就过来！

【分析】

电话中，我们仅凭客户的语气语调，是无法判断客户价格商谈的诚意的。电话里的价格商谈是"没有结局的爱情"，因为我们即使满足了客户的要求，我们也无法在电话里收款签单。但是，如果我们一口拒绝了客户的"过分要求"，那么销售顾问和客户见面的机会可能都没有。

【处理技巧】

(1) 电话中不报价或不过分的让价，也不要和客户讨价还价；
(2) 不答应也不拒绝客户的要求；
(3) 对新客户，我们的目标是"邀约到店"，对老客户，我们的目标是让客户"再次回店"或销售顾问主动"上门拜访"。

【销售顾问应对话术】

- 价格方面包您满意，但是你必须来我们店看看车啊，我为您介绍一下这款车的特点。
- 您说您决定购买奥迪A4，不打算和宝马3系再对比一下了吗……那好的，我们的价格包您满意，但是刘先生，买车也不一定都只看价格，您买车还得再看看购车方面的服务和我们店的具体环境吧？所以我还是建议您来我们公司亲自体验一下，看看满不满意！
- 我们电话里是不允许报价格的，厂方和我们领导随时都有可能检查，查到我们在电话里让价的话时要重罚的，您要是方便的话，我建议您还是先来我们展厅看看吧？
- 您看，要是您没空的话，您什么时间方便，我到您那去一趟，顺便给您送点资料。
- 您如果不亲自来一趟的话，我们经理也不会给我最低价的，如果您本人过来了，到时您可以跟我们经理详谈，说不定会给您一个很好的价格呢？
- 刘先生，还真是巧了，这个周末我们店就有一个优惠活动，价格绝对史无前例，您看您是不是来看看啊？

2）刚进店的砍价

【客户的话术】

客户第一次进店，刚进门不久，就开始询问底价。客户会说：

- 这车多少钱？
- 这车能便宜多少？

- 你赶紧给我个底价,我看要是合适的话我就买!

【分析】

客户初次进店就问这样的问题,有可能客户已在同城其他店看过,也有可能之前是店里其他销售顾问接待过,又或是客户来店之前已经对该款车型做过大量的工作等。

【处理技巧】

(1) 注意观察客户询问的语气和神态;
(2) 简单建立客户的舒适区,放缓客户询价的节奏;
(3) 通过观察、询问后作出判断,最后根据客户实际情况做出适当的报价;
(4) 可告知公开的价格优惠活动;
(5) 买车不完全取决于价格。

【销售顾问应对话术】

- 您以前来过吗?
- 您以前在我们店或其他地方看过这款车了吗?
- 您现在已经决定购买我们这款车型了吗?其他车不看了吗?
- 您打算什么时间购买呢?
- 先生,您先请这里坐一会,我们坐下聊聊好吗?您看您是喝什么饮料,我们有……
- 这款车我就是给您再便宜,要是不适合您,那也没用啊!所以,我还是给您把几款车都介绍一下,结合您的要求,您看哪款比较适合,咱们再谈价格。您看好吗?

7. 价格的预算

1) 购车价格的组成

客户购买汽车的费用通常包含裸车价、购置附加税、保险费、上牌费、精品装潢费、贷款手续费、利息、担保费、公正抵押费和其他杂费等,4S店销售顾问通常需使用"购车预算单"来为客户进行价格预算,如表9-1所示。

(1) 购置附加税

我国的汽车指导价中不但包含了一部分增值税,而且消费者在买车时还需额外支付一定比例的购置附加税。目前购置附加税的计算方式是去税后的10%(2009年之前都是10%,2009年是5%,2010年是7.5%,2011年起又恢复到10%)。去税价是指车价除以1.17以后得到的价格,也就是说购置附加税的计算方式是"(车价÷1.17)×10%"。购置税常规的算法就是"车价÷11.7"。例如,某款车的官方指导价是158 800元,目前优惠5 000元,那么这款车的购置附加税就是"(158 800-5 000)÷11.7=13 145元"。但购置附加税一般都有最低征收标准,因此每款车的购置附加税都有它特定的最低征收标准。像目前有的豪华乘用车动辄就是在官方指导价基础上优惠几万、十几万块甚至几十万的,像这种情况就只能按照最低征收标准征收购置附加税,而不能还是按照成交价除以11.7来计算了。购置税发票,如图9-7所示。

(2) 保险费

汽车保险也是购买汽车必须购买的一项,汽车保险主要包含车损险、第三者责任险(包含20万元、30万元、50万元、100万元)、不计免赔险、划痕险(保额有2 000元、5 000元、10 000元的区别)、

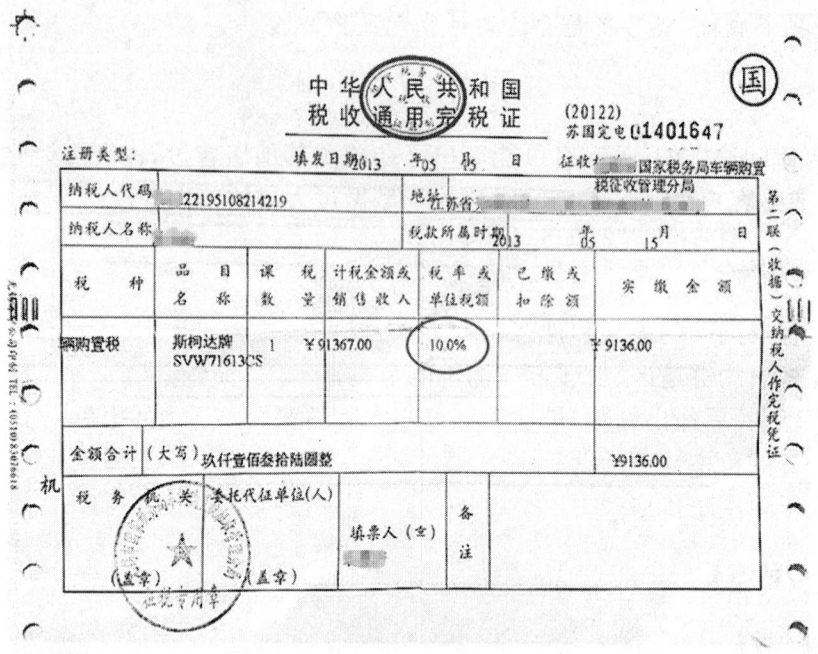

图 9-7 汽车购置税发票

玻璃险(分为国产玻璃和进口玻璃)、盗抢险(贷款必保的保险)、自燃险、座位险、交强险、车船税等。

当今 4S 的保险计算一般依靠保险公司提供的一套 Excel 表格来计算。销售顾问只需询问客户需要保哪些保险,然后输入报价软件计算公式,就可以准确计算一辆车的所有保险费用了,如表 9-2 所示。

表 9-2 保险报价软件

车辆购置价/元	208 800
车辆种类(车上座位数)	5
第三者责任险保额/万元	50
车型系数	1
盗抢险系数	1
车上人员责任险保额/(万元/每座)	0
是否投保盗抢险	是
是否附加自燃险	是
划痕险保额/元	0
是否附加单独玻璃破损险	国产玻璃
划痕险优惠	1
车船税应缴纳月数	12

表 9－1　购车预算单

北京运通汽车销售服务有限公司

购 车 预 算 单

车型_____　　　　　　　　车价_____

名称		金额(元)		名称	金额(元)
保险	1年		分期付款	首付	
	2年			贷款金额	
	3年			贷款年限	
购置附加税				每月还款	
上牌费				利息	
PDI检测费				担保费	
其他				公证费	
购车总计：					

注：
保险种类：1. 车损险　2. 第三者责任险(20万元、30万元、50万元)　3. 不计免赔险
　　　　　4. 盗抢险　5. 自燃险　6. 玻璃险　7. 划痕险　8. 座位险(1万元/座、5万元/座)
　　　　　9. 交强险　10. 车船税
贷款手续(私牌)：夫妻双方身份证、双方户口本、结婚证、双方收入证明、房产证明、驾驶证、银行三个月流水账单
贷款手续(公牌)：营业执照、企业代码证、近三年财务报表、公司章程、贷款卡、银行对账单、公章、法人身份证、房产证、户口本

销售顾问：_____　　　　　　　　电话：_____

　　　　　　　　　　　　　　　　　　　　　　　　　　年　　月　　日

(续表)

折扣系数	商业险	交强险
第一年	0.95	1
第二年	0.855	—
第三年	0.855	—
险种	今年	明年
交强险、车船税	1 310.00	—
车损险	3 409.40	2 937.40
第三者责任险50万元	1 533.30	1 379.97
全车盗抢险	947.11	798.42
自燃损失险	297.54	298.21
车上人员责任险	0.00	0.00
划痕险保额：0	0.00	0.00
单独玻璃破损险（国产玻璃）	376.88	339.20
不计免赔	930.83	807.29
合计	8 805.06	6 560.48
两年合计		15 365.54

中国保险监督管理委员会（简称保监会）自2013年1月起规定，消费者购买商业险只能和交强险一样，实行"一年一保"制度，新车车主们无法一次性购买1年以上的商业保险了，但目前很多4S店出于诸多风险考虑，会针对贷款购车用户收取一定的保险保证金，一般为3 000～5 000元不等。为的就是客户能够来年继续在4S店办理续保，降低各种不确定的因素。

车船税是指对在我国境内依法到公安、交通、农业、渔业、军事等管理部门办理登记的车辆、船舶，根据其种类，按照规定的计税依据和年税额标准计算征收的一种财产税。从2007年7月1日开始，有车一族需要在投保交强险时一并缴纳车船税。

车船税各地征收标准不一样，以下列举某省的车船税标准，如表9-3所示。

表9-3 某省车船税征收标准

税目		计税单位	年基准税额	备注
乘用车〔按发动机汽缸容量（排气量）分档〕	1.0 L（含）以下的	每辆	120元	核定载客人数9人（含）以下
	1.0 L以上至1.6 L（含）的		300元	
	1.6 L以上至2.0 L（含）的		360元	
	2.0 L以上至2.5 L（含）的		660元	
	2.5 L以上至3.0 L（含）的		1 200元	
	3.0 L以上至4.0 L（含）的		2 400元	
	4.0 L以上的		3 600元	

(续表)

税目			计税单位	年基准税额	备注
商用车	客车	中型	每辆	480元	核定载客人数9人以上20人以下，包括电车
		大型		540元	核定载客人数20人(含)以上，包括电车
	货车		整备质量每吨	60元	包括半挂牵引车、三轮汽车和低速载货汽车等
挂车			整备质量每吨	30元	
其他车辆	专用作业车		整备质量每吨	60元	不包括拖拉机
	轮式专用机械车			60元	
摩托车			每辆	60元	
机动船舶	不超过200 t的		净吨位每吨	3元	拖船、非机动驳船分别按照机动船舶税额的50%计算；拖船按发动机功率每1 kW折合净吨位0.67 t计算
	超过200 t但不超过2 000 t的			4元	
	超过2 000 t但不超过10 000 t的			5元	
	超过10 000 t的			6元	
船舶	游艇	不超过10 m的	艇身长度每米	600元	
		超过10 m但不超过18 m的		900元	
		超过18 m但不超过30 m的		1 300元	
		超过30 m的		2 000元	
		辅助动力帆艇		600元	

(3) 上牌费

上牌费包含车管所征收的有关汽车挂牌的一些费用(上海、广州的拍牌费用另外计算)，还包括汽车4S店所收取的诸如上牌服务费和其他杂费，一般都在1 000元左右。

(4) 其他杂费

有些地区的4S店根据情况的不同还会向客户收取如PDI检查费、出库费等费用。

2) 客户购车的付款方式

消费者一般在4S店购车会采取两种付款方式：一次性付款和分期付款两种。

(1) 一次性付款

一次性付款的费用包含裸车价、购置附加税、保险费、上牌费、其他费用等。

例如，一款车的指导价是219 800元，优惠10 000元，那么实际成交价为209 800元，那么购置附加税为17 932元(按照标准征收)，保险暂定为7 000元，上牌费为1 500元，其他费用暂定为2 000元，那么客户一次性购买这款车的费用为"209 800＋17 932＋7 000＋1 500＋2 000＝238 232元"。

(2) 分期付款

目前在4S店常见的有本地银行贷款和主机厂的金融贷款,本地银行贷款一般包含中国银行、工商银行等;主机厂的金融贷款一般包含如上汽财务,大众金融、奔驰金融等。

① 本地银行贷款

目前本地银行一般在4S店办理一种叫"卡分期"的贷款业务,"卡分期"一般实行先付利息(利息为贷款金额×4‰×贷款年数),然后每月向银行缴纳贷款本金即可。客户贷款金额一般最高为成交价的70%(取千位)。客户使用本地银行贷款在4S店购买汽车的,需要支付首付款、购置附加税、保险费(从2013年开始只能缴纳1年,但4S店会收取一定数额的保证金)、上牌费、利息、公正抵押费(一般几百元即可,因为贷款所购的车辆产权归贷款机构所有,车主只是具有使用权)、其他杂费等。有的情况下还需要支付担保费(担保费为贷款金额×1‰×贷款年数,但像一般工作稳定或收入较高的客户可以实行免担保的)。例如,客户购买了一台308 000元的奔驰C180,购置附加税是23 000元,客户贷款3年,首付30%,第一年保险费总额是10 000元,保险保证金是5 000元,上牌费为1 500,公正抵押费为500元,无担保费和其他杂费,那么客户要想把车开回家总共需要支付首付93 000＋购置税23 000＋保险费10 000＋保险保证金5 000＋上牌1 500＋利息25 800＋公正抵押费500元＝158 800元。每月支付银行本金为贷款额215 000÷36个月＝5 972.22元。

② 金融/财务贷款

此类贷款方式一般由主机厂引入旗下的财务或金融公司进行贷款业务的办理。一方面不但可以获得客户贷款利息和厂商贴息这部分的利润,另一方面也是为了促进该品牌旗下车型的销售。有的还会为客户提供零利率或低利率的贷款服务。

金融/财务贷款不是采用银行收取"点数"的方式来计算的,而是采用"万元基数"的形式来计算的。万元基数指客户在一定期限内每贷款1万元所需支付的月还款总额。例如客户贷款2年的万元基数为460,如果客户贷款金额为1万元的话,那么"1×460＝460元",这个460元就是客户的月还款总额(简称月供)。那么客户贷款1万元、贷款年数为2年的利息就是460×24(个月)－贷款额1万元＝1 040元。

金融/财务公司的贷款和本地银行贷款的区别就是前者的利息是客户在每个月和本金一起支付给对方的,而本地银行是客户在提车前将利息一次性支付给对方,每月只需支付给银行本金即可。此外,相对来说,金融/财务的贷款利息相对银行方面要稍高一点;而银行方面虽然利息要稍微低一些,但有些情况下还是需要客户提供第三方担保公司的担保才能进行贷款业务,因此需要支付一笔担保费用。在有的城市,无论那一种贷款方式,客户在支付利息的情况下,还会因各种原因收取客户相应的贷款手续费。

小组演练

【工具准备】

价格预算单、保险报价软件、计算器。

1. 价格预算

1) 计算刘先生购买凯越的一次性付款费用,填入表9－4。

表9-4 一次性付款费用

【案例导入】
　　刘先生最近打算购买一辆别克凯越1.5 L手动尊享型,官方指导价(MSRP)108 900元,目前优惠15 000元,购置税按优惠5 000元计算,保险按交强险、车船税、车损险、三者30万、不计免赔险、玻璃险、划痕险(2 000元)计算(无报价软件的就按照5 500元计算),上牌费为1 800元,其他费用为1 900元,请计算刘先生购买凯越一次性付款的总费用。

【计算结果】
刘先生一次性付款的总费用:_____

2) 计算张先生分期付款的各项费用,填入表9-5。

表9-5 分期付款费用

【案例导入】
　　张先生最近打算购买一辆宝马2013款760Li MSRP:2 518 000元,优惠20万元,购置税按照原价计算,保险按交强险、车船税、车损险、三者险100万元、不计免赔险、玻璃险、划痕险(5 000元)计算(无保险计算软件按10 000元计算),客户选择宝马金融分期付款,贷款3年,万元基数为319.69,客户首付30%,无其他任何杂费。请计算张先生提车需要花费多少钱?月供多少?利息又是多少?

【计算结果】
张先生购买宝马760Li首付总计:_____

每月还款额:_____

3年利息共计:_____

2. 演练价格商谈过程

1) 演练脚本

(王先生走进小俞的店里,小俞也早早地在展厅门口迎接王先生了)

王先生:小俞啊,你打了我这么多次电话,正好我今天有空,就再来看看。

小俞:嗯,您里面请。

(小俞和王先生一同走进展厅)

小俞:王先生,您还要不要看一看车啊?

王先生:车就不用看了,我今天主要来看看这款车能优惠多少。

小俞:价格您就放心好了,来,您这边坐。(小俞指引王先生入座,并递上一杯饮料。)

王先生:那你说说呢,现在优惠多少啊?不会还是3 000元吧?

小俞:我跟您联系这么久了,当然不会了,您现在已经决定购买新帕萨特了吗?不去看看迈腾和凯美瑞了。

王先生:不看了,迈腾那边也没货,凯美瑞又觉得安全系数不高。哦,对了,你这边有现车吗?展车我可不要啊!

小俞:我们仓库里正好还有一台黑色的,这个车现在货源很少的。

王先生:那好,你看看能给我什么价格吧?你给的价格要是合适的话,我就定车。

小俞:那你的心理价位是多少呢?

王先生:我当然是越便宜越好了。

小俞:呵呵,也是啊,但我们这款车目前资源也不是很多,况且新帕萨特您也知道,目前销量很好的,所以不可能出现像凯美瑞那种上万的优惠的。

王先生:小俞啊,跟你直说了吧,我在网上看到有的地方可以便宜8 000元的,你要是给我这个价格我就定车了。

小俞:8 000元?(小俞很惊讶地说)不可能吧?1.4T怎么会有8 000元的优惠,要么您看的是1.8T的,而且可能还是那种很难卖的库存车吧?

王先生:这个我就不知道了,你们新帕萨特卖这么好,怎么会有库存车?

小俞:什么车都会有库存车的,关键还要看车型配置和颜色啊,我们店里就有一款蓝色的2.0T顶配的,可以优惠10 000元的。

王先生:8 000元没得谈,我就只能再看看别的车型了。

小俞:王先生,也不是说没得谈,关键您的心理价位太高了啊(小俞故作很为难的样子)

王先生:那你说说看,什么价格好做?

小俞:王先生您今天打算把车定下来吗?您要是定的话我再去问问我们经理。不然到时您不定,我们经理还不把我说死了。

王先生:你就给我个基本价位吧!我回去还要跟我老婆商量商量的,这两天我们就要把车定下来的。

小俞:王先生,您就放心吧,您要是今天定不下来的话,您回去再跟王太太商量商量,毕竟买车也要一件大事。我再跟我们经理说一下,就说您是我亲戚,看看到底什么价格可以做,到时我再跟您打电话,您看可以吗?

王先生:好吧,你最好早点打电话给我。我这两天肯定要定的。

小俞:您就放心吧,我最晚明天上午给您打电话。

王先生:好的。那我就先走了。

小俞:嗯,好的。您慢走。

(小俞送王先生离开展厅)

2) 进行演练

(1) 全班分成3组,选举小组长,并推选小组两名成员分别扮演小俞和王先生;
(2) 演练开始之前,由指导老师扮演客户王先生带领大家朗读脚本内容;
(3) 朗读完毕之后,各小组在组长的带领下,进行小组内部的脚本演练,时间15 min;
(4) 各小组准备完毕之后,由各小组组长推选的两名小组成员分部上台进行演练,用时5 min;
(5) 上台演练的同时,其他同学请认真观察和听讲,并记录演练中不正确的地方;
(6) 演练过程中,请结合脚本内容,按照表9-6的内容分析脚本内容;
(7) 演练完毕之后,由指导老师带领全班同学对各小组演练结果进行点评。

表9-6 演练分析表

演练过程记录	
小俞使用了价格商谈中的哪些原则?	
小俞使用了哪些价格商谈技巧?	

3. 学习评估

各小组演练完毕之后,由指导老师带领其他小组一起参与演练过程的讨论和点评,相关评估标准如表9-7所示。

表9-7 评估标准

评估重点	满分	得分	原因分析
1. 演练时间的合理性	20		
2. 在演练中始终尊称客户"您"	20		
3. 脚本内容的熟练程度	20		
4. 对演练过程和演练脚本的总结程度	20		
5. 小组的团队协作能力	20		

复习思考题

1. 询价与议价的区别在哪里?
2. 价格和价值的相互关系表现在哪几个方面?
3. 客户的购买信号通常表现在哪几个方面?
4. 价格商谈的原则有哪些?
5. 价格商谈时需要运用哪些技巧?
6. 消费者购买一辆车需要支付哪些费用?

任务2 促成成交

学习目标

1. 能够从客户发出的成交信号中来促成交易；
2. 能够运用成交的方法和技巧来促成交易

学习内容

1. 客户成交的信号；
2. 成交的方法和技巧；
3. 合同的签订。

知识准备

成交是汽车销售活动中最为重要的一项销售活动，没有成交，销售顾问之前所做的一切工作都是白费；成交是体现一名销售顾问综合素质高低的重要因素。成交就好比足球比赛的临门一脚，决定着整场活动的成败。因此提高成交水平，对于汽车销售顾问尤为重要。

1. 成交的信号

成交信号是指客户在接受被销售的过程中，有意无意地通过语言、身体、表情等动作流露出来的各种成交意向。我们可以把它理解为客户"想要购买的一种暗示"。在实际销售活动中，客户为了达成自己所提出的交易条件或获得某种利益，一般不会首先提出成交要求，更不愿意主动、明确地提出成交。但是客户的成交意向总会通过各种方式表现出来。对于销售顾问而言，必须善于观察客户的言行举止，捕捉各种成交信号，从而才能及时有效的促成成交。

客户表现出来的成交信号主要有语言、行为和表情等方面的信号，如图9-8所示。

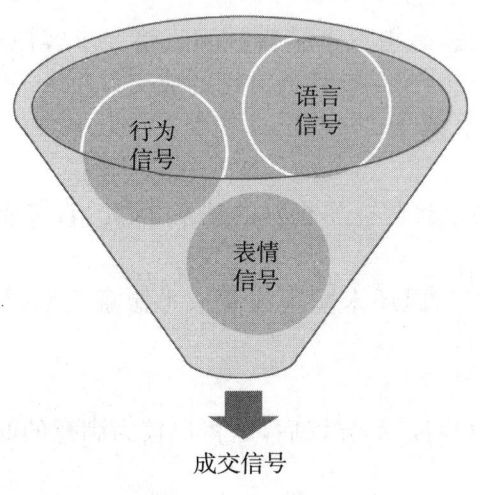

图9-8 客户成交的几种信号

1) 语言信号

语言信号是指在客户与销售顾问交谈的过程中，通过客户语言表现出来的成交信号。以下几种情况就属于成交的语言信号。

(1) 客户经过反复比较挑选后，话题集中在某款车型上；
(2) 客户对销售顾问的介绍表示积极的肯定和赞扬时；
(3) 客户询问交易条件、交货时间和付款方式时；
(4) 客户就交易条件与竞品交易条件比较时；
(5) 客户提出与购买相关的假设性问题时；
(6) 客户询问售后服务、维修、保养等事项时。

2) 行为信号

行为信号是指在销售顾问向客户的推销过程中，客户通过某些行为表现出来的成交信号。例如：

(1) 客户十分关注销售顾问的动作、谈话，时不时的点头；
(2) 客户反复、认真翻阅车型宣传资料；
(3) 客户反复计算购车费用；
(4) 多次光临展厅；
(5) 仔细检查展车有无瑕疵；
(6) 交流时，肢体语言较多，态度转好；
(7) 接受销售顾问的再次邀约。

3) 表情信号

表情信号是在销售顾问向客户销售过程中，从客户的面部表情和体贴中所表现出来的一种成交信号。例如微笑、下意识地点头表示同意你的意见，对产品表示关注等。

客户的语言、行为和表情的信号表明了客户的想法。销售顾问在谈判中可以据此识别客户的成交意向。因此，销售顾问应在洽谈过程中引导客户的需求，及时发现、理解、利用客户所表现出来的成交信号，主动提出成交要求，从而促成交易。

2．成交的方法和技巧

1) 请求成交法

请求成交法又称直接成交法，是指汽车销售顾问直接要求客户购买产品的一种成交方法。这是一种最简单、最基本的成交方法，也是一种最常用的成交方法。

请求成交法一般适用于以下场合。

(1) 老客户

对于老客户，因为买卖双方已经建立了很好的关系，因此，直接成交很适用。

(2) 发出购买信号的客户

客户已对产品产生购买欲望，但还未拿定注意或不愿意主动提出成交时，销售顾问应该主动出击。

(3) 消除异议的客户

当销售顾问已经解决了客户对产品异议后，是客户较为满意的时刻，销售顾问可趁机采用请求成交法，促成交易。例如：

- 没什么问题的话，我们就把合同签了吧！

- 来吧,我们先把车定下来吧,不然马上要给别人定了!
- 王先生,您看我们都联系这么久了,您还是把定金交了吧?

使用请求成交法应注意以下问题。

首先,销售顾问要具有较强的观察能力。因为请求成交法要求销售顾问主动提出成交要求,所以销售顾问必须尽量引导客户,使洽谈结果朝着成交的方向发展。销售顾问应随时观察客户,适时开口提出成交要求。

其次,把握好成交的时机。在成交过程中,成交时机是销售顾问最不容易把握的因素。而选择适当的时机要求成交,会令客户自然、顺利地接受。反之,在时机不成熟时要求成交,则会导致客户的回避甚至反感而错过了机会。因此,如何把握成交时机,是销售顾问应该认真琢磨和思考的问题。

请求成交法是销售顾问应该掌握的最基本的成交技巧。大胆运用请求成交法,是一名汽车销售顾问灵活机动、主动进取的销售精神表现。

2）假设成交法

假设成交法,是指销售顾问在假定客户已经接受销售建议,同意购买的基础上,通过提出一些具体的问题,直接要求客户购买的方法。假设成交法运用的关键是销售顾问必须具备较强的自信心,这种自信心同时也会感染到客户,增强客户的购买信心。例如:

- 您以后在使用车辆的过程中,有什么问题可以随时找我。
- 以后在您用车过程中,我依然还是能为您效劳的。
- 王先生,现在没什么问题了吧? 那你打算哪天提车啊? 我好早一点为您安排!

如果客户还没有决定要买,他自然会向你说明,那如果客户真心想买的话,客户一定会回答你提出的问题的。

假设成交法的优点是为双方节省销售活动的时间,效率较高。它可以将产品介绍、异议处理转化为购买提示,适当减轻客户的成交压力,从而完成交易过程的一种方法。

当然,假设成交法也有一定的局限性。这种方法以销售顾问的主观假设为基础,不利于顾客做出自由选择,有的反而会令客户产生反感情绪,破坏成交气氛。所以,在使用假设成交法时,要注意以下两点。

（1）适时使用假设成交法

一般只有在发现成交信号,确认客户有购买意向时才能使用这种方法,否则会弄巧成拙。

（2）有针对性的使用假设成交法

使用假设成交法时,销售顾问要善于分析客户。一般来说,依赖性强、性格比较随和的客户以及老客户,可以采用这种方法,但对那些自我意识强,关系还比较陌生的客户,最好不要使用。

3）选择成交法

选择成交法是指销售顾问为客户提供一个有效的选择范围,并要求客户立刻做出选择的成交方法。这种方法可以说是假设成交法的延伸。销售顾问在假定成交的基础上向客户提供成交决策的比较方案,先假设成交,后选择成交。但客户无论是选择那一项,结局都是有利于销售顾问的。例如:

- 您看您今天是交定金还是全部付清?
- 您看您是定白色的还是黑色的?
- 王先生,您是今天提车还是明天再来提车?
- 您今天付定金是现金还是刷卡呢?

销售顾问在使用选择成交法时,如果客户给予明确答复,则表明他已经决定购买你的产品了;如果客户迟疑后向你表示尚未做出购买决定时,你也没有损失,仍然可以通过别的渠道继续开展销售活动。

选择成交法在实际销售过程中会经常用到,而且具有明显的效果。销售顾问把选择权交给客户,把客户限定在目标范围内,无论客户做出什么样的选择,都可以达到我们想要销售的目的。

选择成交法从表面上看,似乎是把成交的主动权交给了客户,而事实上是把成交的选择机会交给了客户。所以它的优点就在于既调动了客户决策的积极性,又控制了客户决策的范围。选择成交法的要点是使客户回避要还是不要的问题,而是在要产品的基础上,对产品的数量、规格、颜色、型号、交付日期上面进行选择。

4) 机会成交法

机会成交法是指销售顾问直接向客户提示最后成交机会而促使客户立刻购买的一种成交方法。机会成交法是销售顾问针对客户害怕错过良好的购买机会的心理动机,向客户提示"机不可失,失不再来"的购买机会。必然会引起客户的注意和浓厚的兴趣,从而产生一种立刻购买的心理倾向。因为在消费者做出最后购买决定之前,往往会犹豫不决。所以这种方法的最大优点是能够促使客户立刻购买你的产品。尤其在4S店推出大型优惠促销活动时,机会成交法能够帮助销售顾问获得更多的订单。例如:

- 王先生,今天是我们厂家在我们店里做的一场特供直销活动,价格史无前例,而且都是现车,您今天不定车的话,今年这个价格也不会有了啊!
- 王先生,今天是我们活动最后一天,价格您也知道,绝对划算的,明天我们的价格就要回到跟以往一样了,所以您一定要抓住这个机会啊!

机会成交法能吸引客户成交的注意力,它利用了人们对各种机会表现出一定的兴趣和注意力,尤其对一去不复返的机会就会更加关注这一心理特点。正确使用机会成交法,可以增强成交说服力和感染力,从而迫使客户购买的行为。使用机会成交法需要注意讲的话一定要实事求是,绝不可采用欺骗的手段来换取客户的购买。

5) 优惠成交法

优惠成交法是指销售顾问通过向客户提供价格促销条件,从而促使客户购买的方法。求利动机是客户的一种基本购买动机,是促成交易的动力。优惠成交法正是利用了客户求利的购买动机,直接提供给客户相关的优惠促销,诱使客户立即购买产品,优惠成交的条件,主要是价格的折扣或向购买决策人提供回扣和佣金等。但销售顾问使用此法,一定要在征得销售管理人员的许可才行。例如:

- 王先生,如果您今天定车的话,不仅可以享受到5 000元的现金优惠和3 000元的装潢大礼包,而且我今天还可以额外赠送您两次常规保养!
- 王先生,您放心,这台特价车的价格绝对到位了,而且您放心,只要您今天定车,我一定再帮您争取500元左右的礼品!

优惠成交法切记不能乱用,否则客户会认为价格还有更大的"水分",或直接对产品质量产生质疑,从而造成交易的失败。还有的销售顾问私下承诺客户虚假的优惠条件或将劣质产品交付给客户,这样不仅会造成客户满意度不高,有的甚至还违反了相关法律规定。不可否认,优惠成交法的确在当今汽车销售中主导了销售顾问是否能拿下一笔生意,但是销售顾问也应该合理利用车型的优惠促销政策,争取在客户、公司和自身寻找到共同的利益。

以上介绍的是一些常用的成交方法和技巧。当然,在实际销售过程中,还有很多其他的方法可以帮助销售顾问达成交易,如诱导法、博得同情法、转手法、欲擒故纵法、拟定合同法等等。销售顾问应该认真接待每一位客户,看准客户的购买信号,抓住有利的成交时机,灵活运用各种方法,从而创造辉煌的销售业绩。

3. 合同的签订

1) 签约的要求

(1) 签约最好在相对独立的环境中进行,以免受到周边人或事情的干扰;

(2) 如是在相对封闭的洽谈室内签约,最好陈列一些与品牌文化有关的东西;

(3) 最好采用专用的签单笔;

(4) 展厅经理或销售主管最好一同参与签约,让客户有被重视的感觉。

2) 签订合同

签订合同时的要求:

(1) 使用主机厂统一格式的合同与客户签约,让客户感觉正规、放心;

(2) 销售顾问或销售管理人员应就合同的相关条款进行清楚的说明;

(3) 销售顾问应就车型、配置、颜色、价格、赠品、交付日期为客户做清楚的说明;

(4) 销售顾问再次确认客户的付款方式;

(5) 销售顾问填写合同,和4S店管理人员一同参与客户的签约;

(6) 销售顾问带领客户去财务收银处交付定金或整车款,如有必要,可要求财务人员到签约场所办理收款;

(7) 签约完成后,对客户表示感谢,并赠送小礼品;

(8) 客户离开时,目送客户离开,直至客户消失在自己的视野范围内。

销售顾问在与客户就价格、赠品、车型信息,交货日期等谈妥以后,应和客户签署汽车销售合同,如表9-8所示。

3) 收取定金

销售顾问在签署完汽车销售合同之后,还需将签好的销售合同给销售管理人员进行签字确认。然后带领客户去财务收银处办理付款手续。汽车销售合同如图9-9所示。

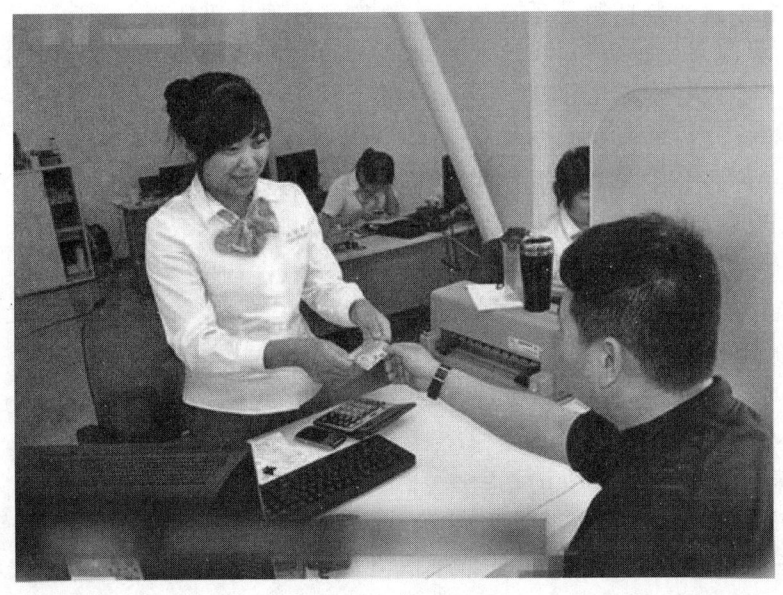

图9-9 收取定金

办理客户的付款手续之前,销售顾问应主动向财务人员介绍客户姓名和所订购的车型;财务人员需站立服务,面带微笑并致祝贺词:"王先生,恭喜您成为我们上海大众的尊贵车主,相信您此刻一定非常的开心!"

在办理客户的付款手续之后,销售人员因与客户简单寒暄,待客户主动提出离开要求时,再将客户送至展厅门外,并目送客户离开。

送别客户之后,销售顾问应将合同另外一联交予上级领导或销售计划员,以便及时更改库存信息或按合同内容向主机厂订购合同车辆。

小组演练

1. 情境导入

王先生昨天与小俞进行简单的价格商谈之后,回去和王太太又商量了一遍,最后决定还是购买新帕萨特1.4TSI尊荣版。现在,王先生、王太太已经来到了小俞的店里,准备就价格、车型等情况与小俞做最后的商谈,小俞已经看出王先生今天是要定车了,并且小俞已经接受到了经理的指示,1.4T车型只能优惠5 000元,送全车贴膜、脚垫、挡泥板。然后还可以送一次常规保养。小俞马上就开始和王先生进行了新一轮的价格商谈……

2. 演练脚本

王先生:小俞啊,昨天回去,我们商量了一下,觉得这款车还不错,而且我的爱丽舍保险也快到期了,我今天就想定车,刚刚迈腾的销售员打电话给我,说他们店有一台车到了,叫我去看看呢。

小俞:呵呵,感谢您再次光临,昨天我已经问过我们经理了,至于您说的8 000元优惠我们肯定做不到。

王先生:8 000元做不到的话7 000元总可以吧?

小俞:唉,王先生啊,您也知道的,无论新帕萨特还是新迈腾,1.4T的货源本来就不多,而且买的人也不少,我们哪能有这个价格啊?

王先生:总归有办法的嘛!要是不行的话你让你们经理来跟我谈!

小俞:王先生,我跟您实话说了吧,我们经理昨天给我的价格是4 000元现金优惠,另外再送您全车贴膜和原厂脚垫。

王先生:装潢哪家没有啊?这个都不值钱,我关键需要现金的优惠!

小俞:现金上真的没什么优惠了。您看就这样定了吧?这个价格已经很不错了。我同事的一个客户马上也要来定这台车,您还是快做决定吧!不然车都没了,我们都白谈了。

王先生:那不行的,价格都没谈好,我怎么能定车呢?

小俞:我们经理给我的价格就是4 000元啊,其实这个价格真的不错了!之前我们1.4T的都只有国家3 000元的惠民补贴,现在还比原来多优惠了1 000块了呢?

王先生:你再想想办法嘛!

小俞:那好吧,我再去问问我们领导吧!

(小俞接着到售后绕了一圈,3 min之后,小俞回到了展厅。)

小俞:王先生啊,刚刚我跟我们经理商量了一下,这款车实在没什么优惠了,我还说你是我的亲戚,特意叫我们经理便宜了一点,最终他只给了我500元的优惠,也就是说这款车优惠4 500元现金,再另外送您全车贴膜、脚垫、挡泥板。您看怎么样?

上海大众汽车销售合同

甲方：_____（特许经销商） 联系人：_____

地址：_____ 邮编：_____ 电话：_____

乙方：_____（单位名称） 联系人：_____

身份证号码：_____ 电话：_____ 地址：_____

乙方就订购车辆（以下简称【合同车辆】）事宜，与甲方达成一致，双方于_____年_____月_____日签订本合同。

一、【合同车辆】规格及价款

车辆型号	颜色内饰	成交价	数量
其他费用			

合同车辆主要配置：_____

二、【合同车辆】的交付

1. 交付方式按以下第（　　）项进行：
(1) 乙方至经销商处自提；
(2) 甲方将车辆送至乙方指定地点，运费为_____，由_____支付。
2. 交付地点：_____
3. 交付时间：_____

三、付款

1. 付款方式：乙方按照以下第（　　）项进行：
(1) 一次性付款
在合同车辆到店之日起_____日内向甲方一次性付清合同总价款。
(2) 分期付款
在合同车辆到店之日起_____日内向甲方支付车辆成交价的_____%即人民币_____元作为首付款，并在_____日内向甲方支付合同总价款的余下部分。如果乙方提出解除合同，则应向甲方支付_____元作为违约金。
(3) 其他方式
_____
_____
2. 支付款项以甲方财务收到乙方合同价款为准。

四、验收

【合同车辆】验收应于交货当日在交货地点进行。验收完成后，双方共同签署验收交接单。乙方未提出异议，则视为甲方交付的【合同车辆】之数量和质量均符合本合同要求。

(续表)

五、随车文件的交付
　　1.【合同车辆】随车携带的产品合格证、车主手册和随车工具；
　　2. 其他乙方委托甲方代办,乙方的相关凭证和证件。

六、甲方保证
　　1.【合同车辆】已经过售前的调试、检验和清洁；
　　2.【合同车辆】符合随车交付文件中所列的各项规格和指标；
　　3. 不改变【合同车辆】的出厂状态,不私自添加或拆卸任何标记或准备。

七、乙方保证
　　1. 乙方是所购【合同车辆】的最终用户,乙方不得以任何商业目的展示或将【合同车辆】用于有损【合同车辆】品牌形象的活动和行为。
　　2. 乙方所购【合同车辆】只能在中国大陆使用,不得出口至其他国家和地区；
　　3. 乙方在购买【合同车辆】后,应依法到有关车管部门办理登记手续；
　　4. 乙方保证不移去所购【合同车辆】上的徽章或字表,或以其他方式来掩盖。

八、质量及质量担保
　　1. 乙方所购【合同车辆】为合格产品,但【合同车辆】的重量、功率、油耗、最高时速及其他数据只被视为近似值；
　　2.【合同车辆】及相关零部件的质量担保范围见随车所附的《使用维护说明书》；
　　3. 乙方及许可使用【合同车辆】的人员,应按照《使用维护说明书》要求规范使用、保养和维修。如有违反,由此引起的任何质量后果均由乙方承担,包括免除甲方及制造商的质量担保责任；
　　4. 未经甲方书面许可,乙方不得将【合同车辆】以出租营运为目的,否则因此产生的质量后果均由乙方承担。

九、不可抗力
　　在合同履行过程中出现合同一方不能预见、不能避免且不能克服的不可抗力情况(以下称"不可抗力"),致使合同一方不能全部或部分履行其在本合同项下的义务,则该方对于在不可抗力事件持续期间无法履行其义务以及由于不可抗力所带来的直接后果不承担责任。

十、违约责任
　　本合同任何一方违约,违约方应赔偿守约方的实际经济损失,除非本合同另有约定。

十一、争议的解决
　　因执行本合同所发生或与本合同有关的一切争议,若双方协商不能解决,应向卖方所在地人民法院提起诉讼。

十二、双方约定
　　1. 乙方在提取【合同车辆】之日起,对【合同车辆】将承担全部风险,包括因使用【合同车辆】不当而造成的损害；
　　2. 如果乙方虽已提车,但尚有本合同约定的有关费用没有付清,则【合同车辆】的所有权归甲方,且乙方不得将【合同车辆】用于抵押或其他债务担保,甲方有权收回【合同车辆】。
　　3. 本合同双方声明,双方为自愿签署本合同,双方对本合同各项内容均以仔细阅读并表示理解,保证履行合同内容。
　　4. 本合同一式三联,双方各执一份,另一份交与上海大众汽车有限公司备案。

合同签署：

甲方(盖章)：　　　　　　　　　　　　　　　　乙方(或代表签字)：
代表人：　　　　　　　　　　　　　　　　　　　盖章：

王先生：你们经理也够小气的,问了半天,才给500块的优惠。
小俞：说实在的,这个价格真的不错了,新帕萨特上市到现在,我们店里还没有这么大的优惠。
王先生：那我什么时候可以提车？
小俞：您付完全款随时可以提车！
王先生：那您带我去看看那台现车吧。
小俞：好啊,您稍等一会,我去拿一下钥匙。
(小俞带着王先生去看了一下新车,王先生很满意,又再次回到了洽谈室。)
小俞：那王先生我们就把合同签了吧？您今天先付10 000元的定金,周末您再过来付全款提车。
王先生：这样吧,小俞,您再去问一下,给我优惠5 000元,我今天就把车定了,不然我真去迈腾那里看看了。
小俞：那这样吧,我们先把合同签了,签好了我去跟我们领导申请一下。
王先生：那好。
小俞：嗯,您把您的身份证给我吧！
(王先生将身份证递给小俞,小俞拿出销售合同开始填写)
小俞：写好了,您看一下,在这里签个字！
(王先生核对了一下合同内容,确认无误后签了字)
小俞：这样吧,王先生,您先跟我去财务把定金交了,我拿着定金收据直接让我们经理签！
王先生：好的。
(小俞带着王先生去财务收银处交了定金,然后安排王先生先去展厅坐一会,自己拿着定金收据和合同去经理办公室签字了,5分钟后,小俞来到了王先生的身边。将合同另一联交给了王先生。至此,小俞成功地完成了报价成交环节)

3. 情境演练

(1) 全班分成3组,选举小组长,并推选小组两名成员分别扮演小俞和王先生；
(2) 演练开始之前,由指导老师扮演客户王先生带领大家朗读脚本内容；
(3) 朗读完毕之后,各小组在组长的带领下,进行小组内部的脚本演练,时间15 min；
(4) 各小组准备完毕之后,由各小组组长推选的两名小组成员分部上台进行演练,用时5 min；
(5) 上台演练的同时,其他同学请认真观察和听讲,并记录演练中不正确的地方；
(6) 演练过程中,请结合脚本内容,按照表9-9的内容分析脚本内容；
(7) 演练完毕之后,由指导老师带领全班同学对各小组演练结果进行点评。

表9-9 演练分析表

演练过程记录	
王先生表现出了哪些成交信号？	
小俞使用了哪些成交方法和技巧？	

4. 学习评估

各小组演练完毕之后,由指导老师带领其他小组一起参与演练过程的讨论和点评,相关评估标准如表9-10所示。

表9-10 评估标准

评估重点	满分	得分	原因分析
1. 演练时间的合理性	20		
2. 在演练中始终关注客户	20		
3. 脚本内容的熟练程度	20		
4. 脚本内容分析的准确程度	20		
5. 小组的团队协作能力	20		

复习思考题

1. 成交信号有哪几种?
2. 成交的方法和技巧有哪些?
3. 签订销售合同的流程是怎样的?

学习情境 10　完 美 交 车

学习目标

1. 能够了解交车的重要性；
2. 能够了解客户提车时的心理需求；
3. 能够掌握完美交车的规范流程；
4. 能够做好交车前的各项准备工作；
5. 能够根据交车流程内容完成交车全过程。

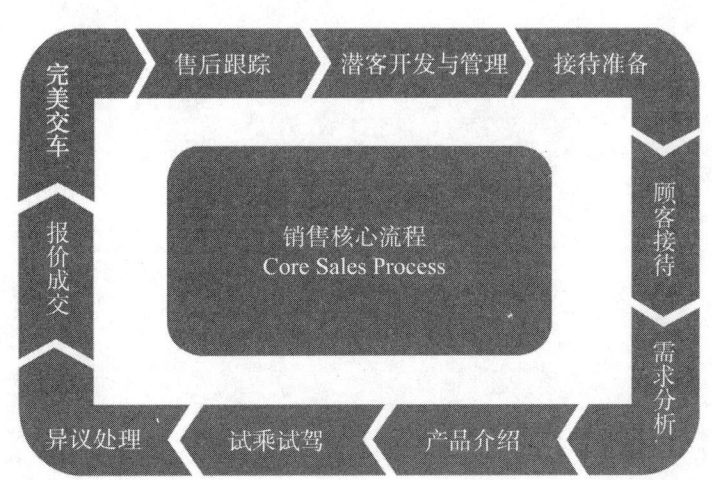

情境导入

今天晨会中，销售经理在统计本月新增订单和交车数量时，问到了小俞前几天签的新帕萨特1.4TSI尊荣版订单何时能够交车，小俞告知销售经理客户可能周末就来付全款，眼看这个月就要结束了，为实现销量的突破和资金的回笼，销售经理告知小俞尽快和客户确认提车的时间。晨会结束后，小俞立即开始着手王先生的提车事宜……

岗前资讯

新车交付是最令客户兴奋的时刻，在这个特殊的时刻，销售顾问要将交车的每个环节都要做的尽善尽美，不能出任何差错，为整个销售过程完美收官。

1. 交车环节的重要性

交车是跟客户面对面接触的最后一步,也是最为关键的一步。因为交车之后,客户也就完成了在4S店的购车体验,销售顾问也很难再和客户进行面对面的沟通和交流。为确保客户购车的满意度,即使销售顾问在之前的客户接待、产品介绍、试乘试驾、异议处理和议价成交等环节上有做的不够好的地方,都可以通过交车环节来弥补,从而达到营造终身客户的目的。因此,交车环节是整个销售流程最重要的一个环节。

2. 交车是销售的开始

交车环节是由客户满意到客户感动,再从客户感动到客户忠诚的过程。交车环节是销售顾问营造终身客户的重要时刻,也只有感动和忠诚的客户才会成为我们的终身客户,才会主动帮助我们推荐更多的新客户,所以说交车是销售的开始。为客户营造愉快而难忘的交车体验,强化客户对品牌和经销商的忠诚以及对销售顾问的良好印象,客户才会真实感受到经销商和销售顾问的服务质量。同时,服务质量的好坏也将决定客户是否会为你带来更多新的销售机会,如图10-1所示。

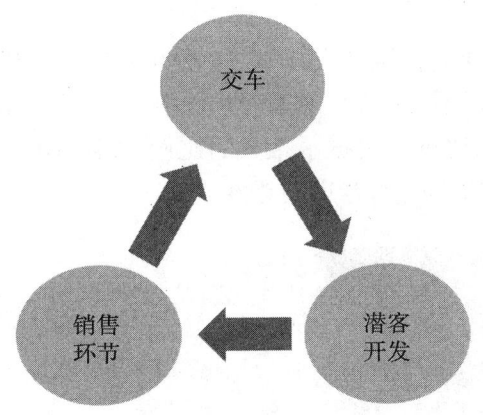

图10-1 交车是销售的开始

3. 交车兴奋度曲线

交车是客户最兴奋的时刻,也是销售顾问与客户保持良好关系的开始。通过标准的销售流程,使客户拥有愉快满意的交车体验,不仅可以有效提升客户满意度,保持长期的友好关系,同时也让客户对我们的产品与服务产生高度认同,发掘更多的商机。

但是,交车环节又是销售顾问最容易出现问题的环节,销售过程中80%的客户投诉都是出现在交车环节上。那么为什么会出现这种现象呢?我们首先来看一下销售过程中客户和销售顾问的兴奋心理曲线图,如图10-2所示。

由图10-2中的曲线可以发现,交车环节是客户最兴奋的时刻,在这一刻,客户盼望已久的新车马上就能交付使用了;同时客户拥有一辆新车的梦想也即将实现。因此,客户都会满怀喜悦和激动的心情到4S店提车。然而,销售顾问最兴奋的时刻却是在签约时刻,对于销售顾问而言,这一单业务已经成交,而交车环节,只是销售顾问为了完成整个销售流程的一个手续而已。所以销售顾问并没有客户那么高兴。因此,在交车的过程中,常常出现这样的现象:客户满怀喜悦,而销售顾问却漫不经心。这样,客户会认为他付了钱之后,销售顾问就对他置之不理,会有一种被冷落的感觉,从而使客户产生反感和抱怨的情绪。因此,交车环节是非常关键的环节,销售顾问必须要迎合客户的情绪,通过交车再度激发客户的热情,用真心和专业去感动客户,从而建立起长期的合作关系。

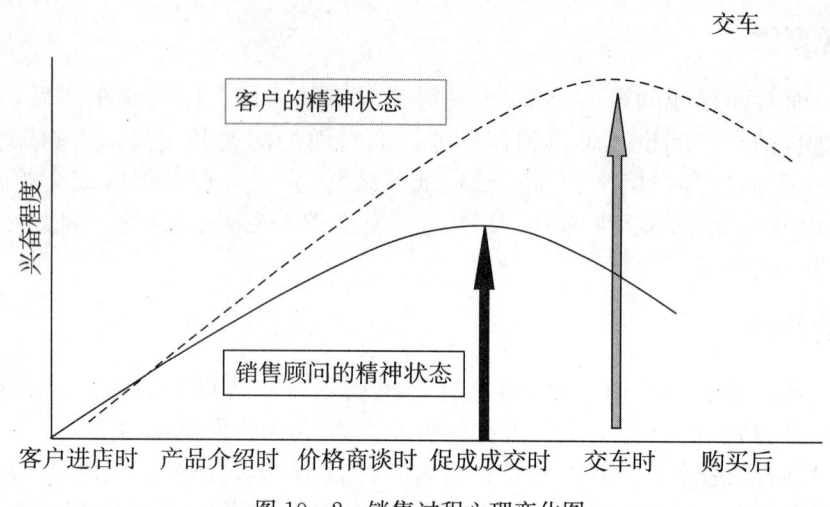

图 10-2　销售过程心理变化图

4. 交车与客户满意的关系

销售顾问为了达到与客户建立长期的合作关系,挖掘更多的商机,其首要的任务就是要保证客户满意。在客户完成交车环节以后,主机厂和其委托的第三方调查机构会对客户购车过程进行满意度的调查。其中,交车环节的比重就占据了很大的比例,如图 10-3 所示。因此,交车过程的顺利与否会直接影响到经销商与销售顾问的客户满意度成绩。

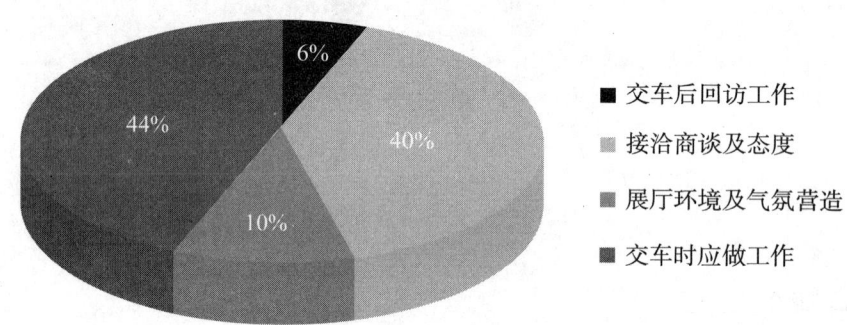

图 10-3　交车与客户满意的关系

5. 客户的心声和期望

客户提车时,心情是兴奋而又紧张的,如果发现有一点缺憾都有可能影响交车的顺利进行。所以作为销售顾问,更加应该了解客户在交车环节的期望和心声,力争为客户创造一个愉快的交车体验,打造属于自己的终身客户,如图 10-4 和图 10-5 所示。

6. 交车的流程

销售顾问要想给客户一个愉快的交车体验,达到营造终身客户的目的,必须按照规范的交车流程进行交车活动。否则整个交车环节就像一只无头的苍蝇,让销售顾问毫无头绪。最终不但没有达到我们的目的,极端情况下还会引起客户的抱怨或投诉。因此,为达到完美交车的目的,销售顾问必须运用规范的交车流程,才能确保客户满意和客户忠诚。交车的流程,如图 10-6 所示。

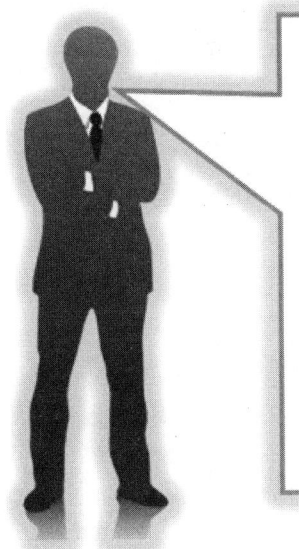

· 在提车的时候，开始时销售顾问还很热情的，但是办理手续的过程中，他们会经常跑来跑去的处理很多文件，把我一个人留在那里很长时间。
· 而且在检查车辆的时候，我会发现有些细小的地方还是不够清洁，会再交代他们认真清理。
· 像我这样第一次买车的人，对上牌没有什么经验，也不知道是否手续很复杂，虽然销售顾问说不用我担心，他们都能替我办好，但是我还是希望能得到更加详尽的解答……
· 在提车的时，感觉他们很着急，希望早早的把车交给我，就像完成任务一样，虽然有个小的仪式，但是感觉也很形式化，为了办仪式而办仪式。

图 10－4　客户的心声

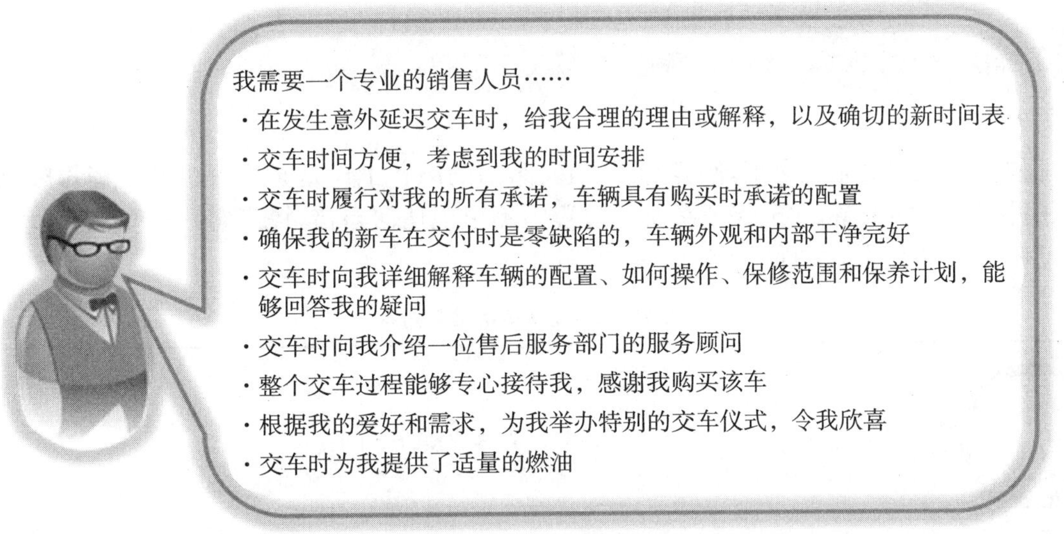

我需要一个专业的销售人员……
· 在发生意外延迟交车时，给我合理的理由或解释，以及确切的新时间表
· 交车时间方便，考虑到我的时间安排
· 交车时履行对我的所有承诺，车辆具有购买时承诺的配置
· 确保我的新车在交付时是零缺陷的，车辆外观和内部干净完好
· 交车时向我详细解释车辆的配置、如何操作、保修范围和保养计划，能够回答我的疑问
· 交车时向我介绍一位售后服务部门的服务顾问
· 整个交车过程能够专心接待我，感谢我购买该车
· 根据我的爱好和需求，为我举办特别的交车仪式，令我欣喜
· 交车时为我提供了适量的燃油

图 10－5　客户的期望

约定交车时间
完成交车准备
客户迎接与概述
确认衍生服务
费用最终确认
确认付款方式
引导客户付款
交车文件说明
新车检查确认
新车使用说明
服务团队介绍
举行交车仪式
新车示驾环节
客户满意度征询
与客户道别
交车信息录入

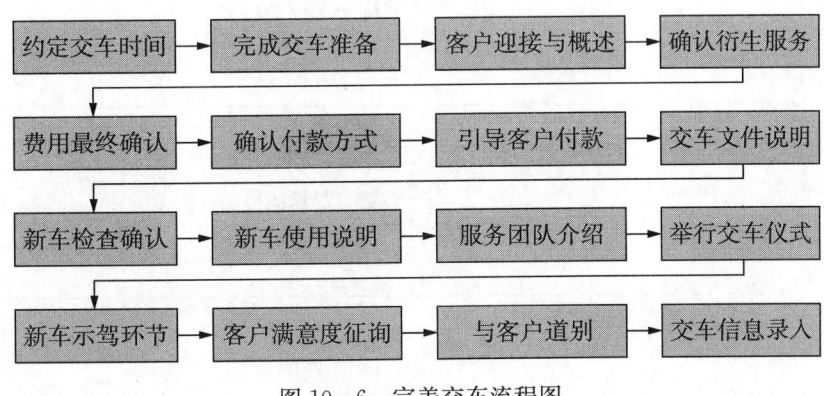

图 10－6　完美交车流程图

任务1 完成交车前的准备工作

学习目标

1. 能够掌握交车前需要准备哪些工作；
2. 能够对交车前的工作实施准备。

学习内容

1. 预约交车的准备；
2. 待交车辆的准备；
3. 文件资料的准备；
4. 交车区的准备；
5. 交车工具的准备；
6. 参与交车人员的准备。

知识准备

销售顾问要想做到完美交车，使客户满意，交车前的准备工作是必不可少的。销售顾问只有对交车工作进行充分的准备，才能保证在交车过程中不出现任何差错，提高客户购车满意度。交车前的准备工作包含以下几个方面，如表10-1所示。

表10-1 交车前的准备内容

	与客户预约交车时间
	待交车辆的准备
	交车资料的准备
	交车区的准备

(续表)

	交车工具的准备
	参与交车人员的准备

1. 预约交车的准备

在客户订购的新车到达4S店并经过PDI检测确认无误后,销售顾问应适时和客户预约交车的时间。如果在合同预定的交车日期发生延迟时,销售顾问或公司主管部门应该主动向客户说明原因并提供解决方案。

【想一想】

如果在约定的时间内,客户所定购的车迟迟不到应该怎么办?

_____

_____

1)预约客户来4S店交车时的注意事项

(1)确定客户来店提车的时间,并暗示客户遵守约定的时间。如:"好的,那我明天上午9点钟准时在店里恭候您的光临。"

(2)告知客户交车的流程和所需占用的时间,以便客户提前做好时间安排。很多销售顾问在交车前没有对客户进行概述,待客户来店后,觉得等待或交车的时间过长,很容易产生不良情绪;

(3)再次与客户确认一条龙服务/衍生服务的需求及完成状况;

(4)告知客户交车时所需携带的资料、证件、和尾款的数额。交车过程中,客户需要提供订单、定金收据、身份证等材料,否则因客户在交车时未带齐材料,造成双方时间上的浪费不说,还会影响到客户的满意度;

(5)询问客户在提车时将与谁同来,以便于做出相关安排;

(6)确认客户的付款方式,询问客户是付现金、支票还是刷卡,不同的付款方式会影响到交车的时间。尽量说服客户采用刷卡的方式进行付款。

2)销售顾问预约客户交车的流程与话术

预约客户交车之前,销售顾问需按照规范流程和话术给客户打预约电话,并在通话过程中准确记录相关信息,如表10-2所示。

表10-2 预约客户提车

步骤	基本用语	动作要点	达成目标
1. 接通客户电话	"您好,赵先生,我是上海大众××店的销售顾问小张啊!"	微笑,语言亲切	问候
2. 说明致电原因	"是这样的,告诉您一个好消息,您定的车今天已经到达我们店了,我们售后的专业人员正在为您的新车做检查呢!"	微笑,兴奋,语言激动	告知新车到店,暗示客户来店提车
3. 询问何时提车	"那您看是明天来提车还是周末呢?""上午还是下午呢?""您大概几点钟到我们公司呢?"	记录时间	确认客户提车时间
4. 客户概述项目	"交车当天我会带您查验新车,付款,为您介绍车辆配置和使用方法,举行交车仪式等,整个过程大概需要2小时。"	语速缓慢,口齿清楚	告知客户流程,并清楚提车所需的时间
5. 提醒所需材料	"您记得带上您的身份证、驾驶证还有订单合同以及定金收据,千万不要忘记了"	语速缓慢、干脆利落	告知客户交车所要带的资料
6. 询问是否有其他同行人员	"您当天是您一个人来呢,还是和其他人一起来呢?""嗯,好的,我们欢迎您和您的家人一同前来提取您的爱车。"	记录同行人员	询问参加交车的人数和身份,以便提前做好准备
7. 确认客户尾款的支付方式	"您一次性付款的总额是226 800元,扣除上次定金是10 000元,您这次需付尾款是216 800元,请问是现金还是刷卡呢?"	对照预算单和客户进行对话、建议客户刷卡支付	和客户确认尾款金额并确定尾款的支付方式

2. 待交车辆的准备

在客户还没有见到自己的新车时,销售顾问一定要亲自对新车进行细致而又全面的检查,以确保车辆处于最佳的交付状态。待交车辆应该包含以下两个方面的准备。

1)车辆性能的检查

在新车交付前,销售顾问要委托售后部门对新车的各项性能进行PDI检查,尤其是发动机舱和底盘系统的检查。当然,销售顾问也要确保车辆表面漆面完好无损,并校正时钟,调节收音机频道等。以确保新车各项性能均全部处于正常状态。

2)车辆的清洁

交车当天必须对新车进行清洁,尤其是对发动机舱的清洁。清洁标准和展厅展车一致。并在车内地板上铺上脚垫纸或脚垫。清洁时不要随意拆除新车上的各种保护膜,确保给客户"这是一辆从未开过的新车"的感觉,否则极有可能给销售顾问带来不必要的麻烦。销售顾问在交车时常用的清洁工具,如图10-7所示。

交车前的车辆检查重点有:漆面是否有划伤、剥落、凹痕、锈点等痕迹;饰条是否松脱;缝隙的大小和均匀度等;轮胎气压是否过高或过低;车窗、天窗、发动机舱和行李箱是否脏污;汽油箱内至少有1/4的燃油;车辆必须经过实际的操作等。销售顾问应该按照展车展示标准对待交车辆进行仔细检查,确保车辆处于最佳的交付状态。

3. 文件资料的准备

在交车前,销售顾问需要准备一些交车的文件,如收款通知单、出库单、精品装潢单、交车检

图 10-7 销售顾问常用的汽车清洁工具

表等。在客户到店提车之前,销售顾问需要提前将这些表单规范地填写好,待客户到店签字确认即可。这样不仅可以增强销售顾问严谨的专业精神,而且还节省了客户到店等待的时间。

1) 销售收款通知单

销售收款通知单需要按照销售合同约定的内容进行填写,包含车辆的最终成交价和其他衍生服务的相关收费。销售顾问需要认真、规范地填写,且不能出现涂改。销售顾问填完之后,还需要交由销售管理部门和财务部门审核签字才能为客户办理付款手续。若没有代收款项目,可在代收款项目各项的空格处划斜杠。注意此单中合计应收金额、已收定金和贷款金额处务必采用大写,例如贰拾万伍仟玖佰元整,如表 10-3 所示。

2) 出库单(表 10-4)

出库单是经销商管理在库车辆的一种方式,同时也是主机厂审计人员查询车辆销售情况的重要依据。在销售顾问销售该车辆之前,必须规范填写出库单,取得销售部门和财务管理人员审核同意之后方能销售该车辆。并将出库单一连交予车辆管理员,另一联交予财务部门。

3) 装潢单(表 10-5)

装潢单是销售顾问领取精品装潢的重要依据。销售顾问需规范填写精品名称、品牌、和金额。还需注明该精品是购买还是赠送,或将购买和赠送的项目写在两张装潢单上,以示区别。在当今4S店中,赠送客户精品装潢和客户自己购买精品装潢已经成为一种重要业务组成,销售顾问需要按照公司规定规范填写。

此外,销售顾问同时还要准备销售合同、客户身份证复印件(暂住证或企业代码证书)、车辆合格证(进口车为关单和商检单复印件),车主手册,交车检查表等。销售顾问提前完成所有交车资料的准备,有利于在交车过程中节省时间,并随时可以拿出相关文件来和客户签署,以体现自身的专业素质。否则,在客户到来时,再去准备这些资料,不但浪费了双方的时间,极有可能引起客户不满的情绪。因此,销售顾问在交车之前一定要完成交车材料的准备工作。

销售顾问在准备完所有的交车资料之后,应将所有交车文件整理好放入交车文件袋中,并将交车文件袋放在妥善的地方,待客户来到后拿在手里,随时使用。交车文件带封面如表10-6所示。

表10-6 交车文件袋封面内容

交车文件袋内资料状况				
项 目	有	无	项 目	有	无
购车发票			保险相关材料		
完税证明及购置税发票			购车合同		
合格证(关单及商检单)			上牌证件		
机动车等级证书			首保卡		
行驶证			车主手册		

4. 交车区的准备

交车当天,销售顾问需将清洁干净的车辆停放在新车交车区,车头朝外,等待客户的到来。交车区必须保证明亮、整洁、干净。另外,交车区还需要进行适当的装饰,如背景墙、待交车型的视频广告、舒缓的背景音乐、绿色植物等,并配备供客户休息的桌椅,以便销售顾问在很隆重、轻松、愉悦的气氛下将新车交付给客户,提高交车的满意度,如图10-8所示。

图10-8 新车交车区待交车辆

5. 交车工具的准备

销售顾问在准备好交车区和待交车辆以后,还需要准备一些与交车有关的工具和物品,包括照相机、小礼品、鲜花、礼炮、红丝带、红色花球、欢迎牌等,如图10-9所示。不但可以保证交车仪式的顺利进行和减少客户等待的时间,而且还为客户创造了多种欣喜点。

表 10-3 销售收款通知单

销售收款通知单

购车合同号		购车日期		联系电话	
客户名称		身份证号码/组织机构代码			
购车型号		车架号		颜色	

应收款项目										
1. 销售指导价（MSRP）		优惠折让			实际成交价					
2. 上牌服务费										
3. 临时牌照费										
4. 精品装潢费										
5. PDI 检测费										
6.										
7.										
合计应收金额	人民币：	佰	拾	万	仟	佰	拾	元	¥：_____	
已收定金	人民币：	佰	拾	万	仟	佰	拾	元	¥：_____	
贷款金额	人民币：	佰	拾	万	仟	佰	拾	元	¥：_____	
贷款人名称		贷款机构			贷款年限					

代收款项目										
1. 购置附加税								代收金额：		
2. 保险费								代收金额：		
3. 牌证费								代收金额：		
4. 其他								代收金额：		
代收合计金额	人民币：	佰	拾	万	仟	佰	拾	元	¥：_____	
收款方式	1. 现金　　2. 刷卡　　3. 本票　　4. 支票　　5. 银行转账									
收款总计	人民币：	佰	拾	万	仟	佰	拾	元	¥：_____	

销售顾问：　　　　销售经理：　　　　收银确认：　　　　客户确认：

日期：　　　　　　日期：　　　　　　日期：　　　　　　日期：

表 10-4　车辆出库单

车辆出库单

填制部门：　　　　　　　　　　　　　　　　　　　　　　　　　日期：　　年　　月　　日

出库车辆客户名称：							
车辆型号：			车辆颜色：			出库数量：	
车辆合格证号：			车架号：			发动机号：	
销售部门填写	出库原因	□销售		□一次性	□贷款		□其他
		□车展	展出时间：		月　日至		月　日
		□二级网点	移出点：			移入点：	
		□经销商调车	调出点：			调入点：	
	经办人签字：			销售经理签字：			
财务部门填写	如是销售，请填写						
	发票号码：						
	付款方式：	□现金　□刷卡　□支票　□本票　□金融贷款　□电汇					
	收银签字：					日期：	
车辆管理员签字：						日期：	
提车人签字：						日期：	
备注：							

表 10-5　精品装潢单

精品装潢单

填制部门＿＿＿＿＿＿＿＿　　经办人＿＿＿＿＿＿＿＿　　日期＿＿＿＿＿＿＿＿
客户姓名＿＿＿＿＿＿＿＿　　地址＿＿＿＿＿＿＿＿＿　　电话＿＿＿＿＿＿＿＿
车型＿＿＿＿＿＿＿＿＿＿　　车架号＿＿＿＿＿＿＿＿　　车牌号＿＿＿＿＿＿＿

序号	名称及项目	品牌	金额	备注
合计				

车主签字：　　　　　　　　经办人签字：　　　　　　　　部门主管签字：

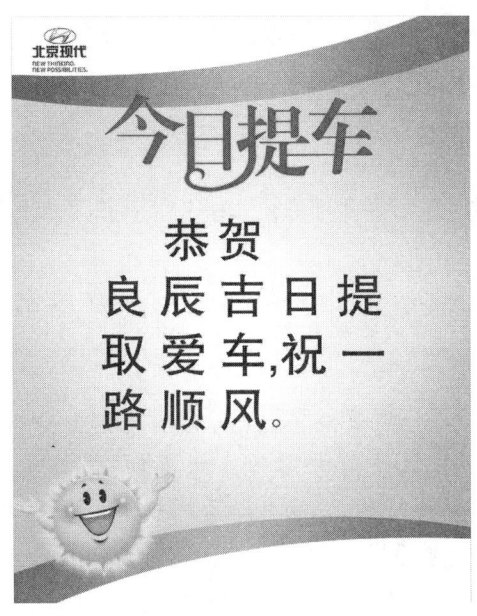

图 10-9 北京现代交车欢迎牌

6. 参与交车人员的准备

交车过程不仅仅是客户和销售顾问两个人的事情,更是客户购车从销售服务转入售后服务的过程。因此,参加交车仪式还需要客户服务部和售后服务部门的工作人员共同参与。同时,也要邀请销售部门的管理人员和其他同事一同参与。以体现对客户以及客户的交车仪式的重视并表示祝贺。在交车之前,销售顾问需要提前通知到这些人员。

【想一想】

在4S店参与交车的人员有哪些?

___

___

___

小组演练

1. 演练预约客户到店提车

1) 情境导入

今天晨会结束后,小俞去车辆管理员那里领取了王先生订购的帕萨特1.4TSI尊荣版的钥匙,亲自去车库里检查了一下新车的情况,确认新车内外都没有问题,回到展厅,小俞将钥匙又交回到车管那里,准备跟王先生确认提车的具体时间。

2) 演练脚本

(小俞开始拨拨打王先生的电话,电话接通……)

小俞：王先生您好，我是上海大众北京运通店的销售小俞啊。

王先生：哦，是小俞啊，您好。

小俞：请问您现在方便吗？

王先生：方便，你说吧。

小俞：哦，王先生，是这样的，您的新车我们已经做好了各方面的检查，而且今天已经周五了，不知道您是明天过来提车还是后天呢？

王先生：哦，我还正打算跟你说这个事呢，我打算明天过来提车，可以吗？

小俞：当然可以啊，那您是明天上午还是下午过来呢？

王先生：上午吧，大概要多久呢？

小俞：是这样的，王先生，明天上午您来了之后，我会带您先仔细检查一下您的新车，之后还要办理付款手续，为您讲解新车的具体使用方法和注意事项，最后我们还会为您举办一个交车仪式等，整个过程大概需要2小时左右的时间。

王先生：呵呵，原来还要这么复杂啊！

小俞：对啊，因为您是我们的VIP啊！呵呵。

王先生：嗯，好的，我明天上午争取早一点过来。

小俞：您大概几点钟到呢？

王先生：我大概9点钟到吧。

小俞：好的，您来的时候记得带上上次定车的合同和定金收据，另外还有您的身份证和驾驶证原件。

王先生：好的，记下了。

小俞：王先生，您明天还是你们一家人过来吗？有没有别人和您一同前来呢？

王先生：没有，就我和我爱人两个人。

小俞：好的，我们欢迎您和您的爱人一同前来提取您的爱车。对了，我再跟您核实一下您的尾款，上次定车我已经跟您做过预算了，您购车的总额是229 000元，当时您交了10 000元的定金，这次您还需支付车辆尾款是219 000元。请问您是现金支付还是刷卡呢？

王先生：我刷卡吧。

小俞：好的，刷卡我们这里规定客户只能刷2张卡哦。超过了要收取50元的手续的。所以还是希望您刷卡能控制在2张以内哦。

王先生：好的，没问题。

小俞：那好，那我明天上午9点准时恭候你们的光临！

王先生：好的，拜拜。

小俞：拜拜。

3）进行演练

(1) 全班分成3组，选举小组长，并推选小组两名成员分别扮演小俞和王先生；

(2) 演练开始之前，由指导老师扮演客户王先生带领大家朗读脚本内容；

(3) 朗读完毕之后，各小组在组长的带领下，进行小组内部的脚本演练，时间15 min；

(4) 各小组准备完毕之后，由各小组组长推选的两名小组成员分别上台进行演练，用时5 min；

(5) 上台演练的同时，其他同学请认真观察和听讲，并记录演练中不正确的地方；

(6) 演练过程中，请结合脚本内容，按照表10-7的内容分析脚本内容；

(7) 演练完毕之后，由指导老师带领全班同学对各小组演练结果进行点评。

请根据小组演练过程和脚本内容在表10-7中进行记录和分析。

表10-7 演练分析表

演练过程记录	
小俞在预约交车中与王先生确认了哪些信息？	

2. 演练交车前的其他准备

当天下午，小俞完成潜在客户跟进和邀约之后，就开始着手安排王先生明天提车的相关工作，现在她开始着手准备新车和交车文件这两项工作

1) 新车准备

（1）提出演练要求

① 全班分成3组，由指导老师分配车辆，将实训室作为交车间进行待交车辆的准备。

② 待交车辆里外的清洁标准要做到和展厅展车一致；

③ 各小组利用15～20 min的时间进行小组内部的车辆准备；

④ 准备完毕之后，由指导老师安排各小组互相检查车辆的准备情况，时间为5 min；

⑤ 检查完毕之后，由各小组组长汇总检查结果并向全班同学陈述；

⑥ 小组长陈述的同时，指导老师记录各小组准备情况和检查情况，各组陈述完毕之后，由指导老师进行演练评估。

（2）工具准备

展车3辆、擦车布、水桶、红丝带等。

（3）进行演练

各小组演练和检查的同时，请按照表10-8的内容进行记录和讨论。

表10-8 讨论分析表

_____组车辆准备情况记录	
待交车辆需要做哪些准备工作？	

2) 交车文件的准备

（1）情境导入

客户王强在小俞那里购买的新帕萨特1.4TSI的官方指导价为205 900元，优惠了5 000元，另外王先生还在小俞的店里购买了保险并委托办理上牌手续。具体收费项目有：购置税17 200元，牌证费为1 000元，保险费是5 900元，另外4S店还收取王先生上牌手续费和PDI检测费各500元。王先生购车时，小俞赠送了王先生全车贴膜、脚垫和挡泥板这三样装潢，并且他还花了3 000元为自己的新车装了导航。请按照以上要求填写销售收款通知单、出库单和装潢单。（可直接在知识准备部分填写）

(2) 提出演练要求

① 全班同学进行销售收款通知单、出库单和装潢单的填写,时间为 10 min;

② 填写完毕之后,由各小组长收集组员的填写情况,与其他小组互换;

③ 各小组成员仔细检查他组成员的填写规范程度,并且汇总给自己的组长;

④ 汇总完毕之后,由各小组组长陈述本小组的检查结果;

⑤ 小组长陈述的同时,指导老师记录各小组填写情况和检查情况,各组陈述完毕之后,由指导老师进行演练评估。

(3) 进行演练

小组成员填写完毕之后,请按照表 10-9 的内容进行记录和讨论。

表 10-9 讨论分析表

_____组表单填写情况记录	
除此之外,销售顾问还需要准备哪些交车文件?	

3. 学习评估

各小组演练完毕之后,由指导老师带领其他小组一起参与演练过程的讨论和点评,相关评估标准如表 10-10 所示。

表 10-10 评估标准

评估重点	满分	得分	原因分析
1. 演练时间的合理性	20		
2. 演练脚本的熟练程度	20		
3. 演练脚本分析的准确程度	20		
4. 待交车辆的准备结果	20		
5. 表单填写的规范程度	20		

复习思考题

1. 销售顾问在电话预约客户交车过程中,需要与客户沟通哪些重要信息?
2. 销售顾问在准备待交车辆时,应做到哪些?
3. 销售顾问在交车前应准备哪些交车资料?
4. 交车区的准备有何要求?
5. 交车前需要提前准备哪些交车工具?
6. 交车过程中,需要哪些人员到场一起参与交车?

任务2　完成交车流程全过程

学习目标

能够运用规范的流程完成客户的交车工作。

学习内容

1. 客户接待；
2. 费用确认；
3. 文件点交；
4. 新车点交；
5. 人员介绍；
6. 交车仪式；
7. 售后参观；
8. 新车示驾；
9. 送别客户。

知识准备

交车是客户最兴奋的时刻，也是与客户保持良好关系的开始，整个交车过程中，销售顾问都要迎合客户这种喜悦的心情。通过标准的交车流程，为客户带来愉快满意的交车体验，不但可以有效提升客户满意度，保持长期的友好关系；同时也让客户对经销商的产品和服务产生高度认同，发掘更多的商机。在进行交车的过程中，销售顾问需要详细说明车辆使用的注意事项及售后服务的内容，并办理车辆交接的相关手续。

以下我们就介绍一下新车交付的标准规范流程，如图10-10所示。

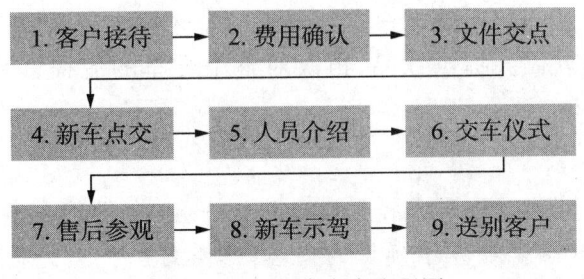

图10-10　新车交车流程图

【想一想】

整个交车过程是快一点好还是慢一点好？大概控制在多长时间适宜？请说出你的理由。

在学习交车流程全过程之前,先请大家制定交车时间分配表,如表 10-11 所示。

表 10-11 交车时间分配表

编号	交车流程	所需时间
1	客户接待	
2	费用确认	
3	文件点交	
4	新车点交	
5	人员介绍	
6	交车仪式	
7	售后参观	
8	新车示驾	
9	送别客户	

完成整个交车流程所需时间:

每位同学制定的时间分配是不是有出入呢?

交车时间的安排是否合理,不但可以体现出销售顾问的专业精神、敬业精神和交车前的准备工作是否充分,甚至对客户满意度和销售顾问的业绩有很大的影响。交车时间过短,客户难免会觉得备受冷落;而交车时间过长,一方面会使客户觉得提车时间过长,产生烦躁的情绪。另一方面,长时间的交车也会使得销售顾问本人无法安排如顾客接待、老客户回访等工作,大大降低工作效率。因此,合理的安排交车时间,对于销售顾问有着重大的意义。

1. 客户接待

交车当天,销售顾问应再次电话联系客户,确认客户到店的具体时间,以提前做好客户的迎接准备。客户到店后,销售顾问应第一时间在展厅门口迎接客户的到来。

客户进入展厅后,销售顾问可邀请客户先到新车发车区检查一下新车,然后告知客户还有手续要办,并引领客户至洽谈桌就做并提供饮品,再次对整个交车的流程、内容以及可能花费的时间向客户进行概述。

参考话术:

××先生/女士/小姐您好,欢迎您来提车!请先坐一会(提供茶水和饮料),我会花几分钟时间向您介绍一下交车的流程和您需要签字确认的内容,您看好吗?您先检查确认车辆,签署文件,付尾款,然后我将向您演示和介绍车辆的操作要领、注意事项,我还会请服务顾问介绍车辆的保修条款使用注意事项,带您参观我们的售后维修车间,最后我们还会为您举行一个交车仪式,全过程大概需要 X 小时。我将全程陪同您一起参与交车,在交车中如果有什么疑问,请您随时问我。您看这样可以吗?

2. 费用确认

(1)根据订购协议或合同上协定的价格,再次和客户确认各项购车费用;

(2) 利用相关报价清单向客户展示购车费用明细,以便客户清楚自己的购车费用;

(3) 在得到客户有关购车费用的确认后,请客户在相关单据上签字确认;

(4) 购车费用的相关单据签署完毕之后,销售顾问应该适时引导客户前往财务收银处缴纳尾款,并由财务开具相关的票据;

(5) 财务人员应提前知道交车车主的姓名并致恭贺词,并站立、微笑服务。

参考话术:

● ××先生,这是您购买这款车所需花费的总费用,您再确认一下,没有什么问题的话请在这里签字。

● 那就随我一起去财务收银处交一下尾款吧?

● ××先生,这是我们的财务收银员×××,由她为您办理尾款交付手续。

3. 文件点交

文件的点交涉及到客户是否完成上牌和委托上牌的问题,所以需移交的相关材料应该视情况而定。销售顾问在向客户进行文件点交的过程中,一定要向客户解释各种单据、手册的用途及注意事项,并提醒客户保管好各种文件以备日后使用。尤其是购车发票、完税证明、车辆合格证或机动车登记证书的保管,购车发票如图 10-11 所示。点交完毕之后请客户在相关表单上签字确认。

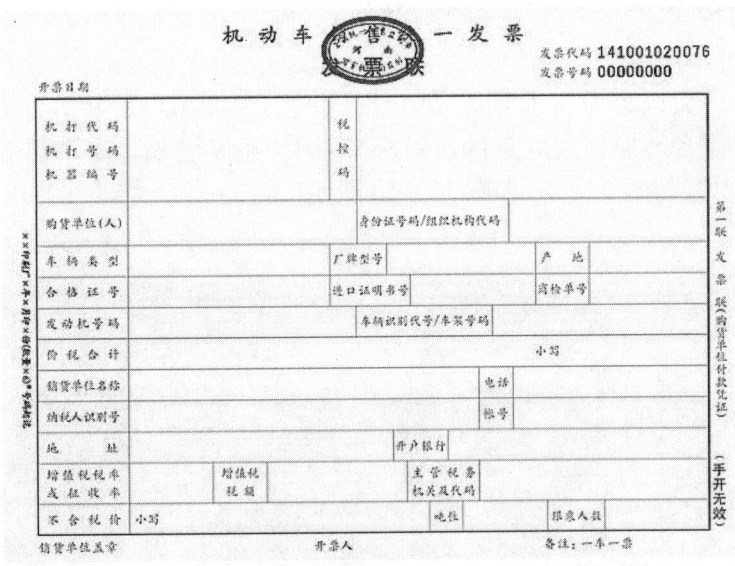

图 10-11 机动车销售统一发票

4. 新车点交

1) 新车验收

(1) 请客户确认客户车辆的型号、规格、颜色与所定车型是否一致;

(2) 销售顾问陪同客户对车辆进行检查,确认车辆外观和性能完好;

(3) 请客户确认车厢内的各项配置是否工作正常,完好无损;

(4) 请客户确认新车公里数,油箱燃油量不少于1/4的燃油。

新车验收时,请客户对照"交车检查表"里的内容对新车进行逐项检查,交车文件和新车验收完毕后,请客户在"交车检查表"上签字确认,如表 10-12 所示。

2）操作说明

（1）销售顾问应根据车辆使用说明书的内容,为客户说明车辆操作与使用注意事项(关键项目必须说明,如:钥匙和中央门锁、天窗开启、安全带和气囊、儿童安全、座椅调整、倒车雷达、转向盘、仪表指示、灯光、空调、音响、备胎、急救箱和警示牌等);

（2）为客户进行演示性操作,以便客户日后更方便地用车;

（3）当客户对某些操作有疑惑时,要随时为客户解答或多作几次示范,以解决客户的疑问;

（4）嘱咐客户以后在功能操作上有不清楚的地方请随时保持联系。

5. 人员介绍

为营造客户交车现场的温馨氛围,让客户有被重视的感觉,销售顾问还应主动通知销售经理或主管、客服经理、客服专员、售后服务顾问一起到场参与交车,并主动介绍这些同事给客户认识。这些人员到场的主要目的如下:

1) 销售经理/主管介绍

销售经理/主管介绍的内容主要是感谢客户购买本品牌的汽车并恭喜客户成为公司的尊贵客户,并根据客户喜好,赠送给客户一些小礼品(最好是带汽车品牌LOGO的礼品)。例如:

××先生/女士,恭喜您成为我们××品牌的尊贵车主,我代表销售部全体成员感谢您对我们的信任和支持,这是我们赠送给您的小礼品,愿您……

2) 售后服务顾问(SA)介绍

服务顾问介绍的主要内容为新车质保、磨合期、首保、车辆出险的相关注意和应对事项。交车环节本身就是由销售服务转向售后服务的关键环节,同样也是售后服务的开始和确保客户回厂的关键动作。SA介绍内容如图10-12和图10-13所示。

图10-12 维修保养说明内容

3) 客服人员(CRM)介绍

客服人员(CRM经理和CRM专员)介绍的主要内容有车友会入会信息、销售服务调查、主持交车仪式等工作内容。意在提醒在客户的用车过程中,主机厂和经销商会一如既往的为客户服务。在市场竞争日益激烈的今天,良好的服务才是赢得更多客户的王牌。"客户满意度征询表"如表10-13所示。

表 10－12　交车检查表

交 车 检 查 表

车主姓名：　　　　　联系电话：　　　　　交车日期：

车型：　　　　　车架号：　　　　　发动机号：

检查项目		是否正常			是否正常	
		是	否		是	否
	车身油漆			空调		
	发动机			全车灯光		
	车锁			点烟器		
	全车玻璃			底盘		
	摇窗机			轮胎及胎压		
	后视镜			收音机		
	刮水器			座椅		

通用附件	随车附件	是否正常		随车文件	是否正常	
		是	否		是	否
	工具包			合格证（国产车）		
	备胎			首保卡		
	轮毂盖			说明书		
	钥匙			进出口证书		
	千斤顶			商品检验单		
	三角牌			机动车发票		
	导航 SD 卡			完税证明		
	烟灰缸			机动车登记证书		

服务承诺	车辆是否清洗干净	□是	□否
	车辆是否注入 1/4 燃油	□是	□否
	其他服务承诺＿＿＿＿＿＿＿是否得到满足	□是	□否

对我们的评价　　非常满意＿＿＿＿　满意＿＿＿＿　一般＿＿＿＿　不满意＿＿＿＿

对我们的建议

注：客户检查车辆无误后签字认可

销售顾问签字：　　　　　客服经理签字：　　　　　客户签字：
日期：　　　　　　　　　日期：　　　　　　　　　日期：

表 10-13　客户满意度征询表

客户满意度征询表

"_____先生/女士您好！我是××品牌的客户服务专员_____，首先恭喜您今天喜得爱车，并成为我们××品牌××车型的尊贵车主！

_____先生/女士，您对我们的营业时间安排还满意吗？（_____满意、_____不满意，原因_____）

谢谢_____先生/女士的理解与配合，我们××品牌对新购车主是比较重视和关注的，所以您的回答和意见对我们非常重要，我们希望您能把整个购车过程的真实感受告诉我们，这样可以让我们直观的认识到现阶段存在的问题和不足，便于改进和预防，从而更好的为您服务。"

姓名_____　　　　电话_____

购车时间_____　　　　车型_____

请用 1~10 分给以下各项打分！

请您对经销商购车环境作个评价

1. 您对经销商店外观及店内设施是否整洁方面。请用 1~10 分评价，您打几分呢？　【　　】/10
2. 您对展厅车辆停放有序，看车过程方便，车辆款式和选择多样。请用 1~10 分评价，您打几分呢？
　【　　】/10

请您对展厅接待咨询作个评价

3. 当您进入展厅后，销售顾问是否主动上前及时接待您，并给您需要的产品信息资料。请用 1~10 分评价，您打几分呢？　【　　】/10
4. 销售顾问是否仪态得体、态度热情友好的回答您提出的问题，并给出合理的解释。请用 1~10 分评价，您打几分呢？　【　　】/10
5. 销售顾问是否熟悉××乘用车的性能和特点，了解其他竞争品牌车型，并根据您的要求介绍了其他不同的车型。请用 1~10 分评价，您打几分呢？　【　　】/10
6. 洽谈中销售顾问是否给您充足的时间考虑，没有压力感，对您提出的问题能给出令人满意的回答。请用 1~10 分评价，您打几分呢？　【　　】/10

请您对交车过程作个评价

7. 销售顾问是否在约定的时间内交车（签订购车合同期限内），您的新车是否干净，无损伤且相关设备齐全。请用 1~10 分评价，您打几分呢？　【　　】/10

图 10-13 磨合期注意事项

一般主机厂在客户交车一周内会致电客户,询问客户购车的满意度。客户满意度征询表可以有效的"暗示"客户,CRM 专员在交车过程中可以告知客户一定要帮助经销商和销售顾问打满分(一般为 5 分制或 10 分制),客户在享受愉快交车体验时也一定会同意的。

6. 交车仪式

交车仪式开始前,可以在所交新车的发动机盖上放置红色花球,并在外后视镜上系上红丝带(也可视当地风俗而定)。销售经理、销售顾问、客户经理、售后服务经理或服务顾问一同参与交车仪式,由销售经理/主管奉上鲜花(有女宾赠与女宾),然后 CRM 专员为全体人员与新车合影留念,帮助客户纪念这美好的时刻。全体工作人员合影完毕之后一起鼓掌并向客户表示祝贺,但切忌不能拍完照就一哄而散。

交车仪式并不是一定要十分的隆重,一方面主要是邀请相关的人员到场营造温馨的氛围,另一方面就是赠送客户相应的礼品,从而为客户带来欣喜。也可以结合当地风俗,策划一些有特色的交车仪式。交车仪式合影照片,如图 10-14 所示。

图 10-14 斯柯达交车合影

7. 售后参观

售后参观的主要内容有服务顾问接待区、客户休息室、预检工位和车间等，并介绍售后服务的大致流程。通过服务和硬件的展示，是强化客户购买信心，保障客户回厂的重要手段。售后参观和介绍的主要内容如图 10-15 所示。

图 10-15　售后参观的内容

8. 新车示驾

为保障客户用车安全以及用车注意事项，销售顾问还应该指导客户如何正确驾驶车辆。具体内容包括灯光、换挡、收音机、空调、内外后视镜调节、座椅调节、倒车雷达、自动泊车等功能的演示。意在补充客户对功能操作方面不清楚的地方进行演示。并在保障客户满意的同时，可以适时提出客户转介绍的要求。

9. 送别客户

送别客户之前，销售顾问应再次询问客户是否还有不清楚的相关事项。如客户没有或暂时没有，销售顾问还应该再次关照客户有关厂家满意度调查的相关事项，提醒客户主机厂会在某一时间内致电车主，询问销售服务满意度的相关事项。销售顾问需要请求客户一定要帮自己打满分，以便给客户提供更好的服务。同时，销售顾问也可直接要求客户将主机厂的回访电话输入到自己的手机当中，以便及时的对回访调查做出满意的应对措施。然后，送客户上车，挥手告别，直至客户消失在自己的视野范围之外，如图 10-16 所示。

送别客户后，销售顾问还需要给客户发送一条短信，以表示对客户的谢意。例如：

尊敬的××先生您好，感谢您购买××品牌××乘用车并成为我们尊贵的车主，同时也感谢您对我的信任、理解和支持，在您使用车辆时，如遇到任何问题，请随时与我联系，我会一如既往的为您服务。再次感谢您对我的支持，祝您工作顺利，生活愉快！××品牌××店销售顾问×××。

图 10-16 销售顾问挥手告别客户

小组演练

1. 情境导入

今天销售晨会中,销售顾问小俞告知销售经理张晨她的客户王先生今天要来付款提车了,并告知张经理自己已经做好了交车前的各项准备。这是她第一次进行交车,整个销售团队格外重视,张经理告诉她,晨会结束后给客户打个电话,确认客户到店的具体时间以便做好相应的安排。晨会结束后,小俞拨通了客户王先生的电话……

2. 准备演练工具

演练工具的准备,如表10-14所示。

表 10-14 演练工具的准备

硬件准备	文件准备
手机2部,帕萨特乘用车1辆、洽谈座椅2套(展厅和交车区各一套)、纸杯2个、名片若干、银行卡、车钥匙、相机、红色花球、红丝带	交车流程图、收款通知单、出库单、装潢单、交车检查表、身份证复印件、合格证、发票、保单、临时牌照、交车文件袋、"客户满意度征询表"

3. 演练脚本

(小俞在展厅拿起手机接通了王先生的电话……)

小俞:王先生您好,我是小俞啊,您快到了吗?

王先生:哦,我马上就到了,差不多还有5 min吧。

小俞:好的,我在门口等您。

王先生:好的。

(小俞走出展厅,在展厅门口等待着王先生的到来。5 min以后,王先生和王太太坐着出租车来

到了店门口,小俞先帮助王太太打开了车门,王先生自己打开车门下车。)

小俞:你们来的真准时啊!

王先生:呵呵,提车肯定要积极点了啊。

小俞:呵呵,那里面请吧。

(小俞带领王先生、王太太进入展厅。)

小俞:你们先坐一会吧?今天想喝点什么呢?还是来两杯咖啡吗?

王先生:嗯,还是咖啡吧,呵呵。

(小俞去吧台端了2杯咖啡给王先生和王太太。)

小俞:王先生、王太太,我先跟你们说一下您提车的大致环节,这是我们的交车流程图(小俞将交车流程图展示给王先生、王太太观看),马上我会带你们先去交车区看一下新车的情况,然后我们再回来确认一下您需要支付的款项,我还会为你们介绍一下新车的使用功能和注意事项,最后我们还会为您举办一个交车仪式,整个过程大概需要两个小时。

王太太:要这么长时间啊,我们付完钱不就可以拿车走了吗?

小俞:是这样的,王太太,提车的过程看似简单,其实在这个过程中还有很多事的,待会您就知道了。如果你们赶时间的话,那我就尽量快一点。

王先生:没事,我们不急的。那先带我们去看看车吧。

小俞:好的。这边请。

(小俞带领王先生和王太太前往交车区。)

小俞:这就是你们的新车,我已经做好了新车的美容,怎么样,挺干净吧?

王先生:是挺干净的,谢谢啊。

小俞:呵呵,没事,应该的嘛!这是交车检查表,您可以对照上面的内容进行新车检查。

王先生:好的。

(王先生、王太太按照交车检查表的内容,里里外外检查车辆……小俞打开发动机盖,并启动了发动机。)

小俞:怎么样,声音还可以吧?

王先生:嗯,还行。

小俞:你们就放心吧,你的车已经经过我们售后维修技师的仔细检测,绝对没问题的。

王先生:那好吧。我们去付钱吧?

(小俞关闭发动机,带领王先生、王太太走向展厅。)

小俞:王先生、王太太,在付钱之前,还需要你们签署一些单据,我们还是到那边坐一会吧。

王先生:好的

(小俞带领王先生和王太太走向洽谈桌,并从文件袋内拿出意见准备好的交车文件。)

小俞:王先生,这是您今天需要支付的尾款,总共还有219 000元。(小俞将销售收款通知单交给王先生,王先生仔细看了一下。)

王先生:好的,没问题。

小俞:王先生,您请在这几张单子上签个字,签完字我们就可以去办理付款手续了。(小俞顺手又将出库单和装潢单交给了王先生,王先生分别在三张单子上签了字。)

小俞:那好,我们去财务付款吧。

王先生:好的。

(小俞和王先生去往财务收银处。)

学习情境 10 完美交车

小俞：王先生，这是我们财务收银王芳，由她为您办理付款手续，王芳，这是我的客户王先生。

王芳：王先生您好，感谢您选择上海大众品牌并成为我们尊贵的车主，请问您是刷卡还是现金？

王先生：我刷卡。

（小俞将销售收款通知单、出库单、装潢单、客户身份证复印件交予王芳，王先生将银行卡交予王芳。王芳为王先生办理收款和开票手续。）

王芳：好了，我这里手续就全部完成了，王先生，祝您提车愉快。

王先生：好的，谢谢。

小俞：王先生，您先去展厅坐会或去交车间看看您的车，这是您的车钥匙，现在，这辆车就完全属于您了。（小俞将车钥匙交予王先生），我现在还需为您的新车去办理一下保险。

王先生：好的。（王先生叫上王太太去交车间看新车去了，10 min 之后，小俞拿着交车文件袋来到了交车间。）

小俞：王先生，您的新车保险我已经办理好了，但是要到中午12点才能生效哦！

王先生：好的，没问题。

小俞：因为我们需要帮你办理牌照，所以像发票、合格证这些原件今天就留在我们这里，后天下午1点我们将为您办理上牌手续。到时您只需要带上您的身份证原件，并将车开到车管所联系我们的上牌师傅就可以了，这是他的名片。（小俞将上牌师傅的名片交予王先生。）

王先生：好的。

小俞：这是新车的临时牌照，有效期是4天，在这几天内上路都是没问题的。

王先生：嗯，谢谢，我还担心万一没牌照被警察拦下来怎么办呢。你想的真是周到啊！

小俞：呵呵，我人细心啊！这是新车的说明书，没什么问题的话请在交车检查表上签字确认。

（小俞又将交车检查表交予王先生，王先生开始填写交车检查表……填写完毕。）

小俞：下面我将为您讲解一下这款车的操作。

（小俞向王先生、王太太进行了新车点交。）

小俞：怎么样？功能差不多都清楚了吧？

王先生：嗯，差不多了。

小俞：以后遇到有什么问题请随时打电话给我。

王先生：好的。谢谢。

（销售经理、客服经理、售后服务顾问拿着名片、CRM专员拿着相机、客户满意度征询表、名片陆续进入新车交车区。）

小俞：那好，王先生，我现在为您介绍一下我们的服务团队。这是我们的……（小俞一次向王先生介绍服务团队，服务团队依次向王先生做自我介绍并致恭贺词，CRM专员拿出客户满意度征询表给王先生填写……填写完毕。）

徐娜：感谢王先生对我们反馈的宝贵意见，相信我们一定可以做的更好。

王先生：你们的服务真的不错！

王烨：相信我们以后会做的更好。

徐娜：这么激动人心的时刻，大家一起来合个影吧。

（大家依次站立新车的两边，徐娜为大家牌照。拍完照，大家集体鼓掌并说"恭喜"，然后服务团队依次向王先生告别。）

小俞：王先生，现在交车基本上就结束了，我马上再带你们一起参观一下我们的售后服务区域，以便于您日后能够正确使用和维护您的车辆。

王先生：好的。

小俞：那我们这边请。

（小俞带着王先生、王太太走向售后服务区域，依次介绍SA接待区，客户休息室，售后预检区域、车间、门卫等。）

小俞：王先生，售后相关功能区域都已经介绍完了，您以后有关售后保养的问题也欢迎您随时咨询我。

王先生：好的，谢谢。

小俞：那王先生您看需不需要我带您演示一下具体如何驾驶您的新车呢？

王先生：不用了，我开车这么多年了，没问题的。

小俞：呵呵，我想也是。那今天的交车过车就已经全部结束了，以后如果有什么问题请随时联系我。

王先生：好的。那我们就走了。

小俞：对了，王先生，过两天我们上海大众总部会对您在我店购车进行一个满意度的回访，还请您能够帮我打满分啊！

王先生：你服务这么好，我肯定给你打满分，放心吧！

小俞：呵呵，那先谢谢您了。以后有亲戚朋友买车，记得要推荐给我啊！到时我们也有礼品送给您的。

王先生：好的，一定。那我们就走了。

小俞：嗯，您慢走啊。

王先生：嗯，拜拜。

小俞：拜拜。

（小俞目送王先生离去，直至消失在自己的视野里。至此，小俞完成了王先生的全部交车过程。）

4．进行演练

（1）全班分成3组，选举小组长，并选举组员分别扮演销售顾问小俞、客户王先生和王太太、销售经理张晨、服务顾问李伟、客服经理王烨、CRM专员徐娜、财务收营员王芳；

（2）演练开始之前，由指导老师扮演客户王先生带领大家朗读脚本内容；

（3）朗读完毕之后，各小组在组长的带领下，进行小组内部人员的确认和脚本的演练，时间20 min；

（4）各小组准备完毕之后，由各小组分别上台进行演练，用时15 min；

（5）上台演练的同时，其他同学请认真观察和听讲，并记录演练中不正确的地方；

（6）演练过程中，请结合脚本内容，按照表10-15的内容分析脚本内容；

（7）演练完毕之后，由指导老师带领全班同学对各小组演练结果进行点评。

表10-15 演练分析表

演练过程记录	
小俞使用了哪些MOT技巧？	

(续表)

小俞为什么要安排王先生后天去上牌?	

5. 学习评估

各小组演练完毕之后,由指导老师带领其他小组一起参与演练过程的讨论和点评,相关评估标准如表10-16所示。

表10-16 评估标准

评估重点	满分	得分	原因分析
1. 概述运用的熟练程度	20		
2. 客户转介绍讲述的熟练程度	20		
3. 客户满意度回访的叮嘱	20		
4. 送别客户的细节动作	20		
5. 整个交车过程的连贯性	20		

复习思考题

1. 在整个交车过程中,销售顾问需要做哪些工作?
2. 在交车过程每个环节中,销售顾问又需要做哪些工作?

学习情境 11　售 后 跟 踪

学习目标

1. 能够制定规范的回访计划对客户实行售后跟踪；
2. 能够对售后客户进行客户满意度管理；
3. 能够运用正确的方法来处理客户抱怨和投诉。

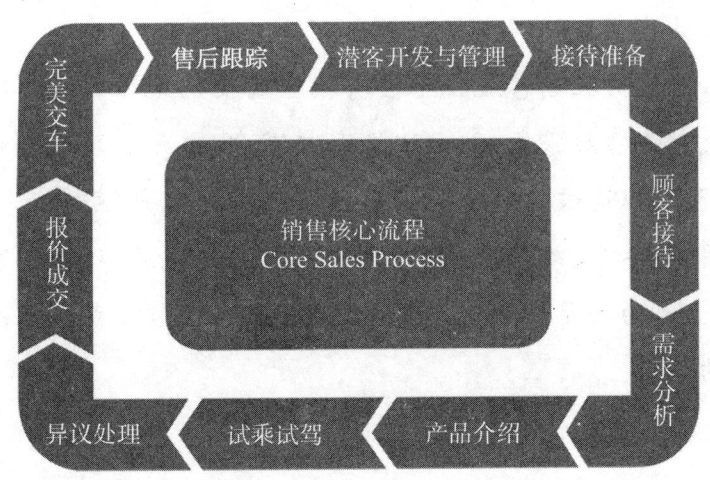

情境导入

销售顾问小俞刚刚完成了王先生的交车工作，这是她第一次给客户交车，成功的喜悦油然而生。但是，销售经理告诉她，销售工作还没有结束，她还需要对王先生进行售后的跟踪服务，以确保王先生购车的满意……

岗前资讯

汽车销售出去了，销售工作好像是结束了，实际上销售过程并未就此结束，销售顾问还需要做好客户的售后服务工作。汽车作为一种特殊的消费品，一旦被销售出去了，就会出现故障、保养维修等实际问题，甚至有的故障还会给车主带来极大的困扰。而消费者又不可能就立马换个新的或直接要求经销商退货。因此，作为汽车销售顾问，必须在第一时间做好客户的售后服务工作，为客户解决现实中用车、养车和修车的实际困难。

汽车产品的售后服务工作始于交车之后，并贯穿于客户用车、养车、修车、增购、换购的全过程之中。作为一名优秀的汽车销售顾问，掌握售后服务的相关内容和处理步骤是十分有必要的。

汽车售后服务在销售流程中占有相当重要的地位。汽车经销商如果不能提供或忽视售后服务，就无法使客户满意，更无法培养忠诚客户。因此，销售顾问可以通过售后服务这一环节来关怀客户，解决客户现实中遇到的有关用车、养车、维修保养的问题，化解客户抱怨，从而与客户建立互信的合作关系，为培养忠诚客户，挖掘更多潜在客户，实现更高的成交率奠定坚实的基础。

任务 1　制定客户跟踪计划

学习目标

1. 能够熟知售后服务跟踪的内容；
2. 能够运用相关的话术对车主实施售后回访。

学习内容

1. 售后跟踪的重要性；
2. 售后跟踪的内容。

知识准备

调查表明，争取一个新客户所需要的成本是维持一个老客户所需费用的 5 倍。与此同时，我们的客户也期望销售顾问能够主动与他们联系。由此可见，维护老客户的关系是非常重要的，也是很有必要的，如图 11-1 所示。维护与老客户的关系一方面有利于经销商和销售顾问减少开发潜在客户的成本，另一方面通过对老客户的信息跟踪，与客户进一步沟通，最大程度的完善企业经营活动，从而更好地为客户服务。

图 11-1　维护老客户的重要性

客户提车回去后，客户的满意程度和不满意程度会各不相同。如果客户满意，那么将来有新的需求的时候，会主动联系销售顾问；有亲朋好友想买车的时候，客户也会询问并听取销售顾问的意见和建议。但是，如果客户本身就不满意，客户在有需求的时候就会另找他人，甚至想都不会想到你。如果这样的话，虽然销售顾问拿到了这一单成交客户的佣金，但是销售顾问同时也失去了得到一位忠诚客户的机会。

前面讲过，交车并不意味着销售的结束，恰恰相反，交车是销售的开始，因此销售顾问必须做好交车后的客户回访工作。俗话说的好："没有一次交易的客户，只有终身的客户。"这表明了销售顾问在交完车之后，更要注重客户的跟踪回访工作，否则，久而久之，再满意的客户也会随着时间的推移而流失。而对于客户来说，客户也同样希望销售顾问和 4S 店能够关心他的用车情况，并在用车过程中能够解决他的疑难问题。让客户能够放心使用自己的车辆，如图 11-2 和 11-3 所示。

图 11-2 交车后客户的期望

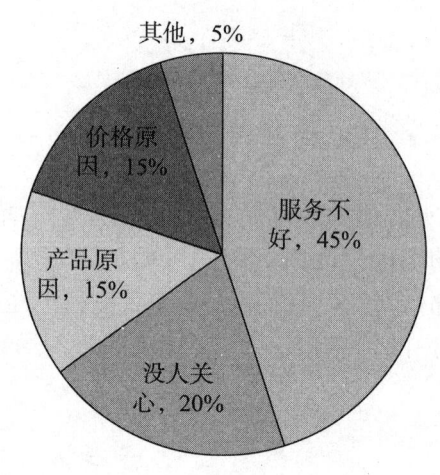

图 11-3 客户流失的原因

鉴于以上情况,销售顾问在交车后,必须对老客户进行定期和不定期的跟踪回访。常见的汽车售后跟踪分为以下几种。

1. 售后的定期回访

1) 交车后 24 小时回访

在完成交车 24 小时内,销售顾问应该主动致电给客户,询问以下内容。

(1) 对自己的销售服务是否满意;

(2) 车况是否良好,对车辆功能或操作还有哪些不清楚的;

(3) 如果有任何疑问,可随时与我联系;

(4) 再次告知客户近期公司和厂家会将再次联系客户,进行满意度调查,嘱托客户一定要帮自己打满分,说"非常满意",并告知公司有活动一定会及时邀请客户前来。例如:

销售:××先生/女士,您好,我是××(品牌)××店的销售顾问×××,请问您现在方便吗?

客户:×××你好,没事,你说吧。

销售:现在车开得还顺手吗?还有什么地方不清楚的吗?

客户:嗯,都挺好,有什么不清楚的我会打电话给你的,谢谢关心。

销售:哦,不客气,以后在您用车过程中有什么不清楚的地方欢迎您随时打我电话,我会在第一时间内帮您解决的。对了,还有一件事我想麻烦您一下,这两天我们公司和厂家都会打电话给您,主要是针对您在我们店购车做一个满意度的调查,希望您到时能够帮我打10分,说'非常满意'啊,拜托了啊!谢谢您。

客户:好的,没问题的,一定帮你打满分。

销售:好的,那就先谢谢您了,以后我们公司有活动,我再邀请您。

客户:好的,谢谢。

销售:嗯,再次感谢您购买了××乘用车,同时也万分感谢您对我的信任和理解,祝您生活愉快,再见。

2) 寄送感谢信和交车照片

很多4S店为了节省成本,一般感谢信和交车照片都是在客户完成交车仪式之后就会交付到客户手里的。但从流程和正规的角度考虑,这些应该由CRM部门或销售顾问选择邮寄或上门赠送的方式比较容易让客户感动一些,如图11-4和图11-5所示。

图11-4 客户购车感谢信

图11-5 寄送的交车合影

3) 交车后 3 日回访

4S 店为保障客户满意度,确保回访的成绩,一般会在开票 3 天后或交车 3 天后进行客户满意度的回访工作。此项工作主要由 CRM 客服专员完成,销售顾问也包括以下内容。

（1）向客户表示感谢,并询问车辆使用情况;

（2）如果客户有抱怨,向客户致歉并解决客户抱怨;

（3）进行满意度调查,征询客户对销售服务质量的意见和建议。

例如:

××先生/女士,上午好,我是××品牌××店的客户服务专员,我叫×××,打电话给您是想了解一下您对新车使用是否满意?……为了提高我们的服务质量以便更好的为您服务,能否耽误您几分钟时间,请您为我们的销售服务质量做一个销售服务满意度的调查?……好的,我已经认真记下了您的意见和建议,并且会反映给相关责任人。同时也非常希望您能在××天后的厂家回访中帮助我们打满分,并说'非常满意'。非常感谢您的支持和理解,祝您用车愉快,再见!

4) 交车后 7 日回访

为保障客户满意度的有效到达,确保主机厂满意度成绩合格与圆满。销售顾问必须在客户开票或交车 7 日以后再次电联客户,询问车辆使用情况并嘱托客户满意度调查的相关事项。如果遇到公司有举办新车养护学堂之类的活动,可借此机会向客户发出邀请。例如:

××先生/女士,您好,我是××（品牌）××店的销售顾问×××,不好意思打扰您了,现在车熟悉的怎么样了?一切都好吧!没见您打我电话,我想应该没什么问题的。我们店这个周末有一个新车养护学堂活动,内容主要是介绍车辆保养和出险后的相关知识,如果您感兴趣,我想邀请您和您的家人一起来参加……哦,对了,我们厂家的回访电话还没有打给您吧?过几天您就会接到了,号码是……,还劳烦您留意一下,记得一定要帮我打 10 分,并且说'非常满意'啊!拜托了啊……嗯,谢谢您,祝您生活愉快!再见!

5) 交车后 3 个月内回访

3 个月内回访可由销售顾问或 CRM 专员同步进行,一方面可询问客户车辆使用情况,另一方面就是询问客户目前行驶里程,进行首保的预约。当客户到店进行首保时,销售顾问和售后服务经理应该到场问候和关怀客户。例如:

××先生/女士您好,我是×××啊,是这样的,您的车现在开了多少公里了?马上也快 3 个月了,可以来我们店进行车辆的首次保养了,您看您近期什么时候有空来做首保呢?我来帮您预约一下吧?省的您到时候到我们店可能还要排队的,以节省您宝贵的时间。您看可以吗?

销售顾问和 CRM 客服专员可根据"成交客户回访情况记录表"对交车客户的回访情况进行记录,建立当月交车客户的回访档案,如表 11-1 所示。

2. 售后的日常关爱

销售顾问和 4S 店 CRM 部门可在一些特定的日期内以正当的理由,通过短信、电话、DM 邮件、DM 杂志或登门拜访的形式,非常自然地与客户保持联系。并且要保证每 3 个月跟客户联系一次。联系客户的理由如表 11-2 所示。

表 11-1 成交客户回访情况记录表

基盘客户回访记录表

新车交车 24 小时内回访

日期			回访人	
回访反馈		产品		
		服务		
		其他		

新车交车 3 日内回访

日期			回访人	
回访反馈		产品		
		服务		
		其他		

新车交车 1 个月内回访

日期			回访人	
回访反馈		产品		
		服务		
		其他		

新车交车 3 个月内回访

日期			回访人	
回访反馈		产品		
		服务		
		其他		

预 计 首 保

预计首保日期	

表 11-2 日常的客户关爱项目

序号	联系理由	联系方式	联系人
1	办理车辆年检、保险	电话、短信	CRM专员、销售顾问、服务顾问
2	通报公司新车信息	短信、电话	厂家客服代表、销售顾问
3	公司活动邀请（如自驾游、车主养护学堂等）	CRM专员、电话	CRM专员、销售顾问
4	生日祝贺	短信、电话、上门拜访	销售顾问、CRM专员
5	节日祝贺	短信、电话	销售顾问、CRM专员
6	季节和天气变化	短信	销售顾问、CRM专员
7	车辆出险后	电话	销售顾问、服务顾问
8	车辆维修保养后	电话	CRM专员、销售顾问、服务顾问

以下列举一些常见的客户日常关爱内容：

1）生日祝贺

例如：

在今天这个特殊的日子里，愿我虔诚的祝福，带给你成功的一年，××汽车××店销售顾问×××祝您生日快乐。

2）新车上市

例如：

尊敬的××（品牌）准车主您好，备受期待的××（车型）样车现已到店，××品牌××店销售顾问×××诚邀您莅临本店，品鉴××（车型）的独特驾乘体验。联系电话：×××××××。

3）节日问候

例如：

尊敬的××（品牌）车主您好，在这普天同庆的日子里，××品牌××店销售顾问×××祝您和您的家人节日快乐！愿好运常伴在您身边！

4）活动通知

例如：

尊敬的××先生/女士，第五届××汽车博览会将于××年××月××日在××（地方）盛大举行，××品牌××店销售顾问×××诚邀您亲临现场，体验××（车型）的独特魅力！联系电话：××××××××。

5）天气变化

例如：

尊敬的××（品牌）车主您好，××（品牌）××（店）销售顾问×××提醒您：近日雨水较多，请尽量避免您的爱车涉入过深的水面，以免造成发动机进水引起不必要的损失。如遇涉水行车熄火，请勿再次启动发动机。并在第一时间致电本店售后服务热线：××××××××。

其实,联系客户的方式还有很多,销售顾问需要在平常与客户的接触中掌握各种细节,在必要的时候可以联系客户,以增进与客户的感情,培养客户的忠诚度和对自己的信任感。

小组演练

1. 案例导入

客户王先生刚刚已经从销售顾问小俞那里提走了自己心仪的帕萨特乘用车,现在,小俞要着手安排对客户王先生进行售后的跟踪服务,以确保王先生对购车过程的满意,达成自己创造忠诚客户的目的。

2. 工具准备

电话或手机2部、洽谈座椅2套、"基盘客户回访记录表"。

3. 演练脚本

1) 销售顾问24小时回访

小俞:王先生您好,我是上海大众北京运通店的小俞啊。

王先生:哦,小俞啊,你好。

小俞:现在说话方便吗?

王先生:方便的,你说吧。

小俞:就是想问问您车开的怎么样?还有什么地方不清楚的吗?

王先生:都挺好的,昨天开车去了趟上海,车还是很稳的。动力也可以。

小俞:嗯,那就好,但要记得磨合期1 000 km内,车速最好不要超过120 km/h啊!

王先生:嗯,我一般都在100~120 km/h之间。

小俞:还有其他功能操作上有什么不清楚的吗?

王先生:暂时还没有,有什么不清楚的我会联系你的。

小俞:嗯,那好。这两天我们厂家会对您进行满意度的回访,记得每一项都要帮我打10分,并且说非常满意啊!

王先生:嗯,放心吧,一定帮你打10分!

小俞:嗯,那先谢谢了,有什么问题我们随时联系啊!

王先生:嗯,好的。那就先这样啊,拜拜。

小俞:拜拜。

(小俞开始填写"基盘客户回访记录表")

2) 交车后3日回访

小俞:王先生您好,我是小俞啊。

王先生:小俞啊,你好。

小俞:现在说话方便吗?

王先生:方便的。

小俞:现在车开得怎么样啊?

王先生：倒是有一个问题的,我现在车开了快1 000 km了,但最近我发现我的车油耗比较高啊,原来百公里差不多8 L油不到,但最近好像要将近10 L油的,是不是有什么问题啊?

小俞：是这样的,王先生,因为您现在的车还处于磨合期,而且还没做过首保,新车在这段时间内一般都会出现油耗升高的情况,属于正常现象,只需您在5 000 km的时候到我们店做完首次保养,您的车油耗才会降到7 L油左右的。

王先生：是这样啊,那就好,我还以为发动机有问题呢。

小俞：呵呵,大众的发动机哪有那么容易坏,1.4T的其实真的不错的。

王先生：呵呵,是的,我开下来确实感觉不错。

小俞：嗯,对了,王先生,我们厂家的那个021的电话打给您了吗?

王先生：打给我了,我都给你打的10分。

小俞：呵呵,谢谢您了哦。

王先生：没事的,以后用车还要麻烦你的。

小俞：呵呵,您只要有关车方面的问题可以尽管问我的,我一定帮您解决的。

王先生：呵呵,谢谢。

小俞：应该的嘛,我还要麻烦您呢,可能过两天我们厂家会委托第三方调查公司对您进行电话回访,主要对您购车的满意度进行调查询问,时间差不多在12分钟左右的,会问您很多问题,有关于我们公司的,也有关于我的,我希望您都帮我打10分,并说十分满意啊!不然我这个月的奖金就要打7折了。

王先生：好的,没问题。我也知道你们不容易的。

小俞：呵呵,谢谢您的体谅,如果每位客户都像您一样开明,那该多好啊!

王先生：呵呵,大家都不容易啊。

小俞：还是要谢谢您,下次我们公司有什么活动我会及时通知您的。

王先生：好的。

小俞：那就这样啊,我们随时保持联系。

王先生：好的,拜拜。

小俞：拜拜。

(小俞填写"基盘客户回访记录表")

3) 交车3月内回访

小俞：王先生您好,我是上海大众的小俞啊。

王先生：小俞啊,你好。

小俞：是这样的,您的车已经开了3个月了,不知道您现在开了多少公里了?

王先生：哦,我现在开了大概4 000多 km了。

小俞：那您要记得5 000 km的时候来我们店做首保啊。

王先生：首保要不要预约啊?

小俞：这要看情况的,最好预约一下,以免耽误您的时间。您当天要来的时候跟我打个电话吧。我来帮您安排。

王先生：好的,到时我和你联系。

小俞：嗯,好的。来的时候记得带上首保卡、用户手册,还有行驶证。

王先生：好的,谢谢提醒。

小俞:没事,那记得到时及时跟我联系啊。
王先生:好的,再见。
小俞:嗯,再见。

(小俞填写"基盘客户回访记录表")

4. 进行演练

(1) 全班分成3组并选举小组长,推选组员分别扮演销售顾问小俞和客户王先生,对客户王先生进行交车后24小时回访、7日回访和交车后3个月回访;
(2) 演练开始之前,由指导老师扮演客户王先生带领大家朗读脚本内容;
(3) 朗读完毕之后,各小组在组长的带领下,进行小组内部人员的确认和脚本的演练,时间20 min;
(4) 各小组准备完毕之后,由各小组分别上台进行演练,用时15 min;
(5) 上台演练的同时,销售顾问和其他同学请认真观察和听讲,并记录演练中不正确的地方;
(6) 演练过程中,请结合脚本内容,认真填写"基盘客户回访记录表"的相关内容;
(7) 演练完毕之后,由指导老师带领全班同学对各小组演练结果进行点评。

5. 学习评估

各小组演练完毕之后,由指导老师带领其他小组一起参与演练过程的讨论和点评,相关评估标准如表11-3所示。

表11-3 评估标准

评估重点	满分	得分	原因分析
1. 积极主动参与演练	25		
2. 对脚本和知识点的熟练程度	25		
3. "基盘客户回访记录表"填写的规范性	25		
4. 参演人员语气、表情的情况	25		

复习思考题

1. 售后的定期回访有哪些?
2. 销售顾问在日常工作中可以通过哪些理由和客户进行联系?

任务2 客户满意度管理

学习目标

1. 能够正确认识客户满意的概念；
2. 能够深刻理解客户满意的重要性；
3. 能够清楚影响客户满意度的因素；
4. 能够知道如何做好客户满意度。

学习内容

1. 客户满意度的概念；
2. 客户满意的重要性；
3. 影响客户满意度的组成因素。

知识准备

随着中国汽车市场的持续发展,客户满意度水平与销量指标一起成为衡量企业竞争力的重要方面。上海大众汽车是最早进入中国汽车市场的品牌之一,市场的变化从计划经济时代开始,再转变为市场经济,竞争导致市场的转变,销售导向逐步转变为以服务为导向。工厂不仅仅只是生产汽车,销售顾问也不光只是卖出汽车而已,而是要提供更高的服务品质来获得市场,由此厂家要求我们在营销方式上进行变革。因此,做好客户销售服务的满意度(SSI),对于主机厂、经销商和销售顾问三者来说显得尤为重要。

2012年,联信国际(LANSION)发布了《2012年中国汽车销售满意度的研究报告》,该调研是针对购车后2~6个月新车车主进行的,根据客户在交车过程、交车时间、经销商设施、销售人员、书面文件、交易条件和销售启动等七个方面的感受经历,衡量出最终结果——中国消费者的新车购买体验满意度。SSI总分为1 000分,分数越高,表明消费者对购车过程的满意度越高,如图11-6所示。

从图11-6中我们可以看出,在千分制的评分当中,最高得分也就845分,或许这已是不错的成绩,但我们应该清楚的认识到,客户满意度还有很大的提升空间。因此,作为汽车销售顾问,我们必须提高自身的综合素质,努力做好销售服务满意度。

1. 客户满意的概念

客户满意是指客户对其明示的、通常隐含的或必须履行的需求或期望已被满足的程度的感受。如客户能够得到试乘试驾的服务,交车时保持车辆外观整洁且完好无损,交车后能继续得到经销商或销售顾问的关心等。

客户满意度是客户对服务是否满意的综合反馈。它是对产品、经销商硬件设施、销售顾问整体素质等给出一个与自身期望相比较的评价和反馈。客户满意度反映的是客户的一种心理状态。客户满意度的内容如图11-7所示。

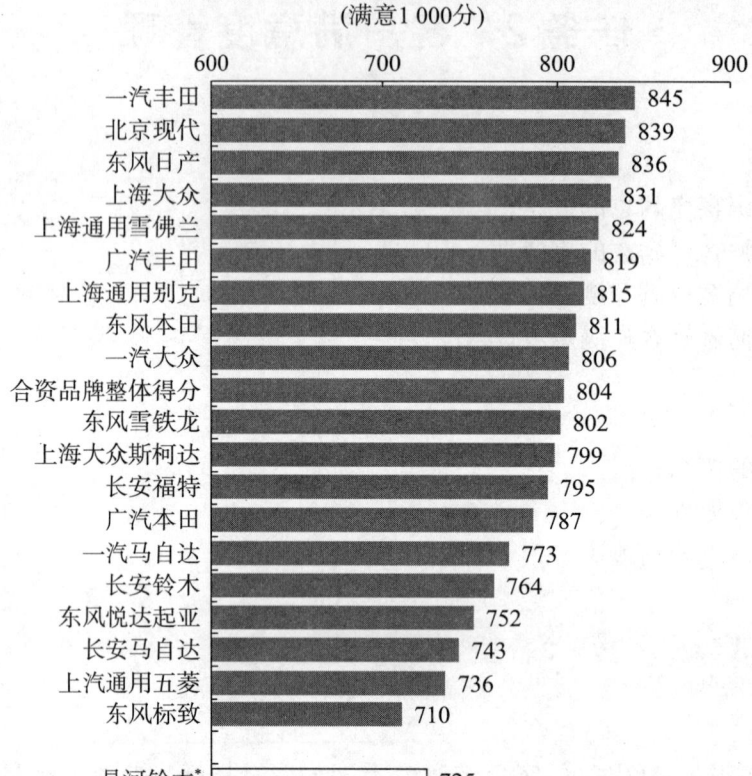

图 11-6　2012 中国汽车合资品牌销售满意度得分

注：昌河铃木和东南三菱为小样本品牌（样本量＜30），结果仅供参考。

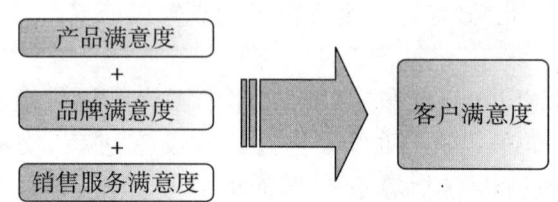

图 11-7　客户满意度的组成

【案例分析】

一份来自公交车的启示

"设想一下，烈日炎炎的夏日，当你经过一路狂奔，气喘吁吁地在车门关上的最后一刹那，登上一辆早已拥挤不堪的公交车时，洋溢在你心里的是何等的庆幸和满足！

而在秋高气爽的秋日，你悠闲地等了十多分钟，却没有在起始站'争先恐后'的战斗中抢到一个意想之中的座位时，又是何等的失落和沮丧！"

同样的结果——都是搭上没有座位的公交车，却因为过程不同，在你心里的满意度大不一样，这到底是为什么？那正是因为客户的期望不一样！

谈到客户满意度，我们要先了解一下客户的期望值。客户期望是指市场上的客户对企业及产品服务等形成一种标准,进而会对企业的行为形成一种企盼。也就是说,客户的期望越高,同时付出的成本也就越高。因此,销售顾问要正确处理客户满意与客户期望之间的关系,如图11-8所示。

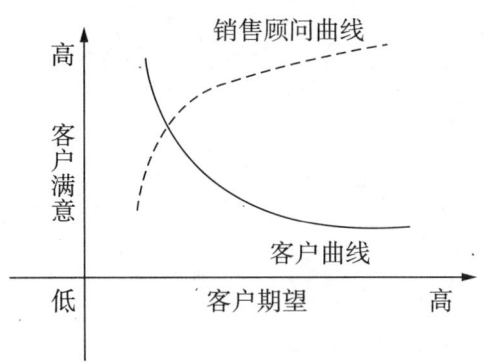

图11-8 客户期望与客户满意的关系

从图11-8中可以看出,客户期望越高,客户也就很难达成满意。但是,只要销售顾问能够了解客户的期望值,并设法超越客户的期望值,那客户也就会越满意。

2. 客户满意的重要性

当今市场营销中,客户的要求越来越高,需求也越来越多。作为汽车销售顾问,唯有全方位的满足客户的期望,并进而超越客户的期望,才能做到真正的客户满意,进而创造客户的忠诚度。客户满意对企业来说是企业常青的秘密,也是企业获得永续经营的基础。对于销售顾问而言,确保客户满意,客户满意的重要性主要有以下四点内容。

1) 创造成功的销售

销售顾问真正的成功并不是销售出更多的车,而是在销售更多车的同时也能确保客户满意,销售顾问从客户接待直到交车回访,销售顾问需要在与客户接触的每个细节中都要确保客户满意,做到有始有终,这才是成功的销售。

2) 赚取更多的利润

满意的客户不但不会影响到销售顾问的佣金考核,而且还会带来满意度的高报酬。另外,满意的客户不但会接受销售顾问衍生服务的推荐,而且还会不断为销售顾问带来额外的客户转介绍等。

3) 赢得客户的忠诚

客户满意是创造忠诚客户的前提,忠诚的客户不但会给销售顾问带来更多的利润,对销售顾问的生活和工作都会带来极大的帮助。

4) 确保长期的销售

满意的客户在你手里买了一辆车看似结束了,其实这恰恰是销售的开始,只要销售顾问用心经营满意的客户,客户在将来增购、换购、转介绍、甚至维修保养都会联系销售顾问,换句话说,只有确保客户满意,才能创造出终身客户。

客户的终身价值,如图11-9所示。

由图11-9可以得知,客户关系续存时间越长,客户关系数量越多,客户关系收益率也就越高。因此,销售顾问做好客户满意,直接决定了是否能够创造出自己的终身客户。保证客户满意是非常重要且有必要的。

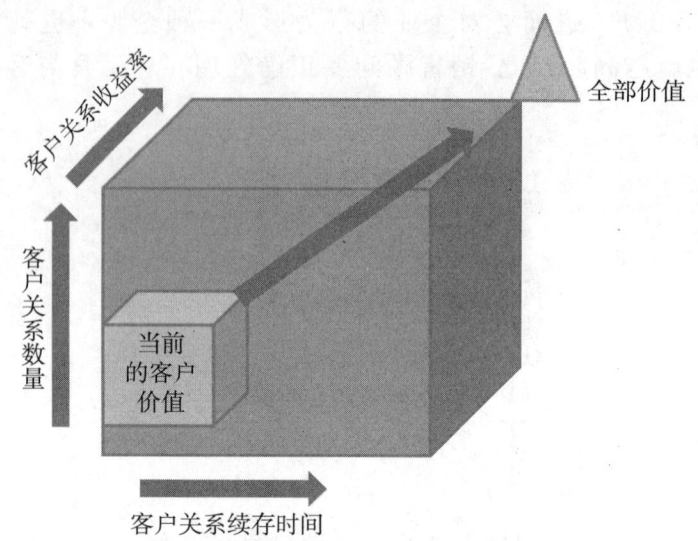

图 11-9 客户的终身价值

3. 影响客户满意度的原因分析

影响客户满意度的原因多种多样，和产品、经销商、销售顾问、客户、等等都有着密不可分的关系。产品主要由客观因素影响。客户方面主要受客户主观因素影响，汽车销售顾问要想做好客户满意度，主要的方法和技巧还在于按照厂家标准的销售流程做好销售服务工作，才能保证销售服务满意度成绩。以下主要介绍经销商和客户方面的影响因素，如图 11-10 所示。

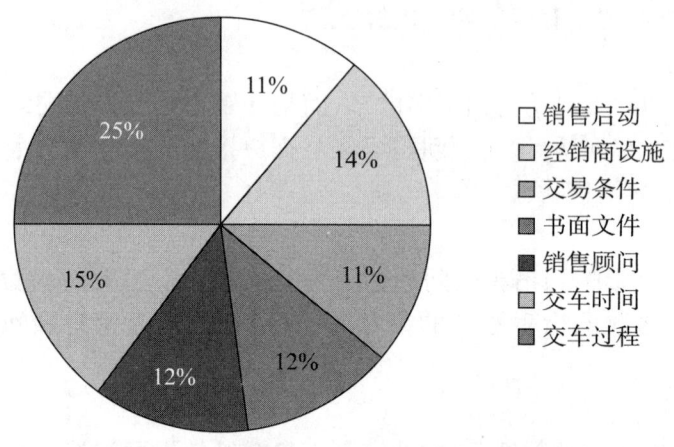

图 11-10 影响销售服务满意度的原因

1）销售启动

主要包括销售顾问是否及时接待并热情、销售流程是否规范、销售顾问是否有服务意识、销售顾问是否掌握接待技巧、其他接待人员的礼貌专业等。

2）经销商设施

主要包括地点是否便利、车辆种类是否选择多、营业时间是否合理、各项设施的外观和清洁程度、经销商周边的环境、购车场所是否令人感到舒适、环境怡人等。

3）交易条件

主要包括销售顾问有考虑客户的预算、议价过程中清楚说明、对客户的问题都能给予清楚的回答、给客户足够的时间做决定、安排客户试乘试驾、不给客户施加购买压力、客户的最终成交价格与期望值的对比等。

4) 书面文件

主要包括销售顾问能清楚解释所有文件、书面文件真实可靠、书面文件易于完成等。

5) 销售顾问

主要包括是否了解本产品的性能和优点、是否了解竞争对手的性能特点、仪容仪表是否得体、是否专心接待客户、是否礼貌友好、是否主动邀请客户试乘试驾、是否兑现承诺、是否给客户足够的时间做决定、是否满足客户期望的价格、是否对客户的问题能给出满意的答复等。

6) 交车时间

主要包括是否在承诺的时间内交车、是否在说好的时间内完成整个交车过程、是否安排适合我的时间前来提车等。

7) 交车过程

主要包括在交车过程中,是否能够解答客户疑问、是否礼貌专业、车况是否良好、是否干净、是否解释各项功能及配置、是否介绍售后维修部门及车辆质保、完成整个交车的时间是否适宜等。

销售顾问要想提升客户满意度,必须从销售流程中一点一滴做起,规范自己接待客户的流程并形成一种习惯。认真学习和领悟销售技巧和产品知识,做到用心为客户服务,才能最终确保客户满意度的达成。获取更大的利润,如图 11-11 所示。

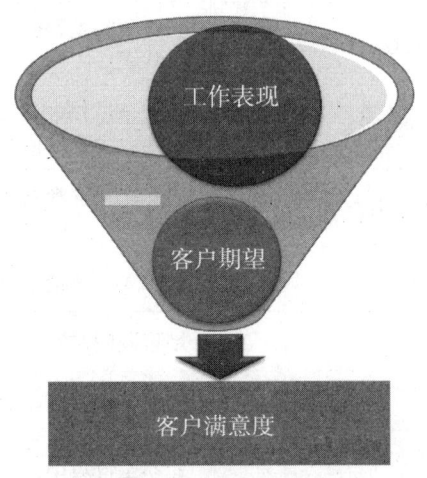

图 11-11 客户满意度的漏斗效应

以下是某品牌客户满意度调查,如表 11-4 所示。

表 11-4 客户满意度调查表

调查项目	得分	调查项目	得分
对经销商的总体满意度		您能比较轻松容易的完成书面文件填写	
推荐经销商的可能性		付款方式灵活(如信用卡付款、分期付款、租赁等)	
再次从经销商处购车意向		对协商议价的总体满意度	
展厅布置让您感觉亲切、舒适		对经销商提供的分期付款等相关金融服务的满意程度	

(续表)

调查项目	得分	调查项目	得分
展车停放有序,看车过程方便		对经销商提供的保险、装潢,上牌等衍生服务的满意程度	
车辆款式和颜色选择多		对经销商提供原厂附件服务的满意度	
营业时间安排让您觉得很方便		整个交车过程是否在2个小时以内	
对购车环境的总体满意度		交车时是否为您的新车提供适量的油	
您进入展厅后,销售顾问能及时接待		交车时是否向您解释和说明了怎么操作新车配置	
销售顾问仪表得体,态度礼貌热情		销售顾问是否试图对免费项目对您收费/或更改已经承诺的价格	
您可以得到您所需要的产品资料和价格表		交车前提前告知交车相关事宜	
销售顾问熟悉产品的性能和优点		能在约定的时间内交车	
销售顾问向您介绍了不同的车型		整个交车过程时间长短合适,不繁琐	
销售顾问了解其他竞争的品牌车型		交车时车况良好,随车工具资料齐全	
销售顾问对您提出的问题能给出令人满意的回答		销售顾问是否介绍您与售后服务顾问及CRM专员认识	
销售顾问能理解您的需求,并提供专业的建议		在交车过程中,经销商团队对您提出的问题能给出令人满意的回答	
销售顾问给您充足的时间做决定,销售压力合适		向您完整解释新车功能特性,维护及驾驶时的注意事项	
对接待和咨询方面的总体满意度		交车人员热情友好,并使您感觉受到尊重	
销售顾问是否主动邀请您试乘试驾		销售顾问诚实可靠,能切实履行对您的承诺	
对试乘试驾的总体满意度		对在交车服务方面的总体满意度	
在洽谈购车交易的过程中,销售顾问就价格、交货期、服务、收费等交易条件向您做了清楚易懂的说明		在交车过程中,经销商是否邀请您拍照留影?	
在洽谈购车交易的过程中,您的意见受到重视		交车后收到过由经销商发出的感谢信/交车照片	
办理签约付款的场所让您感觉舒适		在交车后一周内与您联系,是否表示感谢并询问在购车过程中的意见和建议以及车辆的使用情况	
最终成交价格公正、透明、规范		买车后经销商对您的需求是否仍然能够积极回应	
整个签约付款过程便捷流畅、服务速度快		是否曾经由于销售服务人员或其他工作人员的问题而投诉或抱怨过	
在签约付款过程中,销售顾问能清楚详细地解说所有文件		对经销商处理抱怨或投诉的满意度	
在签约付款过程中,销售顾问对书面文件相关的问题能给出满意的回答			

看完表后,你能记住多少? 都能做到吗?

小组讨论

1. 案例导入

上海大众东区某市两家经销商的 SSI 成绩表,如图 11-12 所示。请同学们根据图示内容制定提升客户满意度的改进计划。

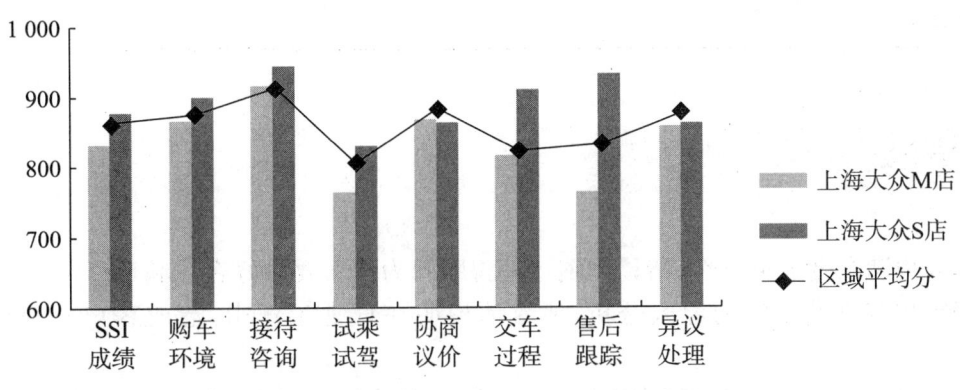

图 11-12　上海大众东区某市 4S 店 SSI 得分情况

2. 进行讨论

(1) 全班分成 3 组,并选举小组长;
(2) 全班用时 15~20 min,各小组对以上案例展开内部讨论和研究;
(3) 讨论完毕之后,各小组推举 1 位同学进行讨论结果的陈述;
(4) 各小组陈述完毕之后,指导老师对各小组讨论结果展开分析,同学们将正确的答案填入到表 11-5 中;
(5) 案例全部分析完毕之后,由指导老师对各小组的最终讨论结果进行评估。

表 11-5　讨论分析表

讨论分析表
1. 通过图 11-12,你可以得出哪些结论?
2. 根据对 M 店的弱项分析,你打算如何提升 M 店的客户满意度成绩?

3. 学习评估

指导老师根据各小组讨论过程和讨论结果,对各小组学习成果进行评估,评估标准如表 11-6 所示。

表 11-6 评估标准

评估重点	满分	得分	原因分析
1. 案例讨论的时效性	25		
2. 案例分析的准确性	25		
3. 知识点的掌握程度	25		
4. 团队协作能力	25		

复习思考题

1. 根据客户满意度的重要性,请具体阐述销售顾问为什么要做好客户满意度?

2. 根据影响客户满意度的原因分析,请具体说明在日常工作中,造成客户不满意的原因有哪些?

3. 根据本领域所学知识,请具体阐述在将来的汽车销售生涯中,你将怎样提升你的客户满意度?请根据销售流程具体叙述。

学习情境 11　售后跟踪

任务 3　处理客户抱怨与投诉

学习目标

1. 能够清楚客户抱怨和投诉的区别；
2. 能够清楚客户投诉的影响和渠道；
3. 能够掌握处理客户投诉的原则；
4. 能够掌握处理客户投诉的流程和步骤；
5. 能够使用正确的方法和技巧进行客户投诉的处理。

学习内容

1. 客户抱怨与投诉的区别；
2. 客户抱怨和投诉带来的影响；
3. 客户投诉的渠道；
4. 客户投诉的心理分析；
5. 处理客户投诉的原则、流程和具体步骤；
6. 处理客户投诉的方法和禁忌。

知识准备

客户抱怨与投诉是客户对商品或服务质量不满的一种具体表现。世界上任何企业都不能保证客户们的产品和服务永远不出问题。汽车作为一种特殊的商品更是如此。汽车销售本身也是一个非常复杂的过程，而且还存在如经销商管理上的问题、销售顾问的素质问题、产品质量的问题和客户本身的问题等等。正所谓"众口难调"。因此，销售顾问必须具备处理客户抱怨或投诉的能力，才能创造出更多的价值。

【想一想】

客户为什么越来越挑剔？出现客户抱怨与投诉是好事还是坏事？

_____
_____
_____

1. 客户抱怨与投诉的定义

客户抱怨是指客户对产品和服务不满而数落对方的过错，但并不要求对方立刻给出结果的一种行为。

客户投诉是指客户对产品或服务不满而向有关人员或机构提出申诉，要求对方在某一时间段内给出解决方案的一种行为。

因此,客户抱怨和投诉是一种完全不同的概念,但是客户抱怨和投诉又存在着一定的联系,也就是说,当客户出现抱怨时,表明事实已经超出了客户的容忍程度。从严重程度上讲,客户投诉所带来的危害性要远远超过客户抱怨,如图11-13所示。

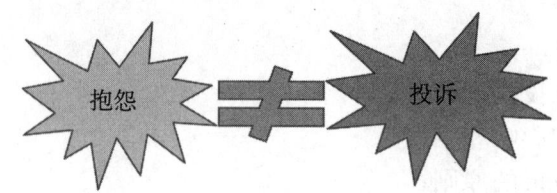

图11-13 抱怨和投诉的关系

客户抱怨和投诉是客户的一种正常行为,也是作为一个客户的基本权利,我们应该正常的看待此类问题,并寻求积极的方法来化解客户的抱怨或投诉。

当客户出现抱怨问题的时候,销售顾问就应该引起足够的重视,避免客户将抱怨问题升级到投诉问题上来,以免引起更大的损失,如图11-14所示。

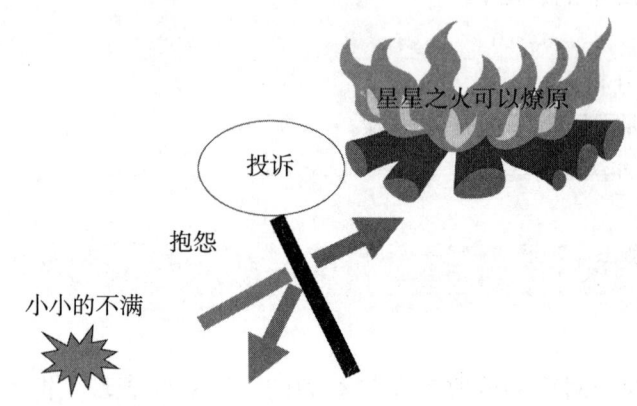

图11-14 处理客户投诉的目标

【想一想】

当客户出现抱怨或投诉时,销售顾问应该扮演什么角色?

___

___

2. 客户抱怨和投诉带来的影响

以下是某机构对客户满意度的调查分析,如图11-15所示。

从图11-15我们可以知道,客户满意对我们有着很重要的意义。客户抱怨和投诉如果处理不善,对汽车品牌、经销商、销售顾问和客户四方面都会带来一定的负面影响。

1) 汽车品牌

从小了说,客户不会再次选择该品牌或不会推荐周围的人选择这个品牌,一定程度上会增加品牌的推广难度;从大了说,还会给品牌带来负面报道或宣传,对品牌形象会造成严重的甚至毁灭性的打击。

- 争取新客户的成本是留住老客户的5倍
- 一位不满意的客户会告诉12个客户
- 一百个不满意的客户中只有4人会抱怨
- 一个人不满代表另外还有25个人也会不满

图11-15 客户满意度调查分析

2)经销商

客户抱怨和投诉除了会给经销商带来和汽车品牌一样的因素之外,还会干扰企业正常的工作秩序,影响企业部分员工的正常工作,有的投诉和抱怨还会降低经销商的利润。

3)销售顾问

客户抱怨与投诉无疑成为当今销售顾问在企业里的重大负担之一,它不但会让销售顾问感觉颜面扫地,有的还会减少销售顾问的收入,严重的还会使销售顾问失去在这个企业工作的机会。

4)客户

客户投诉和抱怨虽然是客户发起的,但对客户也会存在一定的影响,如情绪紧张、失控,时间和精力的损失,增加客户心理和经济上的负担等不良的后果。

3. 客户抱怨和投诉的渠道

客户抱怨和投诉的渠道分为直接式和间接式两种。

1)直接式

直接式的客户投诉和抱怨一般包括经销商和主机厂两个方面。

(1)经销商

经销商方面主要表现为向经销商业务人员、管理人员等关系人员进行抱怨和投诉。

(2)主机厂

主机厂方面主要表现为通过主机厂公布的全国统一客户服务热线进行抱怨和投诉。

2)间接式

(1)满意度调查

当主机厂或主机厂委托第三方调查机构对客户进行满意度调查时,客户趁机对经销商的所提供的产品或服务进行抱怨和投诉。

(2)周围的人

当客户在接受了经销商的产品或服务之后,会向周围的人吐露自己遭受不满意的产品或服务。

(3)媒体

主要表现为向当地知名的一些电台、报纸、栏目等来抱怨或投诉自己遭受的不公平待遇。

(4)管理部门

主要表现为向当地有关管理部门寻求解决办法的一种。

综上所述,客户抱怨和投诉的渠道多种多样,因此,作为销售顾问,一定要在为客户提供产品或服务的时候将最优秀的一面展示给客户,以减少客户抱怨和投诉事件的发生。

4. 客户抱怨和投诉时的心理分析

出现客户抱怨和投诉的原因是多种多样的,因此,客户抱怨和投诉时的出发点和立场也是不尽相同的,当客户发出抱怨和投诉的时候,销售顾问应该洞察客户的心理,清楚客户为什么会发出抱怨和投诉,以及客户在发出抱怨和投诉时,心理最真实的反应或想得到一种什么样的处理结果,如图 11-16 所示。

图 11-16 客户抱怨和投诉的心理期望

当客户发出抱怨或投诉的动作之后,一般会通过激烈的语言、肢体动作或不满的情绪等特征来表达相关的内容,销售顾问只有通过客户不满的原因和心理的分析,才能有效化解客户的抱怨和投诉。

5. 处理客户抱怨和投诉的原则

当客户发出抱怨和投诉时,销售顾问要积极面对,掌握处理客户抱怨和投诉的原则,更要懂得运用一些方法和技巧去处理此类事件,否则会给自己带来更大的麻烦。

处理客户抱怨和投诉应遵循基本、顺序和预防三种原则。

1) 基本原则

(1) 不回避,第一时间处理;

(2) 了解客户产生抱怨和投诉的根本原因;

(3) 界定事件是否在自己的可控范围之内;

(4) 必要时寻求上级领导给予相关支持或帮助。

2) 顺序原则

(1) 先处理感情,再处理事情;

(2) 寻求双方认可的服务范围;

(3) 不做过度承诺;

(4) 条件换条件,力争双赢。

3) 预防原则

预防原则主要体现在销售顾问应该建立抱怨和投诉客户的档案,并适时进行跟踪回访,以确保客户的最终满意和客户忠诚度的达成。销售顾问还需积累以往处理抱怨和投诉客户的实战经验,并在实际销售服务中对自身的不足加以提升,以避免因自身因素而引发客户抱怨和投诉事件的发生。

6. 处理客户投诉和抱怨的流程和具体步骤

1) 处理客户抱怨和投诉的流程

处理客户投诉和抱怨应当遵循公司的相关处理流程,如果处理部门无法解决或没有权限解决客户的抱怨或投诉时,应层层上报,直至总经理,如图 11-17 所示。

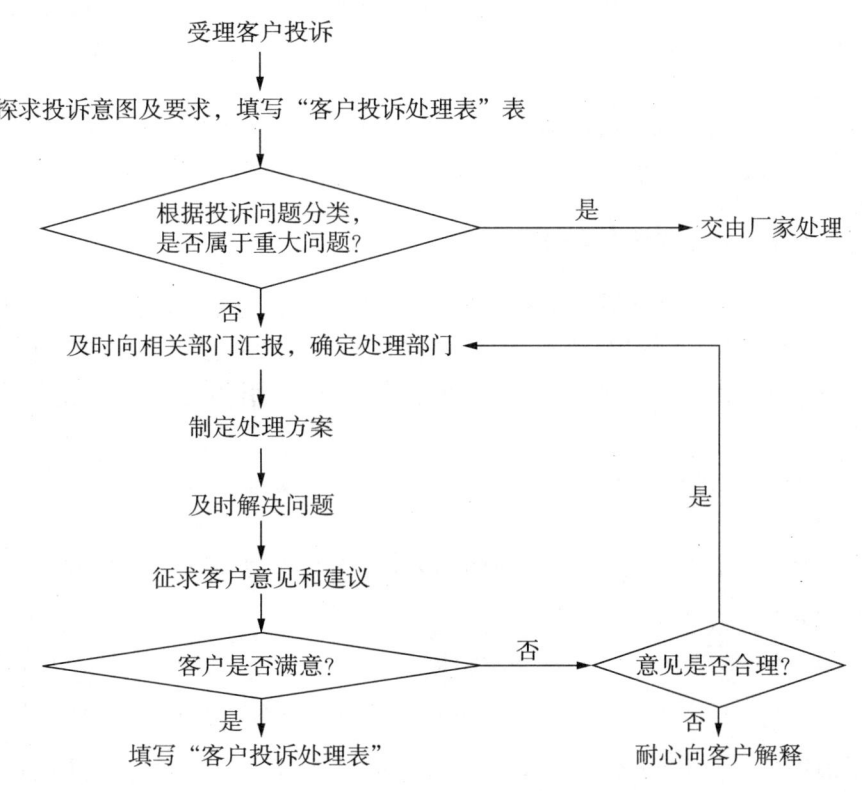

图 11-17 客户投诉流程图

在经销商收到客户的投诉之后,CRM 专员应该首先填写"客户投诉处理表",如表 11-7 所示。然后将此表交予相关责任人进行处理,处理完毕之后,应该将处理情况反馈给相关管理人员签字确认之后,再反馈给 CRM 部门。CRM 部门在收到反馈后,应立即与客户取得联系,一方面是了解客户的抱怨或投诉是否得到解决,另一方面主要是向客户表示经销商对客户意见的充分重视。

2) 处理客户抱怨和投诉的具体步骤

(1) 倾听并分析原因

运用良好的倾听技巧,让客户告诉你的信息越多越好,分析造成这种情况的原因是什么。

(2) 表示极度的关心和同情

对客户发生的事情表示出你的关心和重视,并时常表达你对客户的认同。例如:

- 您遇到这样的情况,我能体会到您的心情。
- 真是太糟糕了,我们从来没遇到这种情况,您能说一下是怎么出现这种情况的吗?
- 上次我们也有一位客户出现了与您类似的情况,他是在……的情况下发生的,您能说一下您是怎么发生的吗?

（3）平息客户心中的怒气

取得客户的原谅，告知客户一定会帮他解决问题，先处理心情，再处理事情。

（4）和客户探讨解决问题的方法，与客户达成一致

了解客户的需求，和他商量解决办法。当客户的要求超过你的权限范围时，联系上级领导或相关部门工作人员，多次和客户进行商谈，直到和客户达成一致的解决方案。然后立即执行解决方案。

（5）结束抱怨和投诉的谈判

解决客户的抱怨和投诉之后，对因此事件对客户造成的伤害再次表达你的歉意，并再次请求客户原谅，保证下次一定做得很好。并很有礼貌的欢送客户，以表示自己的诚意。

（6）跟踪回访

通过制定详细周密的跟踪计划，解决客户的后顾之忧，确保客户对处理结果的满意。通过对客户投诉的圆满处理，以达到创造满意客户和忠诚客户的目的。

7. 处理客户抱怨和投诉的方法与禁忌

正因为客户产生抱怨和投诉的原因多种多样，而客户发出抱怨和投诉的心理期望也都各不相同。因此，销售顾问应采取不同的方法和技巧来有针对性的化解客户的抱怨和投诉，从客户、公司和自身三方面角度出发，力争达成共赢。以下就介绍一些常用的化解客户抱怨和投诉的方法和技巧。

1）处理客户抱怨和投诉的方法

（1）转移法

转移法是指对客户提出的问题不给予正面回复，转移客户关注点的一种方法。例如：

客户：你们车的空间太小了！

销售：先生，难道你不觉得我们这款车的配置很丰富吗？我来为您介绍一下吧！

（2）延时法

延时法是指销售顾问在收到客户的抱怨和投诉时，采取延长时间处理，从而避其锋芒，缓解客户不满情绪的一种方法。例如：

客户：我定车这么长时间了，为什么你们到现在还没交付给我？

销售：××先生，是这样的，我们已经跟厂家取得了联系，他们表示明天就会给我们明确答复了，请您暂时再忍耐一下好吗？

（3）预防法

预防法，顾名思义，就是指在客户没发出抱怨和投诉之前，采取相关补救措施，防止客户出现抱怨和投诉的一种行为。这要求销售顾问要把握好日常销售活动中的每一个细节，做到细心认真，最大程度的减少或防止客户抱怨和投诉事件的发生。

（4）"5W2H"提问法

销售顾问通过"What、Why、Where、Who、When、How、How much"等问题的询问，与客户进行有效的沟通，以获取更多的信息，引导客户的谈话，以达成处理客户抱怨和投诉的目的。

（5）统一战线法

通过周围同事或客户的帮助，以帮助产生抱怨和投诉的客户理清事实真相，增加彼此的信任程度，从而消除客户抱怨和投诉。

表 11－7　客户抱怨/投诉处理表

客户抱怨/投诉处理表

受理日期：	＿＿＿年＿＿＿月＿＿＿日		受理编号	
顾客姓名		地址	邮编	
联系人	电话	传真	E-mail	
购车时间	抱怨/投诉时间		抱怨/投诉次数	
车型	底盘号		发动机号	
接待的销售顾问	接待的客户服务专员			
抱怨/投诉内容				
初步原因分析				
客户服务专员签名		客户服务经理签名		
转交时间		责任部门经理签名		
抱怨/投诉调查结果				
采取措施				
措施完成时间		负责人签名		
顾客对采取措施后的反馈意见				
回访时间		客户服务专员签名		
抱怨/投诉根本原因分析				
经销商改进措施				
改进措施实施部门		实施部门经理签名	日期	
客户服务经理签名			日期	

（6）价格折让法

这是目前4S店处理很多重大抱怨和投诉最常见的一种方法，也是4S店管理人员最不愿意使用而不得不使用的一种方法。但在使用价格折让方法时，应当注意以下几点。

① 价格折扣只是一种辅助手段；

② 不要让客户觉得很容易就能得到价格则让；

③ 价格折让并不是无所节制。

（7）服务补救法

这跟价格折让法有一定的相似程度，通过对客户提供一些有形和无形的服务来化解客户的抱怨和投诉。如通过提供免费维修、免费洗车、代步车、工时券或工时折扣券、赠品等服务来消除客户的抱怨或投诉。这些服务措施对于4S店来讲成本不是很高，但对于客户来说却是一种非常实惠的举措。

（8）致歉认同法

通过致歉的方式来寻求已发生投诉和抱怨或即将发生投诉和抱怨的客户认同的一种方法。例如，在与客户约定的期限内没有将订购的车型交付给客户，经销商或销售顾问可通过向客户寄送"交车延迟道歉信"的方法来寻求客户的理解和宽恕，让客户体会到自己是受到极度重视和关注的。

处理客户抱怨和投诉的方法还有很多，销售顾问在处理客户抱怨和投诉之前，应该具体清楚客户产生抱怨和投诉产生的原因，分析客户的心理，并遵循一定的原则和处理流程，运用正确的方法来进行客户抱怨和投诉的处理。如此才能消除客户抱怨和投诉，使客户真正满意，达成客户满意度和创造忠诚客户的目的。

2）处理客户抱怨和投诉的禁忌

销售顾问在处理客户抱怨和投诉时，除了要掌握一些方法和技巧之外，更要懂得一些禁忌的事项，否则，只会讲事情越弄越大，造成更大的损失，如表11-8所示。

表11-8 处理客户抱怨与投诉的禁忌

禁　忌	正确方法
和客户摆道理	先倾听，后阐述
急于得出结论	先解释，不要急于得出结论
一味的道歉	道歉不是办法，解决问题才是关键
言行不一，缺乏诚意	说到就要做到
这是常有的事	不要让客户认为这是普遍的事情
你要知道，一分价钱一分货	无论什么车的客户，我们都提供同样优质的服务

销售顾问应该正确面对客户的投诉与抱怨，不能视客户抱怨和投诉为"烫手的山芋"，客户的抱怨和投诉能够帮助我们不断改善自身存在的不足，完善自己的销售流程，使自己逐渐成为一名合格的优秀的汽车销售顾问，使自己在汽车销售的岗位上获得更大的成功。

小组讨论

1. 案例导入

客户李先生与2012年3月在当地一家上海大众4S店购买了一辆朗逸,当时买车时销售顾问小张跟他说的他这款车是选装了原厂导航(其实根本不是原厂配置,因小张也是刚参加工作不久,对精品附件还不了解),需要加价5000元,出于对导航的需要和原厂件的放心,李先生也很乐意掏了腰包。但是事与愿违,在接下来的几个月时间里,这款导航接二连三地出现导航不准、音乐无法播放、倒车影像无法使用,有时还经常出现黑屏、杂音等现象。李先生联系了销售顾问小张,小张就要求李先生来店里检查一下。可忙于生意的李先生经常要出差到外地去,难得回来。于是这事便搁置了一段时间。然而不巧的事,有一次李先生出差到外地,正好路过一家上海大众4S店。于是就进站想请该店的维修师技师检查一下。然而出乎李先生意料之外的是,维修师傅告诉他的车上根本就不是原厂导航。他们店无法维修或索赔。需要找卖车给他的4S店。于是李先生当场拨通了销售顾问小张的电话,小张也无法解释。于是小张便把此事告诉了他的展厅经理王斌,王经理在了解了小张的情况之后,立即拨通了李先生的电话。电话里还让李先生将车开到店里进行检查与维修。李先生出差回来之后,第二天便赶到了4S店。4S店检查后表示愿意帮王先生进行维修。然而事情并未就此结束,在李先生将车开回去一周后,导航又出现了同样的问题。这让李先生恼火不已,随即拨打了上海大众的服务热线进行投诉。表示4S店将非原厂件当成原厂件卖给了他。上海大众客服部下发了投诉工单到了小张的店里。销售经理王平在接到投诉后,立即展开了对李先生的投诉事件的处理。

2. 进行讨论

(1) 全班分成3组,选举小组长,对讨论内容组织小组成员实施讨论,时间为15 min;
(2) 讨论完毕后,组长推选小组成员陈述讨论结果;
(3) 陈述完毕后,指导老师带领全班同学参与总结与点评;
(4) 同学们将正确的意见填写到表格空白处,如表11-9所示。

表11-9 讨论分析表

讨论分析表
1. 客户李先生为什么会向上海大众投诉?
2. 在该事件中,都有哪些人的责任?他们错在哪里?
3. 如果让你来处理该投诉事件?你会如何安抚好李先生?
4. 你认为此次投诉会给销售顾问和4S店带来什么样的影响?
5. 如果你就是销售顾问小张,你认为以后该如何避免这种事件的发生?

3. 学习评估

指导老师根据各小组讨论过程和讨论结果,对各小组学习成果进行评估,评估标准如表 11-10 所示。

表 11-10 评估标准

评估重点	满分	得分	原因分析
1. 讨论时间的合理性	25		
2. 内容分析的准确性	25		
3. 知识点的掌握程度	25		
4. 团队协作能力	25		

小组演练

1. 案例导入

同学习情境 11 中任务 3 的小组讨论案例,销售经理王平现在开始处理客户李先生的投诉事件。

【工具准备】

实训工具的准备,如表 11-11 所示。

表 11-11 实训工具的准备

工具准备	文件准备
洽谈座椅	客户抱怨/投诉处理表

2. 演练脚本

王平:李先生您好,我是我们店的销售经理王平,这是我的名片。(王平将名片递给李先生)

李先生:你好。(李先生接过名片)

王平:实在抱歉,给您造成这么多麻烦,您这边坐。(双方在展厅洽谈区就座,并为王先生奉上饮料)

李先生:你们看怎么帮我解决吧!我也不想事情弄到这一步,可是你们的销售顾问包括那个王经理一直在糊弄我!

王平:实在对不起了,李先生,您能具体讲一下事情是怎么回事吗?我想了解一下事情发生的经过。

李先生:王经理,你们店拿一个副厂的导航当成原厂导航卖给我,难道你不知道吗?

王平:不会吧?这个事情我还真不知道,我们店卖了这么多的导航还从来没遇到这种事情。怎么了?导航出问题了吗?

李先生：问题大了，经常出问题，黑屏、导航不准、倒车影像出问题。无法播放音乐这些故障经常出现，我买的一辆新车啊，换做是你，你说烦不烦？

王平：是是是，我很能理解您的心情，事情过了这么久了，难道小张没有通知您来我们店维修吗？

李先生：维修过一次，结果还是没弄好啊，回去没几天问题又出现了，你们就是这样为客户服务的吗？

王平：真的十分抱歉了发生这样的事情是我们每个人都不愿意看到的，真的很抱歉。

李先生：我不要什么道歉，现在关键是怎么解决吧？我不想再把事情闹大！

王平：李先生，您先不要生气，我们一定会给您一个满意的交代，我先去询问一下情况，您稍等一下。

李先生：好的。

（王平离开洽谈桌，把展厅经理王斌和销售顾问小张叫道了办公室仔细询问了整个过程，得知李先生说的一点也没错。5 min之后，王平来到了李先生的身边）

王平：李先生，我刚刚已经仔细了解了一下情况，您看这样好不好，我们马上帮您更换一台新的原厂导航，并且质保期同整车一样，实行2年的质保。您看怎么样？

李先生：你们耽误了我这么长的时间，换一个导航就算解决问题了吗？

王平：那您说，该怎么解决呢？

李先生：我也不跟你们烦了，再赔我1 000元，这件事就这么算了，不然我就去请电视台的人来找你们了。

王平：赔钱我们实在难操作的。

李先生：那你说怎么办吧？

王平：您看这样吧，为了表示我们的诚意，我们送您两次保养吧，也要将近1 000元了，您看就这样吧。以后您在用车过程中有什么问题，尽管和我联系好了，我们就当交个朋友吧？

李先生：好吧，我也不想这样，既然王经理这么有诚意，那就这样吧。

王平：呵呵，感谢您的支持和理解，我们会深刻反思这次出现的问题，改善我们的服务，对您造成的不便，我再次向您表示歉意，希望您能谅解。

李先生：没事了，反正你也帮我解决问题了嘛，还是要谢谢你王经理的。

王平：以后有关用车方面的问题，尽管找我好了，一定尽力帮您解决的。

李先生：好的。我今天还有点事情，我明天来换吧？

王平：行啊，只要您方便，随时都可以啊！

李先生：那好，我就明天过来，明天我再来找你吧！那我就先走了，明天见。

王平：好的，明天见。

【回访片段】

小张：李先生您好，我是上海大众的销售小张啊！

李先生：小张啊，你好。

小张：实在对不起了，给您带来这么多的麻烦。虽然事情解决了，但是还是希望您能原谅我的过失。

李先生：算了算了，我知道你也不是有意这样的。

小张：您看您对我们的处理结果还满意吗？

李先生：挺满意的，你们王经理为人也不错。

小张：呵呵，谢谢您的谅解，我一定深刻反思我的错误，希望将来能更好的为您服务。

李先生：没事了，你也不要太在意了。

小张：嗯，希望您在以后用车的过程中，如果遇到什么问题，希望您还是能及时联系我，我一定在第一时间内帮您解决好的。

李先生：好的，麻烦你了。

小张：我们厂家要是再次与您联系，您一定要帮我们多说说好话啊！

李先生：一定一定，你就放心吧！

小张：好的，谢谢。我们随时保持联系。

李先生：好的，谢谢。

小张：那就不打扰您了，再见。

李先生：再见。

3. 进行演练

（1）全班分成3组，选举小组长，并推选2名代表，分别扮演销售经理和客户；

（2）演练之前，由指导老师扮演客户带领全班同学进行脚本的朗读；

（3）朗读完毕之后，各小组利用20 min的时间进行小组内部的演练；

（4）小组演练的同时，其他同学按照表11-12的内容对演练脚本进行分析；

（5）小组演练完毕之后，各小组在老师的安排下轮流上台进行脚本演练；

（6）演练过程中，其他同学认真听讲，并记录演练全过程；

（7）演练完毕后，由指导老师带领全班成员对各小组演练结果进行点评。

请根据处理客户抱怨和投诉6步法，分析王平处理该事件的具体步骤的目的，并找出相关话术。

表11-12 脚本分析表

步骤	目的	话术
1. 倾听		
2. 认同		
3. 平息		
4. 处理		
5. 结案		
6. 回访		

4. 学习评估

各小组演练完毕之后,由指导老师带领其他小组一起参与演练过程的讨论和点评,相关评估标准如表 11-13 所示。

表 11-13 评估标准

评估重点	满分	得分	原因分析
1. 演练时间的合理性	20		
2. 是否在对话过程中始终尊称客户"您"	20		
3. 脚本内容的熟练程度	20		
4. 对演练过程和演练脚本的总结程度	20		
5. 小组的团队协作能力	20		

复习思考题

1. 客户抱怨和投诉有什么区别?
2. 客户产生抱怨和投诉会带来哪些影响?
3. 客户抱怨和投诉的渠道有哪些?
4. 客户发出抱怨和投诉时,都有哪些期望?
5. 处理客户投诉与抱怨都有哪些方法?

代 跋

实施 EIS 平台战略、建立教产合作长效机制

——在教育部全国机械职业教育教学指导委员会委员扩大会议上的讲话

邹晓东 博士

教育部全国机械职业教育教学指导委员会产教合作促进与指导委员会 主任委员

上海中锐教育投资(集团)有限公司 董事 总经理

中锐教育集团是总部设立在上海的教育投资、教育管理和教育服务机构,成立于1996年,迄今已有17年办学历史。我们先后投资兴办了多种不同类型的学校,包括无锡南洋职业技术学院、新加坡南洋现代管理学院、苏州外国语学校、合肥外国语学校,还有专门为在华外籍人士子女开设的伊顿国际学校等比较知名的学府。还与政府合作开发、建设教育园区,如占地近4平方公里的苏州高教园区、上海中锐教育港等。职业教育是中锐教育集团的核心和龙头。我们始终在研究如何为经济与社会发展提供更好的教育服务,如何为重点产业发展提供更有力的人才支撑。2007年,中锐教育集团投资并创立"华汽教育"品牌,首先在汽车职业教育领域探索、实践,并取得阶段性的经验和成果。

把我们这几年的经验进行归纳,可以总结为以下三句话:"建立岗位人才标准、实施平台战略、落实两个支撑"。

首先,建立岗位人才标准。五年来,我们与大型汽车企业一起研究、开发和制订企业岗位人才标准,并将岗位标准导入职业教育的教学标准,以此为基准构建标准化的人才培养体系,包括符合行业和企业需求的人才能力模型和培养标准、符合教育和认知规律的培养计划和课程、立体化的教材、课件、仿真软件系统、师资标准和认证,以及企业级的校内实训中心建设,组织开展独具特色的全国性学生技能大赛,等等。我们每年举办的"华汽教育教学研讨会",已经成为中锐与全国合作企业、合作院校共同推动定标、贯标、教改、课改的一种有效机制和传统。部分企业岗位标准正在上升为行业标准。

实施EIS平台战略。我们将汽车职业教育利益关联的若干特定群体,包括教育者和供给者(院校)、学习者(学生)、使用者(企业)等,联结在"华汽教育"的平台上并促进其交流和互动;今天,该平台上已经有全国40所高职院校、50家全国性的大型汽车企业集团(我们牵头创建了50Club全国汽车企业人力资源发展联席会议),而为学习者提供职业发展和终身教育服务的"中锐汽车人才网"则联系着数万名在校生和几十万名在职学习者。"共同办学、共同育人、共同投资、共同发展",办学规模和办学质量不断提升,"华汽教育"全国院校已经成为我国汽车行业高素质高技能人才输出的重要平台。

EIS平台正在继续纵深发展:2013年,我们与中国最大的汽车集团之一的庞大集团、合资设立的大型培训基地——河北庞锐汽车商学院已经开学,该基地专门为全国院校汽车专业高年级学生提供3~6个月岗前培训和向大型企业集团规模输出高素质高技能毕业生,预期年培训1万人次。

2013年,专门为中职院校和中职学生量身定制的"优卡曼"项目也正式推出,首批十二所院校已签约。我们将紧抓岗位标准、全面升级和推出第三代华汽课程体系;在全国100所高职或中职院校投资建设实训中心;与汽车行业共同打造三到四个大型、区域性培训基地,全面对接大型汽车企业集团的全国布局和人才需求。

落实两个支撑,即教育国际化和教育信息化。中锐教育集团在1999年就获得了教育部颁发的全国首批出国留学服务资质,14年来,在帮助数以万计的学子出国深造的同时,也积极开展国际教育合作,持续学习、借鉴、引进国际先进教育资源、先进教育理念和方法;在汽车职业教育领域,重点学习和借鉴德国双元制职业教育模式和美国社区学院的学历衔接模式。同时,我们深刻认识到教育信息化,既是手段,也是目的;2012年7月,中国第一家专业研发汽车仿真实训软件的沈阳敏捷科技公司整体加入中锐教育集团;2012年10月,"华汽教育全国院校教研平台"建设项目正式启动;2012年12月,"华汽教育中央演播室"建设项目正式启动。

尽管在探索的过程中还有诸多亟待进一步完善之处,但中锐教育集团的不懈努力,得到社会各界,包括企业和院校、家长和学生们的共同认可。2010年12月13日,教育部副部长鲁昕女士亲自为中锐教育集团与辽宁装备制造职业技术学院共建的"中锐汽车学院"揭牌。2010年10月11日,中锐教育集团荣获"全国汽车行业示范职教集团"称号;2011年,中锐教育集团又先后荣膺"全国商业服务业校企合作与人才培养优秀企业"和"全国服务外包人才培养校企合作贡献奖";2011年,共有11名华汽教师获得"全国教师教学能力竞赛"大奖,全国高职高专校长联席会李进主席和教育部职成司领导专门为华汽教师颁奖并祝贺。2012年4月,中锐教育集团举办第二届"中锐杯"全国职业院校汽车专业学生技能大赛,参赛院校134个,规模空前。2012年12月,中锐教育集团荣膺"新浪教育盛典全国最具品牌知名度职教集团"。

我国正处于发展实体经济和发展职业教育的最佳时期。中锐教育集团将继续努力,将"华汽教育"教产合作平台模式从规模、范围、质量、效益等多个维度上推向新的高度;借鉴"华汽教育"已取得的教产合作经验,中锐教育集团将为社会、行业和院校奉献更多的优秀产品和服务。

2013年4月13日

代跋

中锐教育集团与上海通用汽车公司签订ASEP合作项目

中锐教育集团与上海大众汽车公司签订SCEP合作项目

汽车销售顾问实战

中锐教育集团引进德国AHK职业教育项目

《东方卫视》现场采访与中锐教育集团合作的德方负责人Jan Noether 博士

代跋

中锐教育集团与南京依维柯汽车公司签订战略合作协议	中锐教育集团与中国汽车工业国际合作总公司签订人才合作协议
中锐教育集团成功承办"2011年教育部全国高职高专第二届汽车系主任论坛"	中锐教育集团成功举办"2012中国上海·职业教育合作高峰论坛"
中锐教育集团成功承办"2013年全国机械职业教育教学指导委员会扩大会议"	中锐教育集团连续举办"中国汽车经销商企业人力资源发展联席会议"
中锐教育集团牵手全国排名第一的大型汽车企业—庞大汽贸集团共建庞锐汽车商学院	

315

中锐教育集团每年举办"全国华汽教育教学工作研讨会"	中锐教育集团每年举办"全国华汽教育师资培训"
中锐教育集团华汽学子自主研制"中锐1号"赛车参加"第三届"中国大学生方程式汽车大赛	中锐教育集团成功举办"2011年全国高等学校汽车专业学生职业技能大赛"（江西南昌）
中锐教育集团成功举办"2012年全国高等学校汽车专业学生职业技能大赛"（江苏南京）	